RHEINLAND-PFALZ

Natur UND TECHNIK

Natur-wissenschaften 5

Cornelsen

NATUR UND TECHNIK
Naturwissenschaften 5

Autorinnen und Autoren:
Volker Abegg, Ulrike Austenfeld, Barbara Barheine, Siegfried Bresler, Anja Faehndrich,
Anita Gutmann, Bernd Heepmann, Oliver Hintzen, Michael Jütte, Ute Klinkmüller,
Dr. Erich Kretzschmar, Carsten Kuck, Ralf Kühl, Dr. Jochim Lichtenberger, Martin Löffelhardt,
Aïnoa Malcotti, Dr. Heinz Obst, Cornelia Pätzelt, Ute Pfohl, Verena Rau, Judith Röder,
Norbert Schröder, Wilhelm Schröder, Reinhard Sinterhauf, Ingmar Stelzig, Claudia Täubner,
Sven Theis, Dr. Gottfried Wiedenmann

Berater: Norbert Schröder (Koblenz)

Redaktion: Christine Amling, Thomas Gattermann, Luisa Hetmann, Juliane Maaß,
Stefanie Roth, Florian Schäfer, Yvonne Schanzenbächer, Martin Vatter

Grafik und Illustration: diGraph, Esther Gollan, Rainer Götze, Karin Mall, Tom Menzel,
Matthias Pflügner, Detlef Seidensticker

Umschlaggestaltung: SOFAROBOTNIK GbR, Augsburg & München

Layout und technische Umsetzung: Michaela Müller für Corngreen GmbH, Leipzig;
Jesse Konzept & Text GmbH, Hannover

Begleitmaterial zum Lehrwerk für Lehrerinnen und Lehrer
Handreichungen für den Unterricht | ISBN 978-3-06-013804-3
Kopiervorlagen | ISBN 978-3-06-013805-0
E-Book | ISBN 978-3-06-015257-5
Begleitmaterial auf USB-Stick mit Unterrichtsmanager | ISBN 978-3-06-015529-3

www.cornelsen.de

Dieses Werk enthält Vorschläge und Anleitungen für Untersuchungen und Experimente.
Vor jedem Experiment sind mögliche Gefahrenquellen zu besprechen. Beim Experimentieren
sind die Richtlinien zur Sicherheit im Unterricht einzuhalten.

1. Auflage, 1. Druck 2018

Alle Drucke dieser Auflage sind inhaltlich unverändert und können
im Unterricht nebeneinander verwendet werden.

© 2018 Cornelsen Verlag GmbH, Berlin

Druck: Mohn Media Mohndruck, Gütersloh

ISBN 978-3-06-015255-1

PEFC zertifiziert
Dieses Produkt stammt aus nachhaltig
bewirtschafteten Wäldern und kontrollierten
Quellen.

www.pefc.de

PEFC/04-31-1033

Inhaltsverzeichnis

Von den Sinnen zum Messen   12

Vom ganz Kleinen und ganz Großen   46

Bewegung zu Wasser, zu Lande und in der Luft 70

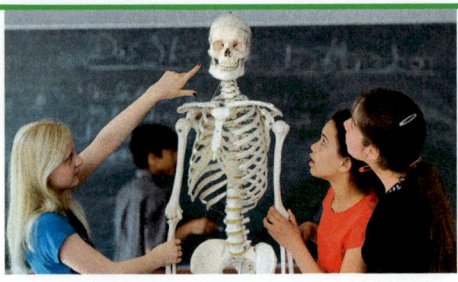

Tiere – Pflanzen – Lebensräume 124

Anhang   192

Liebe Schülerin, lieber Schüler,
dieses Buch ist ganz einfach aufgebaut.
Zu jedem Thema findest du diese Seitentypen:

■ **Basisseiten**

... vor allem zum Lesen und Lernen

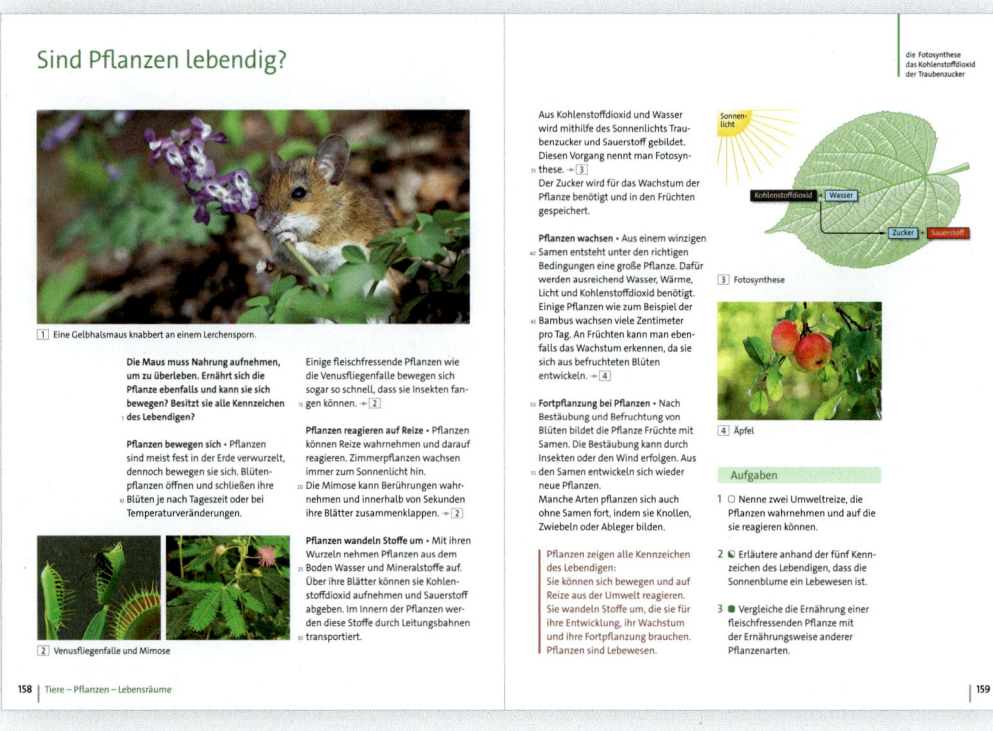

Jedes Kapitel beginnt mit einer Auftaktseite. Es umfasst mehrere Themen.

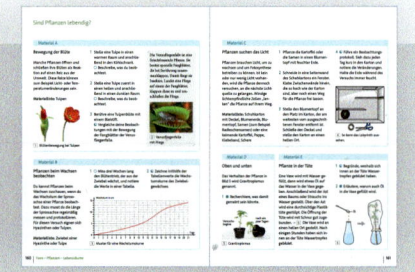

Jedes Thema enthält **Basisseiten** und **Materialseiten**. An einer großen Überschrift erkennst du, dass ein neues Thema beginnt.

■ **Basisseiten** informieren und erklären. Merksätze fassen das Wichtigste zusammen. Neue Lernwörter findest du oben rechts.

■ **Materialseiten** bieten Pakete mit Aufgaben, Versuchen und Bauanleitungen zur Auswahl.

Mit leicht ☐, mittel ◪, schwer ■ sind Aufträge und Aufgaben gekennzeichnet – auf allen Seiten.

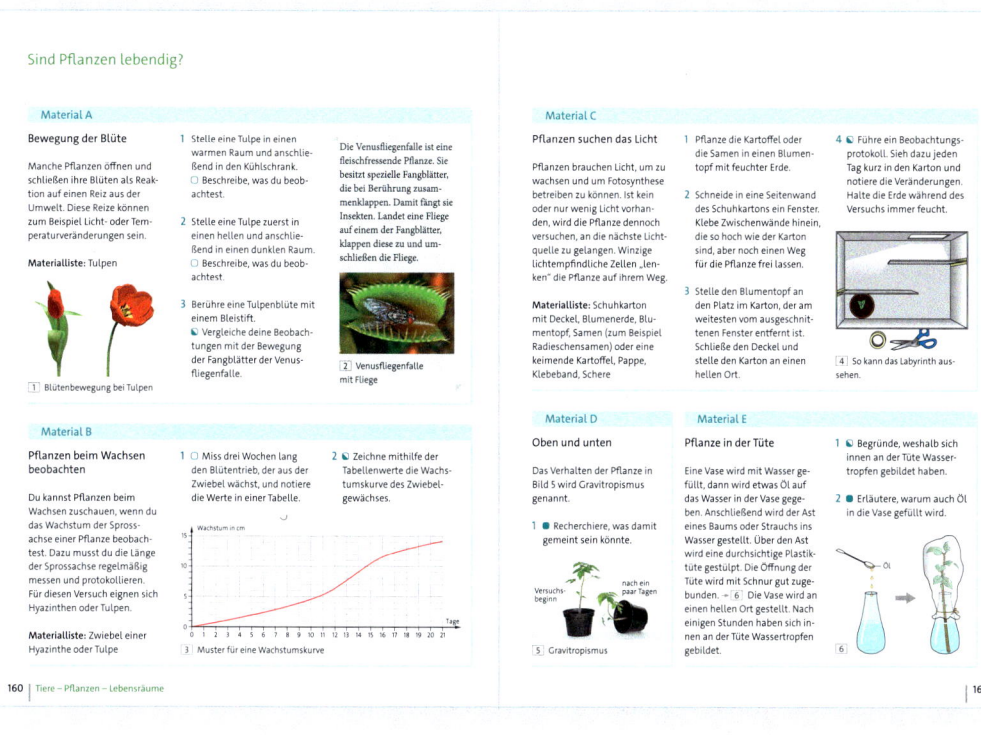

Sind Pflanzen lebendig?

Material A

Bewegung der Blüte

Manche Pflanzen öffnen und schließen ihre Blüten als Reaktion auf einen Reiz aus der Umwelt. Diese Reize können zum Beispiel Licht- oder Temperaturveränderungen sein.

Materialliste: Tulpen

1 Blütenbewegung bei Tulpen

1 Stelle eine Tulpe in einen warmen Raum und anschließend in den Kühlschrank.
☐ Beschreibe, was du beobachtest.

2 Stelle eine Tulpe zuerst in einen hellen und anschließend in einen dunklen Raum.
☐ Beschreibe, was du beobachtest.

3 Berühre eine Tulpenblüte mit einem Bleistift.
☐ Vergleiche deine Beobachtungen mit der Bewegung der Fangblätter der Venusfliegenfalle.

Die Venusfliegenfalle ist eine fleischfressende Pflanze. Sie besitzt spezielle Fangblätter, die bei Berührung zusammenklappen. Damit fängt sie Insekten. Landet eine Fliege auf einem Fangblätter, klappen diese zu und umschließen die Fliege.

2 Venusfliegenfalle mit Fliege

Material B

Pflanzen beim Wachsen beobachten

Du kannst Pflanzen beim Wachsen zuschauen, wenn du das Wachstum der Sprossachse einer Pflanze beobachtest. Dazu musst du die Länge der Sprossachse regelmäßig messen und protokollieren. Für diesen Versuch eignen sich Hyazinthen oder Tulpen.

Materialliste: Zwiebel einer Hyazinthe oder Tulpe

1 ☐ Miss drei Wochen lang den Blütentrieb, der aus der Zwiebel wächst, und notiere die Werte in einer Tabelle.

2 ☐ Zeichne mithilfe der Tabellenwerte die Wachstumskurve des Zwiebelgewächses.

3 Muster für eine Wachstumskurve

Material C

Pflanzen suchen das Licht

Pflanzen brauchen Licht, um zu wachsen und um Fotosynthese betreiben zu können. Ist kein oder nur wenig Licht vorhanden, wird die Pflanze dennoch versuchen, an die nächste Lichtquelle zu gelangen. Winzige lichtempfindliche Zellen „lenken" die Pflanze auf ihrem Weg.

Materialliste: Schuhkarton mit Deckel, Blumenerde, Blumentopf, Samen (zum Beispiel Radieschensamen) oder eine keimende Kartoffel, Pappe, Klebeband, Schere

1 Pflanze die Kartoffel oder die Samen in einen Blumentopf mit feuchter Erde.

2 Schneide in eine Seitenwand des Schuhkartons ein Fenster. Klebe Zwischenwände hinein, die so hoch wie der Karton sind, aber noch einen Weg für die Pflanze frei lassen.

3 Stelle den Blumentopf an den Platz im Karton, der am weitesten vom ausgeschnittenen Fenster entfernt ist. Schließe den Deckel und stelle den Karton an einen hellen Ort.

4 ☐ Führe ein Beobachtungsprotokoll. Sieh dazu jeden Tag kurz in den Karton und notiere die Veränderungen. Halte die Erde während des Versuchs immer feucht.

4 So kann das Labyrinth aussehen.

Material D

Oben und unten

Das Verhalten der Pflanze in Bild 5 wird Gravitropismus genannt.

1 ☐ Recherchiere, was damit gemeint sein könnte.

Versuchsbeginn — nach ein paar Tagen

5 Gravitropismus

Material E

Pflanze in der Tüte

Eine Vase wird mit Wasser gefüllt, dann wird etwas Öl auf das Wasser in der Vase gegeben. Anschließend wird der Ast eines Baums oder Strauchs ins Wasser gestellt. Über den Ast wird eine durchsichtige Plastiktüte gestülpt. Die Öffnung der Tüte wird mit Schnur gut zugebunden. → 6 Die Vase wird an einen hellen Ort gestellt. Nach einigen Stunden haben sich innen an der Tüte Wassertropfen gebildet.

1 ☐ Begründe, weshalb sich innen an der Tüte Wassertropfen gebildet haben.

2 ☐ Erläutere, warum auch Öl in die Vase gefüllt wird.

6

■ **Materialseiten**

… vor allem zum Forschen und Bearbeiten

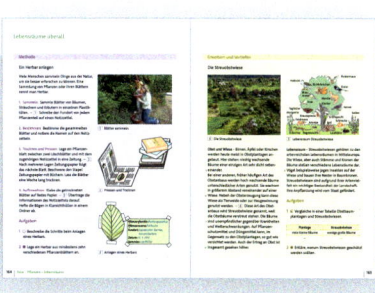

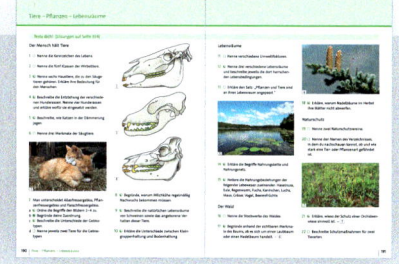

■ **Methodenseiten** zeigen Schritt für Schritt, wie man eine Sache sinnvoll angeht.

■ **Erweitern und Vertiefen** bietet Informationen an, die über das Grundlegende hinausgehen.

Die **Zusammenfassung** gibt einen Überblick über den Lernstoff des Kapitels.

Die Aufgaben auf den **Teste-dich-Seiten** beenden das Kapitel. Sie helfen dir, dein Wissen selbst einzuschätzen. Die Lösungen der Aufgaben findest du im Anhang.

Rundgang durch den Nawi-Raum

1 Ein erster Blick in den Nawi-Raum

Unterricht im Fachraum ist besonders interessant – es ist aber wichtig, sich in dem Raum gut auszukennen!

Not-Aus-Schalter • Der rote, auffällige
5 Schalter ist in jedem Fachraum zu finden und im Notfall zu drücken: Er stoppt sofort die Strom- und Gasversorgung.

Augendusche • Falls Chemikalien ins
10 Auge kommen, musst du das Auge in den meisten Fällen schnellstens gründlich mit Wasser ausspülen. Dazu gibt es die Augendusche, die oft am Waschbecken zu finden ist.

15 **Erste-Hilfe-Box** • Hier findest du Verbandsmaterial und verschiedene Hilfsmittel, falls es zu einer Verletzung gekommen ist.

Feuerlöscher • Lehrkräfte können
20 versuchen, kleinere Brände mit dem Feuerlöscher zu bekämpfen. Die Schülerinnen und Schüler sollten aber im Brandfall sofort den Raum verlassen. Den Feuerlöscher darfst du nie auf
25 Personen richten!

Notruf • In dringenden Fällen wählst du die Notruf-Nummer 112. Du wirst dann automatisch mit der nächstgelegenen Rettungsleitstelle verbunden
30 und kannst dort Unfälle oder Feuer melden.

Aufgabe

1 ● Zeichne einen Grundriss deines Nawi-Raumes. Trage alle Sicherheitseinrichtungen ein.

Material A

Hier läuft einiges falsch!

2

1 ◯ Wer verhält sich im Quadrat B 2 nicht richtig?

2 ◳ Gib der Schülerin in C 3 einen Tipp.

3 ● Übernimm die Tabelle in dein Heft und fülle sie aus.

Quadrat	Fehlverhalten	Sicherheitstipp
A 2, A 3	Wildes Herumrennen	Langsam gehen und auf die Mitschüler achten
C 1	…	…
…	…	…
…	…	…
…	…	…

Von den Sinnen zum Messen

Wenn man gekitzelt wird, muss man lachen. Unsere Haut nimmt diese Berührungen wahr, sie ist das größte Sinnesorgan. Welche Sinnesorgane gibt es noch?

Musik hören kann man heute immer und überall. Aber wie nehmen wir eigentlich Musik wahr?

An manchen Orten der Erde wird es im Winter bitterkalt. Wie kann man Temperaturen messen?

Mit den Sinnen erschließen wir die Welt

1 Ein Musikkonzert

Ein Livekonzert kann ein tolles Erlebnis sein. Du nimmst dabei viele verschiedene Eindrücke wahr. Wie funktioniert deine Wahrnehmung?

5 **Reize •** Auf deinen Körper wirken ständig unterschiedliche Einflüsse aus der Umwelt ein. Bei einem Konzert siehst du zum Beispiel die Bühnendekoration und das Licht der Scheinwerfer. Im Ge-
10 dränge der Besucher spürst du die Körper der Menschen um dich herum. Und natürlich hörst du die Musik deiner Lieblingsband. Alle Umwelteinflüsse, die eine Wirkung auf deinen Körper
15 haben, werden Reize genannt.

Sinne • Die Fähigkeit, einen Reiz aufzunehmen, wird als ein Sinn bezeichnet. Der Mensch hat verschiedene Sinne: Sehsinn, Gehörsinn, Geruchssinn, Ge-
20 schmackssinn, Tastsinn, Temperatursinn und Gleichgewichtssinn.

Sinnesorgane • Reize aus der Umwelt werden vom Körper über die Sinnesorgane aufgenommen. Jedes Sinnes-
25 organ ist auf bestimmte Reize spezialisiert. Die Augen empfangen Lichtreize, die Ohren Schall. Die Zunge nimmt Geschmacksreize auf, die Nase Gerüche. Mit der Haut kann der Mensch Wärme-
30 reize und Druckreize empfangen.

Sinneszellen • In jedem Sinnesorgan befinden sich besondere Zellen, die Sinneszellen. Sie sind jeweils nur für einen bestimmten Reiz empfindlich.
35 Auf die Geschmackszellen der Zunge haben nur Geschmacksstoffe eine Wirkung, Lichtreize oder Schall jedoch nicht. Die Sinneszellen wandeln Reize in elektrische Signale um. Diese
40 Signale werden über Nerven zum Gehirn geleitet und dort verarbeitet. Die Wahrnehmung der Umwelt findet also im Gehirn statt.

Beobachten mit allen Sinnen • Jeden
45 Tag erleben wir eine Menge unterschiedlicher Situationen. Hinterher ist
es jedoch oft schwierig, den genauen
Ablauf zu beschreiben. → 2
In den Naturwissenschaften ist ge-
50 naues und zielgerichtetes Beobachten
sehr wichtig. Damit ist nicht nur
beobachten mit den Augen gemeint.
Forscher erfassen einen Sachverhalt
mit so vielen Sinnen wie möglich. Sie
55 stellen sich immer die Frage: Was sehe,
höre, rieche, fühle oder schmecke ich?

Zielgerichtet Beobachten • Forscher haben eine bestimmte Erwartung, was
passieren sollte. Sie überlegen sich
60 vorher, worauf sie besonders achten
wollen, und konzentrieren sich beim
Beobachten darauf. Anschließend beschreiben sie alle Einzelheiten genau.

Auswertung der Ergebnisse • Bei der
65 Auswertung der Beobachtungen werden Schlussfolgerungen gezogen. Oft
wird dabei die Frage beantwortet:
Warum ist das so?

Hilfsmittel beim Beobachten • Unsere
70 Sinnesorgane stoßen beim Beobachten
häufig an ihre Grenzen. Forscher nutzen darum Hilfsmittel wie Mikroskop
oder Fernglas, Waage oder Thermometer. → 3

> Sinnesorgane besitzen Sinneszellen.
> Diese Sinneszellen wandeln Reize in
> elektrische Signale um. Das Gehirn
> verarbeitet die Signale und nimmt
> dadurch unsere Umwelt wahr.

2 | Wie genau ist das passiert?

3 | Forscher beobachten genau und zielgerichtet.

Aufgaben

1 ○ Nenne die Sinnesorgane des
Menschen.

2 ◑ Beschreibe, wie ein Reiz verarbeitet wird.

3 ● Recherchiere, welche Hilfsmittel
Forscher an der Universität verwenden.

Mit den Sinnen erschließen wir die Welt

Material A

Wir testen den Geruchssinn

Materialliste: mehrere Filmdosen, Watte, verschiedene stark riechende Stoffe (z. B. Gewürze, Kräuter, Tee, Duftöle), wasserfester Stift

1 Verschiedene Gewürze

Achtung • Duftstoffe können schädliche Dämpfe abgeben. Halte deine Nase niemals direkt an den Stoff, sondern fächle dir die Luft über der Probe mit der Hand zu!

1 Arbeitet in Gruppen. Wählt einen Versuchsleiter, die anderen Gruppenmitglieder sind die Testpersonen. Der Versuchsleiter nummeriert die Filmdosen, füllt in jede Dose einen Stoff und deckt ihn mit Watte ab. Er notiert in einer Liste, in welcher Dose sich welcher Stoff befindet, und verschließt die Dosen wieder.

2 Die Testpersonen öffnen nun nacheinander jede Dose und nehmen eine Geruchsprobe.
○ Notiert eure Vermutungen in der Liste. Wer erkennt die meisten Gerüche?

2 Dämpfe zufächeln!

Material B

Wir testen den Gehörsinn

Materialliste: 12 Filmdosen, Sand, Reiskörner, Sägespäne, Büroklammern, Centmünzen, Perlen

1 Arbeitet in Gruppen. Füllt je 2 Dosen mit der gleichen Menge desselben Materials.
○ Spielt „Memory" mit den Dosen: Findet die Paare, indem ihr die Dosen schüttelt und die Geräusche vergleicht.

Material C

Wir testen den Tastsinn

3 Den Tastsinn testen

Materialliste: Augenbinde, verschlossener Karton mit Gegenständen zum Ertasten, Liste der Gegenstände

1 Arbeitet in Gruppen. Verbindet einer Testperson die Augen. Sie darf die Gegenstände vor dem Test nicht sehen. Lasst nun die Testperson die Gegenstände ertasten und beschreiben.
○ Kreuzt auf der Liste an, welche Gegenstände erkannt wurden.

Material D

Wir testen
den Geschmackssinn

Materialliste: Augenbinde, Nasenklammer, Stückchen verschiedener Obst- und Gemüsesorten, Löffel, Liste der Kostproben

Achtung • Manche Menschen reagieren auf einige Lebensmittel allergisch. Fragt eure Testperson vorher, ob sie eine Allergie hat!

4 | Geschmackstest

1 Arbeitet in Gruppen. Verbindet der Testperson die Augen. Gebt ihr nacheinander mit einem Löffel je ein Stückchen der Kostproben.
→ 4
◯ Kreuzt in der Liste an, welche Lebensmittel erkannt wurden.
◓ Wiederholt den Test mit angelegter Nasenklammer und kreuzt wieder in der Liste an, welche Lebensmittel erkannt wurden.

2 ● Vergleicht die Ergebnisse der beiden Tests und stellt Vermutungen an, warum die Ergebnisse unterschiedlich sind.

Material E

Wir testen den Sehsinn

1 Arbeitet zu zweit. Nimm einen Bleistift in die Hand, sodass die Spitze nach oben zeigt. Halte ihn der Testperson in Augenhöhe vor das Gesicht. Die Testperson versucht, mit der Spitze eines zweiten Bleistifts die Spitze des ersten zu berühren. → 5
◯ Beschreibt eure Beobachtungen.

2 Wiederholt den Versuch, wobei sich die Testperson nun ein Auge zuhält.
◯ Beschreibt eure Beobachtungen.

5 | Die Bleistiftspitze berühren

Material F

Wir testen
den Gleichgewichtssinn

Stellt einen drehbaren Stuhl in das Klassenzimmer. Zeichnet mit Kreide eine gerade Linie vom Stuhl aus durch den Raum.

1 Eine Testperson setzt sich auf den Stuhl und schließt die Augen. Dreht den Stuhl und haltet ihn nach etwa 8 Umdrehungen an. Die Testperson soll nun mit offenen Augen auf der Linie entlanglaufen. Achtet darauf, dass sie nicht stürzt.
a ◓ Beobachtet und beschreibt den Lauf.
b ● Lasst die Testperson beschreiben, was sie gefühlt hat.

6 | Den Gleichgewichtssinn testen

Sehen mit Augen und Gehirn

1 Amelie liest ein Buch.

Amelie liest gerne noch vor dem Einschlafen. Damit sie die Schrift im Buch erkennen kann, benötigt sie Licht und ihre Augen.

⁵ **Das Auge empfängt Licht •** Um etwas sehen zu können, muss Licht in unsere Augen gelangen. Eine Lampe, die Sonne oder eine Kerzenflamme sind Lichtquellen, unser Auge ist ein Lichtempfänger. Das Licht einer Lichtquelle ¹⁰

gelangt entweder direkt ins Auge oder es wird von beleuchteten Gegenständen ins Auge gelenkt. → **1**

Licht wird weitergeleitet • Durch die ¹⁵ Hornhaut und die Pupille gelangt das Licht ins Auge. Die Pupille ist ein Sehloch, das von der farbigen Iris umgeben ist. Bei großer Helligkeit verengen kleine Muskeln die Pupille, bei wenig ²⁰ Licht wird sie weit. Im Auge trifft das Licht auf die Linse, die direkt hinter der Pupille liegt. Die Linse sorgt für ein scharfes Bild, sie lenkt das Licht durch den Glaskörper auf die Netzhaut. → **2**

²⁵ **Licht wird umgewandelt •** Die Sinneszellen der Netzhaut wandeln Lichtreize in elektrische Impulse um. Diese Impulse werden über den Sehnerv ins Gehirn geleitet. Das Gehirn wertet ³⁰ die ankommenden Impulse aus und erkennt, was wir sehen. Die Wahrnehmung findet also im Gehirn statt.

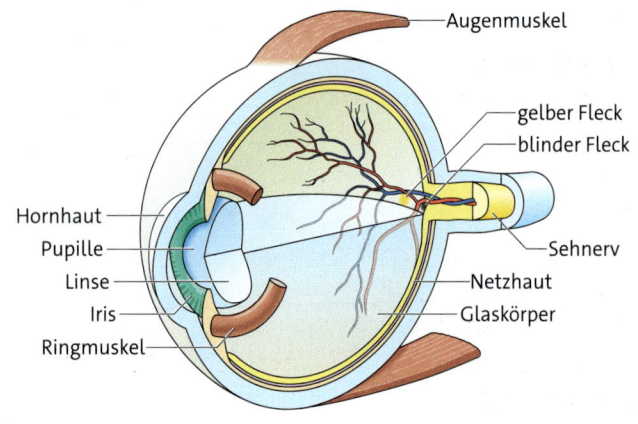

2 Das Auge

Stäbchen und Zapfen • Die Netzhaut
enthält zwei Arten von Sinneszellen.
35 Die Stäbchen sind für das Hell-Dunkel-
Sehen verantwortlich, die Zapfen ermöglichen das Farbensehen.
An der Stelle, an der der Sehnerv aus
dem Auge austritt, befinden sich keine
40 Sinneszellen. Hier können wir nichts
sehen. Diese Stelle wird daher als blin-
der Fleck bezeichnet. Der gelbe Fleck
hingegen enthält ausschließlich Zapfen. Hier sehen wir besonders gut.

45 **Räumliches Sehen** • Als Zuschauer bei
einem Fußballspiel können wir erkennen, welche Spieler näher bei uns stehen und welche weiter entfernt sind.
→ 3 Wir sind also in der Lage, Räume
50 dreidimensional wahrzunehmen.
Dieses räumliche Sehen ist möglich,
weil wir zwei Augen besitzen, die
vorne am Kopf nebeneinanderliegen.
Durch den Abstand zwischen ihnen
55 sieht jedes Auge die Welt aus einem
etwas anderèn Blickwinkel. Die elektrischen Impulse von beiden Augen werden im Gehirn zu einem einzigen ein-
heitlichen Bild zusammengefügt.

60 **Gut geschützt** • Unsere Augen liegen
in den knöchernen Augenhöhlen des
Schädels. Augenbrauen und Wimpern
verhindern, dass Regen- oder Schweiß-
tropfen ins Auge gelangen. Vor zu
65 großer Helligkeit oder Fremdkörpern
schützen uns die Augenlider, die sich
blitzschnell schließen können. Die Trä-
nenflüssigkeit bildet einen feuchten
Film, der Staub oder Krankheitserreger
70 aus dem Auge spült.

3 Wir können Farben voneinander unterscheiden und
räumlich sehen, wie hier beim DFL Supercup-Spiel FC Bayern
München gegen Borussia Dortmund.

Die Augen sind die Sinnesorgane
für die Aufnahme von Lichtreizen.
Die Netzhaut wandelt Licht in elektrische Impulse um, die an das Gehirn weitergeleitet werden. Wahrnehmung findet im Gehirn statt.

Aufgaben

1 ○ Nenne alle Bestandteile des
Auges, die auf dem Weg des Lichts
zur Netzhaut liegen.

2 ◑ Zeichne ein Auge mit seinen
Schutzeinrichtungen von vorn und
beschrifte es vollständig.

3 ● Nach einer Kopfverletzung kann
das Sehen eingeschränkt sein, auch
wenn die Augen nicht betroffen
sind. Erkläre.

Sehen mit Augen und Gehirn

Schau mir in die Augen

Den farbigen Muskelring um die Pupille nennt man Iris. Sie verändert die Größe der Pupille. Auf Altgriechisch bedeutet Iris Regenbogen, daher wird sie auch Regenbogenhaut genannt. Wenn du von braunen, blauen oder grünen Augen sprichst, meinst du die Farbe der Iris. Sie entsteht durch Ablagerungen des Farbstoffs Melanin. Eine blaue Iris enthält weniger Melanin als eine braune oder grüne.

Materialliste: Spiegel, Taschenlampe

1 Betrachte deine Augen in einem Spiegel. ► 1
a ○ Beschreibe, welche Augenfarbe du hast.
b ◖ Notiert in einer Tabelle alle Augenfarben, die in eurer Klasse vorkommen. Zählt dann, wie oft jede Augenfarbe vorkommt, und tragt diese Zahlen in eure Tabelle ein.

2 Schließe deine Augen und drücke vorsichtig mit einem Finger auf dein Augenlid.
a ○ Beschreibe deine Beobachtungen.
b ● Vermute, wie es dazu kommt.

1 Betrachte deine Augen im Spiegel.

3 Betrachte wieder deine Augen im Spiegel. Schließe ein Auge. Das andere, noch geöffnete Auge beleuchtest du mit der Taschenlampe. Nun öffne das geschlossene Auge und beobachte dessen Pupille.
◖ Beschreibe deine Beobachtungen.

4 Lass nun einen Mitschüler den Spiegel halten. Ziehe mit deinem Zeigefinger vorsichtig ein unteres Augenlid nach unten. Am Lidrand erkennst du zur Nase hin eine kleine Öffnung.
a ○ Stelle Vermutungen an, worum es sich dabei handeln könnte.
b ◖ Erkläre die Aufgabe dieser Öffnung.

5 Babys kommen häufig mit heller Haut und blauen Augen auf die Welt. Nach etwa einem Jahr hat sich jedoch die Augenfarbe vieler Babys verändert.
● Erläutere, wodurch sich die Augenfarbe von Babys verändern kann.

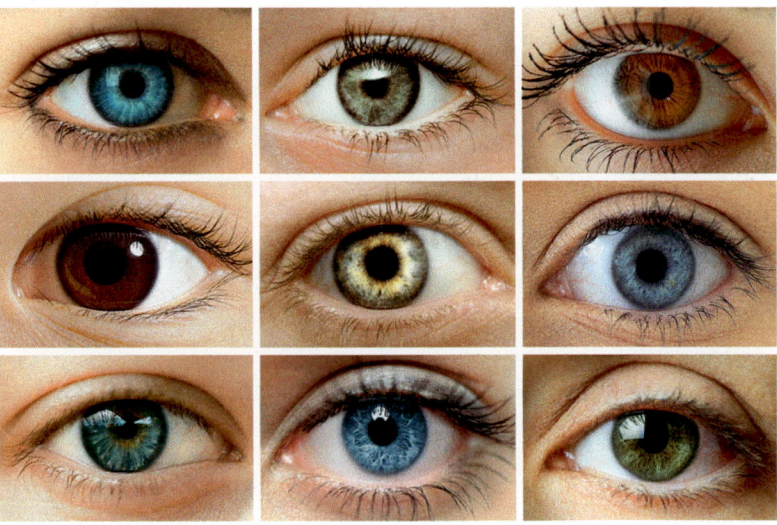

2 Die Iris macht unsere Augen einzigartig.

Material B

Grenzen der Sehfähigkeit

Unsere Augen haben Grenzen. Die Punkte, aus denen gedruckte Bilder bestehen, können wir ohne Hilfsmittel nicht einzeln wahrnehmen.

1 Betrachte die Flächen aus einem Abstand von 30 cm.
○ Bei welcher Fläche kannst du die einzelnen Punkte noch unterscheiden? → 3

3 Punkte

Material C

Der blinde Fleck

Zeichne auf ein weißes Blatt Papier zuerst ein ausgemaltes schwarzes Quadrat und rechts daneben in einem Abstand von 10 cm einen ausgemalten schwarzen Punkt. Decke dann dein linkes Auge mit einer Hand ab und schaue mit dem rechten Auge auf das linke Quadrat. Nun näherst du das Blatt langsam deinem Gesicht, wobei dein Blick auf das linke Quadrat gerichtet bleibt. → 4

1 ◐ Beschreibe deine Beobachtungen.

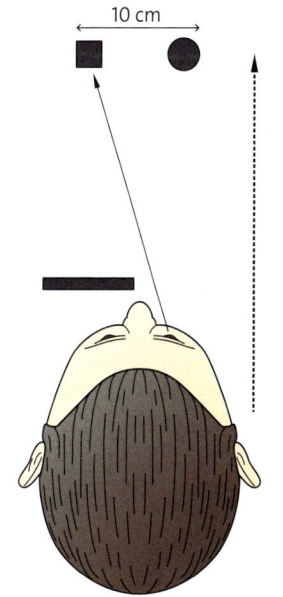

4 So findest du den blinden Fleck.

Material D

Was sehen wir wirklich?

Sehen entsteht durch das Zusammenspiel von Augen und Gehirn. Dabei interpretiert das Gehirn unsere Umwelt entsprechend unseren Erfahrungen.

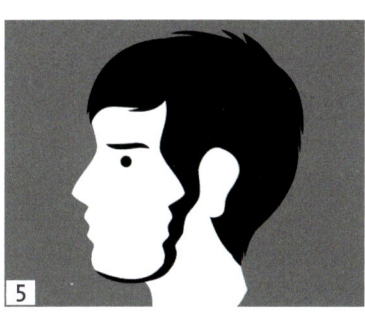

5

1 ○ Betrachte die Bilder und beschreibe, was du siehst. → 5 – 7

2 ◐ Erläutere, warum das Objekt nicht in Wirklichkeit existieren kann. → 6

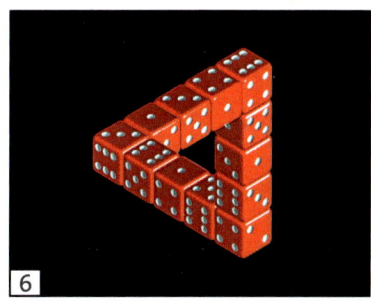

6

3 ● Vermute, wie die optische Täuschung zustande kommt. → 7

7

Hören mit Ohren und Gehirn

1 | Hanna übt auf ihrer Geige.

Beim Geigenunterricht müssen Musikschüler und Musiklehrer aufmerksam zuhören. Wird die richtige Melodie gespielt und werden die Töne getroffen?
5 Das Gehör muss hierbei viel leisten. Wie hören wir?

Das Ohr empfängt Schallwellen • Wenn Hanna mit dem Bogen über die Saiten ihrer Geige streicht, beginnen diese zu
10 schwingen. → 1 Diese Schwingungen nehmen wir als Schall wahr. Die Saite ist die Schallquelle. Solange sie schwingt, sendet sie Schallwellen aus. Diese Schallwellen sind Verdichtungen
15 und Verdünnungen der Luft, die in alle Richtungen auseinanderlaufen. Je stärker eine Schallquelle hin und her schwingt, desto lauter ist der Ton. Je schneller die Schwingung ist, desto
20 höher ist der Ton. Über die Luft gelangen die Schallwellen zum Ohr, dem Schallempfänger. → 2

Schall wird weitergeleitet • Die Ohrmuschel ist der sichtbare Teil des Ohrs.
25 Sie fängt den Schall auf und leitet ihn über den Gehörgang zum Mittelohr weiter. Dort befindet sich das Trommelfell. Das ist eine dünne Haut, die von den Schallwellen in Schwingun-
30 gen versetzt wird. Hammer, Amboss und Steigbügel sind winzige Gehörknöchelchen im Mittelohr. Sie leiten die Schwingungen des Trommelfells zum Innenohr weiter und verstärken
35 sie. Die Hörschnecke ist das eigentliche Hörorgan. Sie liegt im Innenohr und ist mit Flüssigkeit gefüllt. Neben der Hörschnecke befindet sich das

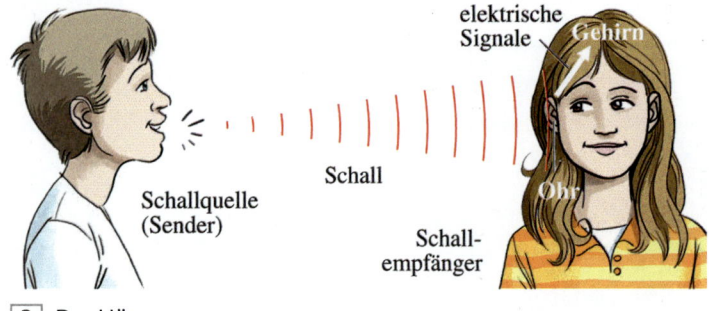

2 | Der Hörvorgang

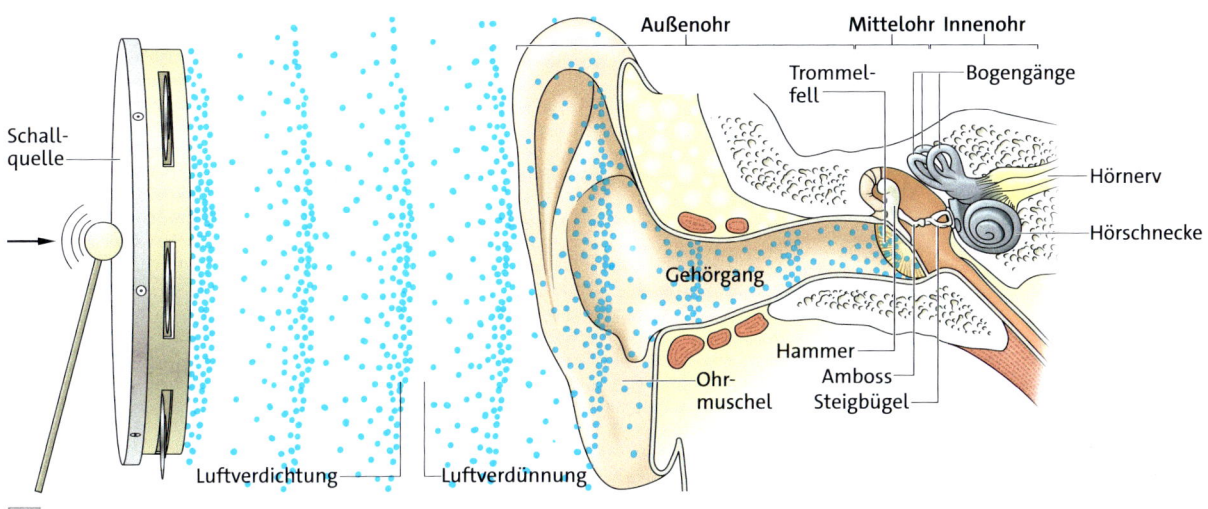

Außenohr   Mittelohr Innenohr

Schall-
quelle

Trommel-
fell

Bogengänge

Hörnerv

Hörschnecke

Gehörgang

Ohr-
muschel

Hammer
Amboss
Steigbügel

Luftverdichtung — Luftverdünnung

3 Aufbau des Ohrs

Gleichgewichtsorgan. Es besteht aus
40 drei flüssigkeitsgefüllten Bogengän-
gen. → 3

Schall wird umgewandelt • Die Schwingungen werden auf die Flüssigkeit in
der Schnecke übertragen und reizen
45 dort die Härchen von Hörsinneszellen.
→ 4 Es entstehen elektrische Impulse, die über den Hörnerv in das Gehirn
geleitet werden. Das Gehirn wertet
die ankommenden Impulse aus und
50 erkennt, was wir hören. Das Hören ist
also ein Zusammenspiel von Ohren
und Gehirn.

> Die Ohren sind die Sinnesorgane für
> die Aufnahme von Schall.
> Die Sinneszellen der Hörschnecke
> im Innenohr wandeln Schwingun-
> gen in elektrische Impulse um.
> Diese Impulse werden zum Gehirn
> weitergeleitet und dort verarbeitet.
> Wahrnehmung findet im Gehirn
> statt.

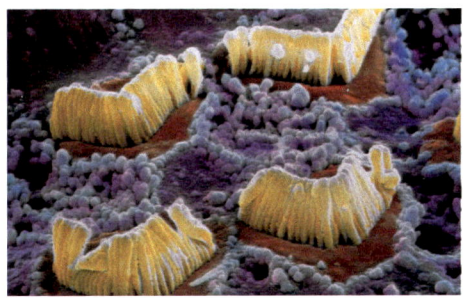

4 Hörsinneszellen in der Hörschnecke

Aufgaben

1 ○ Beschreibe den Weg des Schalls,
der von einer schwingenden Geigen-
saite ausgeht. Nimm dazu Bild 3 zu
Hilfe.

2 ◖ Erkläre, wie die Lautstärke einer
Gitarrensaite verändert werden
kann.

3 ● Stelle Vermutungen an, warum
sich einige Menschen manchmal
eine Hand hinter das Ohr halten.

23

Hören mit Ohren und Gehirn

Material A

Stimmgabel

Schall kann man nicht nur als Töne oder Geräusche mit den Ohren hören, sondern auch mit einfachen Hilfsmitteln sichtbar machen.

Materialliste: Becherglas, Wasser, Stimmgabel

1 Füllt das Becherglas mit Wasser. Schlagt die Stimmgabel an und taucht sie sofort senkrecht ins Wasser.
○ Beschreibt eure Beobachtungen.

Material B

Schall sichtbar machen

Materialliste: Plastikbecher, Luftballon, Gummiband, Reiskörner, Kochtopf, Kochlöffel

1 Versuchsaufbau

1 Stülpt einen abgeschnittenen Luftballon über den Plastikbecher, sodass eine straffe Oberfläche entsteht. Befestigt ihn mit Gummiband. Legt dann die Reiskörner auf die Ballonhaut.

2 Haltet den Kochtopf mit der Öffnung in Richtung Becher. Schlagt mit dem Kochlöffel von außen an den Boden. Beobachtet dabei die Reiskörner auf der Ballonhaut.
◐ Beschreibt eure Beobachtungen.

Material C

Richtungshören

Materialliste: Stimmgabel, Tuch, Schlauch aus Kunststoff oder Gummi (etwa 1 m lang), Stift

1 Verbindet einer Testperson die Augen. Anschließend geht ein Mitschüler im Raum umher und stößt die Stimmgabel an. Die Testperson soll in die Richtung zeigen, aus der sie den Ton der Stimmgabel hört.
○ Notiert eure Beobachtungen.

2 Führt den Versuch nochmals durch, dieses Mal muss sich die Testperson ein Ohr zuhalten.
○ Notiert wieder eure Beobachtungen.

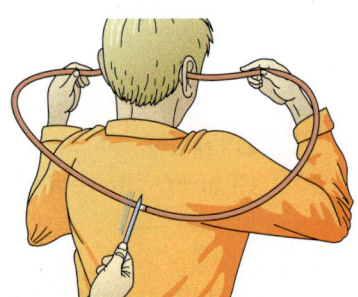

2 Aus welcher Richtung kommt der Schall?

3 Markiert auf dem Schlauch die Mitte. Eine Testperson hält sich nun die beiden Enden an die Ohren, ein anderer schlägt leicht mit dem Bleistift auf den Schlauch. Die Testperson soll beurteilen, ob eine Stelle rechts oder links der Mitte angeschlagen wurde.
○ Notiert eure Beobachtungen.

4 ● „Es ist gut, dass wir zwei Ohren haben." Erkläre diese Aussage mit den Versuchsergebnissen.

Material D

Der menschliche Hörbereich

Der Mensch kann Schall nur hören, wenn die Schallquelle in einer Sekunde zwischen 20 und 20 000 Schwingungen erzeugt. Die Anzahl der Schwingungen pro Sekunde nennt man Frequenz, sie wird in Hertz (Hz) angegeben. 1 000 Hertz sind 1 Kilohertz (kHz). Eine Stimmgabel mit einer Frequenz von 322 Hz schwingt beispielsweise 322-mal pro Sekunde. Je höher die Frequenz ist, desto höher klingt der Ton. Wenn eine Schallquelle mit mehr als 20 kHz schwingt, spricht man von Ultraschall. Diese Frequenz kann das menschliche Ohr nicht mehr wahrnehmen. Allerdings gibt es einige Lebewesen, die diese Frequenzen hören können. Dazu gehören zum Beispiel Hunde (15 Hz bis 50 kHz), Delfine (150 Hz bis 280 kHz) und Fledermäuse (20 kHz bis 150 kHz). Das menschliche Ohr ist für verschiedene Frequenzen unterschiedlich empfindlich. Ältere Menschen und Menschen, die in ihrem Beruf häufig starkem Lärm ausgesetzt sind, nehmen hohe Töne oft nicht mehr wahr.

Materialliste: Tongenerator (über das Internet verfügbar oder als App), Kopfhörer

3 | Tonfrequenzgenerator

1 Findet euren Hörbereich heraus. Beginnt mit niedrigen Frequenzen (20 Hz) und steigert bis etwa 20 kHz.
○ Notiert euren persönlichen Hörbereich.

2 Gibt es Unterschiede im Hörbereich verschiedener Schüler?
● Stellt Vermutungen an, warum das so sein könnte. Einen Hinweis auf eine mögliche Erklärung findet ihr in Bild 4.

3 ◑ Überlegt euch Maßnahmen zum Schutz eures Gehörs.

4

Material E

Laut oder leise

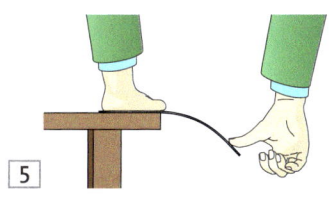

5

Materialliste: Gummiband, Stimmgabel, Lineal, Trommel

1 ○ Beschreibt, wie ihr mit den Versuchsmaterialien unterschiedliche Lautstärken und unterschiedliche Tonhöhen erzeugen könnt.
→ 5

Material F

Hoch oder tief

Materialliste: Glasflasche, Wasser

1 Füllt die Flasche mit Wasser und blast über die Öffnung.
○ Beschreibt, wie sich der Ton verändert, wenn man mehr oder weniger Wasser einfüllt.

Was der Mensch nicht sehen und nicht hören kann

1 Elefantenherde an einem Wasserloch

2 Hunde reagieren auf den Pfiff der Hundepfeife.

Lebewesen nehmen mit ihren Sinnesorganen Reize aus ihrer Umwelt wahr. Jedes Sinnesorgan ist auf bestimmte Reize spezialisiert. Bei verschiedenen Lebewesen sind die Sinne unter-
5 schiedlich stark ausgeprägt. Der Mensch orientiert sich vor allem mit Augen und Ohren in seiner Umwelt. Doch wir können nicht alle Töne hören oder Lichtreize in unserer unmittelbaren Umgebung wahrnehmen.

10 **Infraschall** • Der Mensch kann tiefe Töne mit Frequenzen unterhalb von 20 Hz, den sogenannten Infraschall, kaum oder gar nicht hören. Elefanten, Giraffen und Wale nutzen jedoch solche Infraschalllaute zur Kommunikation.
15 Elefanten kommunizieren untereinander nicht nur durch laute Trompetentöne, sondern erzeugen in ihrem Kehlkopf vor allem auch Infraschalllaute. Die Schallwellen werden durch die Luft und den Erdboden mehrere Kilometer weit
20 übertragen. Dadurch sind Elefanten in der Lage, Artgenossen auch über weite Entfernungen vor Gefahren zu warnen oder über Nahrungsquellen oder Wasserlöcher zu informieren. → 1

Ultraschall • Der Mensch kann hohe Töne mit
25 Frequenzen über 20 kHz, den sogenannten Ultraschall, nicht mehr hören. Hunde, Ratten, Wale und Fledermäuse können jedoch Ultraschall wahrnehmen. Deshalb hört z. B. ein Hundebesitzer den hohen Ton der Hundepfeife
30 nicht, sein Hund allerdings schon. → 2 Fledermäuse hören Ultraschall von über 120 kHz. Außerdem erzeugen sie auch selbst Ultraschalllaute zur Kommunikation und beim Beutefang. Dieser Schall wird von der Umwelt zurückge-
35 worfen. Am Echo erkennt die Fledermaus, wo und wie weit entfernt ein Gegenstand ist, welche Größe er hat und ob er sich bewegt. → 3

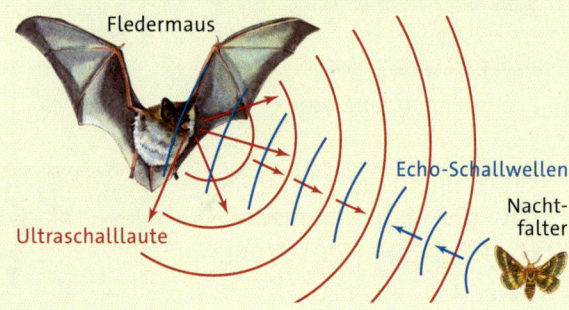

Fledermaus

Echo-Schallwellen

Nachtfalter

Ultraschalllaute

3 Die Fledermaus ortet ihre Beute mit Ultraschall.

[4] Hahnenfußblüte im Tageslicht und im UV-Licht

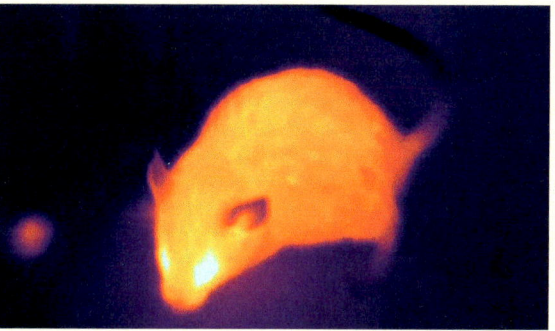

[5] Wärmebild einer Maus

UV-Licht • Die unterschiedlichen Farben des Lichts haben verschiedene Wellenlängen. Der
40 Mensch kann Licht mit einer Wellenlänge von 380 bis 780 Nanometern (nm) wahrnehmen.
➔ [6] Ein Nanometer ist der millionste Teil eines Millimeters. Licht mit Wellenlängen unterhalb von 380 nm nennt man ultraviolettes
45 Licht oder kurz UV-Licht. Vögel, Insekten und einige Fische können es wahrnehmen.
Bienen sehen Licht mit Wellenlängen von 230 bis 630 nm. Deshalb sieht die Welt für sie ganz anders aus. Bienen sehen Farbmuster auf Blü-
50 ten, die der Mensch nur als einheitliches Gelb erkennt. ➔ [4]

IR-Licht • Licht mit Wellenlängen über 780 nm wird als Infrarotlicht, IR-Licht oder Wärmestrahlung bezeichnet. Der Mensch kann IR-Licht nicht
55 sehen.
Einige Schlangenarten wie die Vipern können Infrarotlicht wahrnehmen. Mit dem Grubenorgan, einer Vertiefung mit Wärmesinneszellen zwischen Augen und Nasenlöchern, können
60 Vipern kleinste Temperaturveränderungen wahrnehmen. Dadurch erhält die Schlange ein Infrarotbild ihrer Umgebung und kann ihre warmblütige Beute bei völliger Dunkelheit fangen. Die Schlange sieht dabei das Beutetier
65 wie mit einer Wärmebildkamera. ➔ [5]

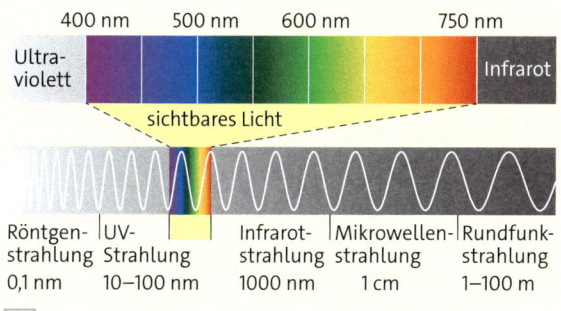

[6] Das Lichtspektrum

Aufgaben

1 ◐ Erkläre, warum man sagen kann, dass manche Tiere „mit den Ohren sehen".

2 ● Der Mensch hat sich besondere Fähigkeiten von Tieren zum Vorbild genommen und Geräte oder Verfahren nachgebildet. Nenne Beispiele dafür.

Unsere Haut hat viele Funktionen

1 Unsere Haut ist nicht nur eine schützende Oberfläche.

Wir beschäftigen uns täglich mit ihr: sehen sie im Spiegel, waschen sie, cremen sie ein oder kratzen uns. Sie kann rot oder auch blass werden. Was aber wissen wir wirklich über unsere Haut?

Ein Vielkönner • Die Haut umgibt unseren gesamten Körper und schließt ihn nach außen hin ab. Über die Haut nehmen wir viele Informationen aus der Umwelt auf. Außerdem ist sie an der Regulierung unserer Körpertemperatur beteiligt. Die Haut zeigt auch anderen Menschen an, wie es uns gerade geht: wir können rot oder blass werden.

Unser größtes Organ • Die Haut eines Erwachsenen wiegt 11 bis 15 Kilogramm und hat dabei eine Fläche von 1,8 bis 2 Quadratmetern. Sie besteht aus mehreren Schichten, von denen jede ihre eigenen Aufgaben hat. → 2

Schutz • Die Oberhaut ist so dünn wie ein Blatt Papier. Abgestorbene Hornzellen an ihrer Oberfläche verhindern kleinere Verletzungen. Die Hornzellen werden in der Keimschicht ständig nachgebildet und nach außen hin abgegeben. Auch die Finger- und Fußnägel entstehen hier.

Versorgung • Die Lederhaut ernährt mit ihren Blutgefäßen die Oberhaut. Sie enthält viele Sinneszellen. Drüsen geben Talg und Schweiß an die Hautoberfläche ab.
Auch Haare, die mit einem Muskel aufgerichtet werden können, haben hier ihre Wurzeln.

Speicher und Wärmedämmung • In der Unterhaut liegen vor allem Fettzellen. Sie wandeln überschüssige Nährstoffe in Fett um und speichern sie für mögliche Notzeiten. Eine Fettschicht schützt gut vor Wärmeverlust.

Die Haut als Sinnesorgan • In der Haut befinden sich verschiedene Sinneszellen. Wärmepunkte sind auf Temperatursteigerungen spezialisiert, Kältepunkte dagegen auf sinkende Temperaturen. Tastkörperchen nehmen selbst geringe Druckveränderungen wahr. Freie Nervenzellenenden geben Signale an das Gehirn, wenn die Haut verletzt wird. Nervenzellen umschlingen die Haarwurzeln und nehmen so Bewegungen der Haare als Reize auf.

Unterschiede • Die Sinneszellen sind nicht gleichmäßig über den Körper verteilt. Lippen, Fingerspitzen, Handflächen und Fußsohlen enthalten besonders viele Sinneszellen. Am Rücken finden sich dagegen relativ wenige Sinneszellen, er ist deshalb nicht sehr empfindlich. Insgesamt ist die Anzahl der Schmerzsinneszellen am größten, die Anzahl der Wärmepunkte dagegen am geringsten.

Zu warm oder zu kalt • Wird unser Körper zu warm, weiten sich die Blutgefäße in der Unterhaut. Das warme Blut aus dem Körperinneren wird vermehrt an die Körperoberfläche transportiert und gibt dort seine Wärme ab. Durch die verstärkte Durchblutung rötet sich die Haut. Reicht dies nicht aus, um den Körper abzukühlen, beginnen wir zu schwitzen. Die von den Schweißdrüsen abgegebene Flüssigkeit verdunstet und kühlt so den Körper. Umgekehrt ziehen sich die Blutgefäße zusammen, wenn es zu kalt wird. Dadurch wird die Haut blass.

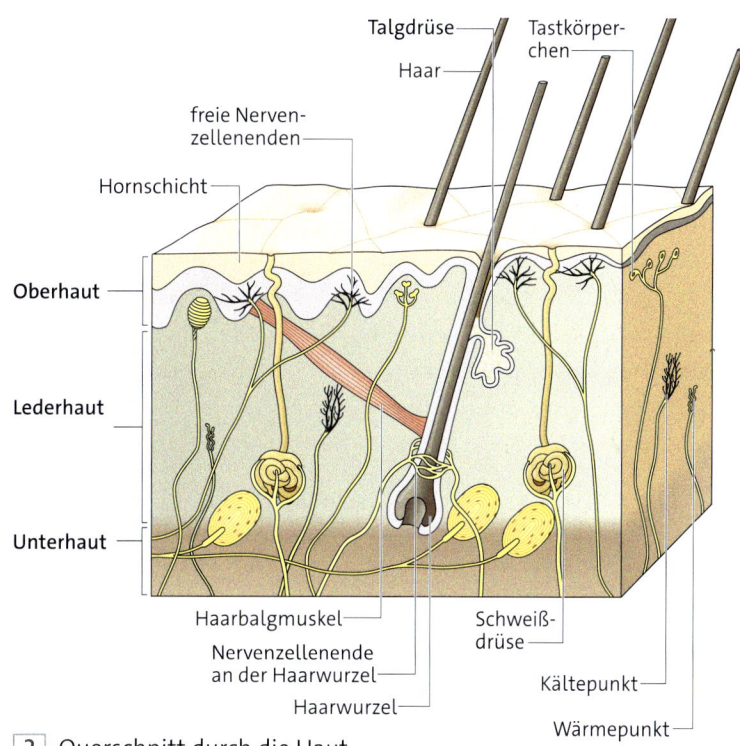

Talgdrüse — Tastkörperchen
Haar
freie Nervenzellenenden
Hornschicht
Oberhaut
Lederhaut
Unterhaut
Haarbalgmuskel
Nervenzellenende an der Haarwurzel
Haarwurzel
Schweißdrüse
Kältepunkt
Wärmepunkt

2 Querschnitt durch die Haut

Die Haut ist unser größtes Organ, sie schützt den Körper vor Verletzungen und Wärmeverlust. Über verschiedene Sinneszellen nimmt sie Informationen aus der Umwelt auf.

Aufgaben

1 ○ Nenne die Funktionen der verschiedenen Hautschichten.

2 ◗ Erläutere, welchen Vorteil es bringt, dass verschiedene Körperstellen unterschiedlich viele Sinneszellen besitzen.

3 ● Erkläre, wie bei sehr hohem Fieber kalte Wadenwickel helfen können.

29

Unsere Haut hat viele Funktionen

Material A

Warm oder kalt?

Die Temperatursinneszellen unserer Haut sind keine Thermometer, von denen man eine genaue Temperatur ablesen kann. Sie informieren den Körper vielmehr über Veränderungen in der Umgebungstemperatur. Auf diese Weise kann sich der Körper vor Überhitzung und Unterkühlung schützen. Bei gleichbleibenden Temperaturen werden die Temperatursinneszellen nicht gereizt.

Materialliste: 3 Schalen, Wasser, Thermometer, Handtuch

1 Stelle die 3 Schalen nebeneinander. Fülle in die linke Schale kaltes Wasser (12–15 °C), in die mittlere Schale Wasser mit Zimmertemperatur (22–25 °C) und in die rechte Schale heißes Wasser (ca. 40 °C).

1 Lisa beim Temperaturversuch

Achtung • Das Wasser darf nicht so heiß sein, dass du dir die Haut verbrühst!

2 Lege für 1 Minute die linke Hand in die linke Schale und die rechte Hand in die rechte Schale. → 1 Tauche dann beide Hände gleichzeitig in die mittlere Schale.

3 ○ Beschreibe jeweils, wie du die Wassertemperaturen empfindest.

4 ● Erläutere deine Empfindungen mit der Funktionsweise der Temperatursinneszellen.

Material B

Kälte- und Wärmepunkte finden

Materialliste: 2 Thermobecher, Wasser, Stricknadeln aus Metall, rote und blaue Stifte, Augenbinde

1 Füllt einen Thermobecher mit ca. 15 °C kaltem und einen mit ca. 50 °C warmem Wasser. Stellt die Stricknadeln in die Becher und wartet etwa 2 Minuten, bis sie die Wassertemperatur angenommen haben.

2 Zeichnet auf den Handrücken einer Testperson ein Quadrat mit 3 cm langen Seiten. Verbindet der Testperson die Augen und berührt mit einer warmen Nadel leicht verschiedene Hautstellen innerhalb des Quadrats. Die Stellen, an denen die Testperson Wärme empfindet, markiert ihr mit einem roten Punkt. Wiederholt den Versuch mit der kalten Nadel und markiert die Stellen blau, an denen Kälte empfunden wird. → 2

3 ○ Beschreibt die Verteilung der Temperatursinneszellen in der Haut des Handrückens.

4 ● Begründet die festgestellten Unterschiede.

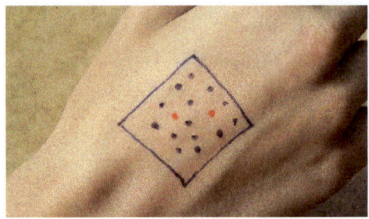

2 Wärme- und Kältepunkte

Material C

Eins oder zwei?

Materialliste: Büroklammern, Lineal, Augenbinde

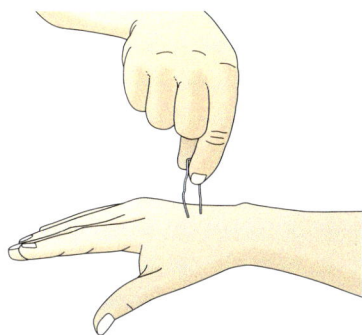

3 | Den Tastsinn erforschen

1 Biegt Büroklammern so zurecht, dass ihre Enden jeweils Abstände von 5, 10, 15, 20 oder 25 mm zueinander haben. Eine weitere Büroklammer biegt ihr zu einem langen Stäbchen („0 mm").

2 Verbindet einer Testperson die Augen. Berührt dann mit den Enden der Büroklammern vorsichtig die Haut auf dem Handrücken der Testperson. ➙ 3

3 ○ Notiert in einer Tabelle, bei welchen Abständen ein oder zwei Berührungspunkte wahrgenommen werden. ➙ 4 Nutzt zwischendurch die Stäbchenklammer als Kontrolle.

4 ○ Testet auch andere Körperstellen, z. B. Lippen, Stirn, Fingerspitze, Rücken oder Unterarm. Verändert dabei die Reihenfolge der Abstände und notiert die Ergebnisse in der Tabelle.

5 Wiederholt den Versuch mit anderen Testpersonen.

6 ○ Beschreibt anhand der Ergebnisse in eurer Tabelle, an welchen Körperstellen die Haut besonders empfindlich ist.

7 ◐ Begründet die Unterschiede im Tastempfinden an unterschiedlichen Körperstellen.

8 ● Überlegt, ob es sinnvoller ist, bei verschiedenen Testpersonen die gleiche Körperstelle zu testen oder unterschiedliche. Begründet eure Entscheidung.

Körperteil:	
Abstand (mm)	1/2 Punkte
0	
5	
10	
15	
20	
25	

4 | Muster für eure Tabelle

Material D

Kleidung statt Fell

Bei Kälte stellen Säugetiere ihre Fellhaare auf. Dadurch entsteht eine Luftschicht über der Haut, durch die der Körper weniger auskühlt. Obwohl Menschen kein Fell haben, sondern sich mit Kleidung gegen Kälte schützen, gibt es bei uns eine vergleichbare Reaktion: Die feinen Härchen an unseren Armen und Beinen können durch Muskeln aufgestellt werden. Dadurch zieht sich die Haut, die das Haar umgibt, etwas zusammen, und es entstehen kleine Erhebungen. Wir nennen das dann: „eine Gänsehaut bekommen". ➙ 5

1 ○ Beschreibt eine Situation, in der ihr eine „Gänsehaut" bekommen habt.

2 ● Stellt Vermutungen an, welche Funktion die Gänsehaut beim Menschen hat.

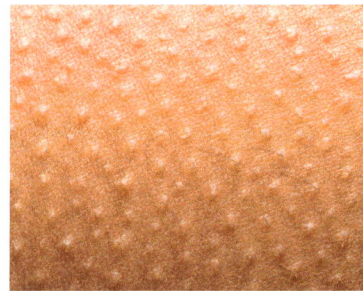

5 | „Gänsehaut"

Blinde Menschen

1 Hilfen bei der Orientierung

A ⠁	B ⠃	C ⠉	D ⠙	E ⠑	F ⠋	G ⠛
H ⠓	I ⠊	J ⠚	K ⠅	L ⠇	M ⠍	N ⠝
O ⠕	P ⠏	Q ⠟	R ⠗	S ⠎	T ⠞	U ⠥
V ⠧	W ⠺	X ⠭	Y ⠽	Z ⠵		

2 Die deutsche Blindenschrift

Ohne Sehsinn • Unsere Augen sind die wichtigsten Sinnesorgane zur Wahrnehmung der Umwelt. Blinde Menschen verhalten sich deshalb in manchen Situationen anders als Se-
5 hende. Blickkontakt ist für sie nicht möglich, ihre Augen wandern hin und her oder sie wenden ihren Kopf zur Seite, um besser hören zu können. In Deutschland leben etwa 155 000 blinde Menschen. Blindheit kann angeboren
10 oder durch eine Krankheit verursacht sein.

Orientierung • Blinde Menschen nutzen verstärkt ihren Gehör- und Tastsinn zur Wahrnehmung ihrer Umwelt. Sie orientieren sich an den Geräuschen, die ihr Blindenstock auf
15 dem Boden erzeugt, und erfühlen mit ihm die Bodenbeschaffenheit oder Treppen. Der weiße Langstock ist für sehende Mitmenschen ein Zeichen, Rücksicht zu nehmen. ➡ 1
Blindenführhunde unterstützen ihre Besitzer
20 im täglichen Leben. Sie umgehen Hindernisse, erkennen Fußgängerüberwege oder Ampeln und finden Bahn- und Bushaltestellen.

Von ihrer Arbeit dürfen solche Assistenzhunde nicht durch Streicheln abgelenkt werden.

25 **Schrift** • Blinde Menschen können nicht wie Sehende lesen und schreiben. Vor etwa 200 Jahren wurde deshalb eine Blindenschrift erfunden, bei der erhöhte Punkte mit den Fingerspitzen ertastet werden. ➡ 2 Heute
30 gibt es zudem Computer mit Sprachausgabe.

Aufgaben

1 ○ Übersetze deinen Namen in Blindenschrift. Nutze dazu die Vorlage. ➡ 2

2 ◖ Beschreibe Signalsysteme, wie sie inzwischen an vielen Orten im Boden für Blinde eingerichtet werden.

3 ● Überlege, wie ein Kartenspiel verändert werden muss, damit ein blindes oder sehbehindertes Kind mitspielen kann.

Gehörlose Menschen

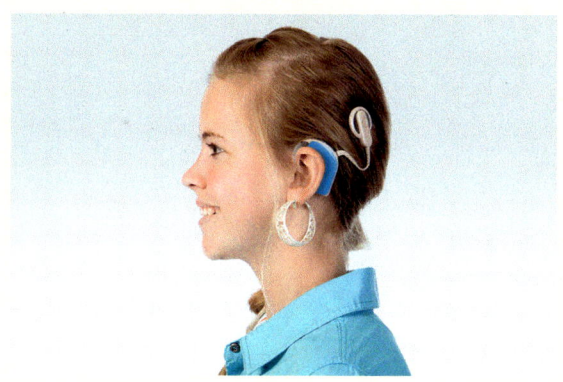

3 Julia trägt eine Hörprothese.

4 Unterhaltung in deutscher Gebärdensprache

Ohne Gehörsinn • Die Ohren sind unsere emp-
findlichsten Sinnesorgane. Mit ihnen können
wir bis zu 400 000 Töne unterscheiden und
sogar die Richtung, aus der sie kommen. Ge-
5 hörlose Menschen können keine Geräusche
aus ihrer Umwelt wahrnehmen und verhalten
sich daher in manchen Situationen anders als
Hörende. Das Martinshorn der nahenden Feu-
erwehr beispielsweise können sie nicht hören.
10 In Deutschland leben etwa 80 000 gehörlose
Menschen. Gehörlosigkeit kann angeboren
oder durch eine Krankheit verursacht sein.

Hilfsmittel • Bei allen Neugeborenen wird
heute kurz nach der Geburt ein Hörtest durch-
15 geführt. Mithilfe von Hörgeräten können Hör-
verluste ausgeglichen werden. Sie bestehen
aus einem Mikrofon, einem Verstärker und
einem Lautsprecher und geben Sprache und
Geräusche lauter an das Innenohr weiter.
20 Alternativ gibt es auch Hörprothesen, die
durch eine Operation mit dem Innenohr verbunden werden. ➛ 3

Kommunikation • Gehörlose Kleinkinder können nicht wie Hörende sprechen lernen, weil
25 sie keine Sprache hören. Sie können jedoch
lernen, die Worte des Gesprächspartners an
dessen Lippenbewegungen abzulesen.
Gehörlose verständigen sich außerdem mithilfe der Gebärdensprache. Dazu werden
30 mit den Händen Zeichen gebildet und durch
Mimik und Körperhaltung unterstützt. ➛ 4

Aufgaben

1 ○ Nenne drei für dich wichtige Dinge, für
die du nur deine Ohren benötigst.

2 ◐ Überlege, welche Gefahren mit der
ständigen Verwendung von Kopfhörern
im Alltag verbunden sind.

3 ● Diskutiert in der Klasse, ob auch ein
Gehörloser Freude an einem Konzertbesuch
haben kann.

33

Vom Schätzen zum Messen

1 Beim Backen hältst du dich am besten an das Rezept.

Die Zutaten für einen Kuchen kannst du beim Backen „nach Gefühl" abschätzen. Damit der Kuchen aber sicher gelingt, hältst du dich am besten genau an das Rezept. Die Eier kannst du einfach zählen, aber 375 Gramm Mehl oder 250 Milliliter Milch müssen gemessen werden.

Masse messen • Waagen geben die Masse eines Gegenstands in Kilogramm oder Gramm an. Statt Masse wird in der Umgangssprache oft Gewicht gesagt.

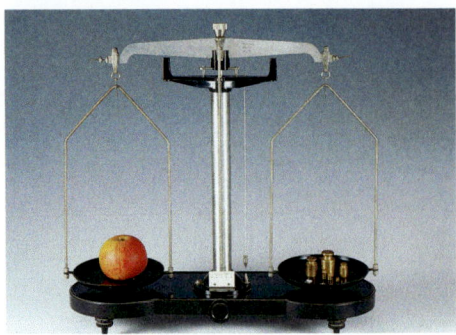

2 Balkenwaage

Bei vielen Waagen wird die Masse an einer Skala abgelesen, z. B. bei Briefwaagen oder Küchenwaagen.
Um die Masse eines Apfels mithilfe einer Balkenwaage zu bestimmen, legst du ihn auf eine der beiden Waagschalen. Auf die andere Waagschale legst du nacheinander kleine Gewichte, sogenannte Wägestücke, bis der Zeiger der Balkenwaage wieder in der Mitte steht. → 2 Die Masse der Wägestücke ist jetzt genauso groß wie die Masse des Apfels. Addierst du die Massen der einzelnen Wägestücke, erhältst du die Masse des Apfels.

Richtig messen • Für genaue Messwerte brauchst du eine geeignete Waage. Die Masse einer Erbse wird von einer Personenwaage nicht angezeigt. Stelle vor der Messung immer die Nulllage ein. Schau gerade auf die Skala. Schreibe den Messwert mit der Einheit Kilogramm oder Gramm auf.

Volumen von Flüssigkeiten messen •

Flüssigkeitsmengen werden mit einer Pipette, einem Messbecher oder einem Messzylinder gemessen. Diese gibt es
40 in verschiedenen Größen, ihre Messskalen unterscheiden sich voneinander. → 3 Vor dem Ablesen muss erst festgestellt werden, welche Menge ein Skalenteil anzeigt. Messwerte werden
45 immer in Augenhöhe abgelesen. → 5

Volumen fester Körper messen •
Auch das Volumen fester Körper kann mit einem Messzylinder gemessen werden. Dazu wird Wasser in den Messzylinder
50 gefüllt und das Volumen abgelesen. Dann wird der Körper vollständig untergetaucht und das Volumen erneut abgelesen. Die Differenz der beiden Messwerte gibt an, um wie viele Milli-
55 liter das Wasser gestiegen ist. → 6 Dieses Wasservolumen entspricht dem Volumen des Körpers.

Verschiedene Maßeinheiten •
Große und kleine Einheiten können ineinan-
60 der umgerechnet werden. Ein Kilogramm sind 1000 Gramm. Ein Liter besteht aus 1000 Millilitern. 1 Milliliter entspricht einem Kubikzentimeter, ein Kubikmeter entspricht 1000 Litern.

65 1 kg = 1000 g
1 L = 1000 mL
1 mL = 1 cm³

> Die Masse eines Gegenstands wird mit einer Waage gemessen. Das Volumen eines Gegenstands kann mit einem Messzylinder oder Messbecher gemessen werden.

3 Messgefäße mit unterschiedlichen Skalen

4 An der tiefsten Stelle ablesen.

5 In Augenhöhe ablesen.

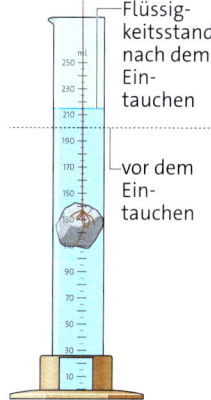

Flüssig-
keitsstand
nach dem
Ein-
tauchen

vor dem
Ein-
tauchen

6 Volumenbestimmung

Aufgaben

1 ○ Nenne die beiden Regeln für das Ablesen einer Messskala. → 4 5

2 ◓ Beschreibe, wie man mit einer Balkenwaage misst.

3 ● „Die Wahl des geeigneten Messgeräts ist wichtig, damit du genaue Messwerte erhältst." Gib zu dieser Regel zwei Beispiele an.

Vom Schätzen zum Messen

Material A

Meine Balkenwaage

Materialliste: Stativ, Holzleiste, Lineal, Feile, Schnur, 2 Joghurtbecher, Knete, Wägestücke

1 Arbeitet in Zweiergruppen. Knotet in der Mitte der Leiste eine Schnur zum Aufhängen der Waage an. Damit sie nicht verrutscht, könnt ihr in die Leiste eine Kerbe feilen. Befestigt im gleichen Abstand von der Mitte die Joghurtbecher an den beiden Enden der Leiste. → 1

2 Befestigt nun eure Balkenwaage an dem Stativ. Bevor ihr messen könnt, muss die Leiste waagerecht hängen. Legt dazu kleine Knetestücke in die Becher.

3 Bestimmt mit eurer Waage und den Wägestücken die Massen von Gegenständen aus eurer Federtasche.
○ Erfasst eure Messwerte in einer Tabelle.

4 Überprüft die Genauigkeit eurer Waage.
◐ Messt die Massen derselben Gegenstände mit einer Küchenwaage. Vergleicht die Messwerte der beiden Waagen miteinander.

① So verknotet man die Schnur, um einen größenverstellbaren Ring zu erhalten:

② Kerbe feilen.

③ Mit den Schnurringen die Joghurtbecher an die Leiste hängen und die Balkenwaage am Stativ mit Knete ausbalancieren.

1 | Bauanleitung für deine Balkenwaage

5 Die Masse sehr leichter Körper lässt sich mit eurer Waage nicht genau messen.
a ● Beschreibt das Vorgehen, wie ihr trotzdem die Masse eines Reiskornes herausfinden könnt.
b ◐ Bestimmt mit eurer Waage die Masse eines Reiskorns.

2 | Reis

Material B

Volumen bestimmen

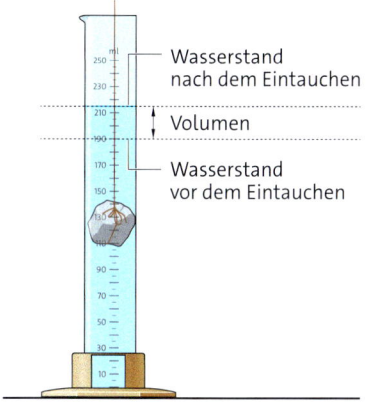

- Wasserstand nach dem Eintauchen
- Volumen
- Wasserstand vor dem Eintauchen

3 | Verschiedene Wasserstände

Materialliste: Standzylinder mit Messskala (mL oder cm³), Faden, Wasser

1 Bestimme das Volumen verschiedener Gegenstände: Radiergummi, Anspitzer aus Metall, Legostein ... → 3

a ⊙ Notiere zu jedem Gegenstand zwei Messwerte. → 4 Vergiss nicht, die Einheit mit aufzuschreiben.

b ⊙ Berechne das Volumen: Volumen = Wasserstand nachher minus Wasserstand vorher

Gegenstand	Wasserstand vorher	Wasserstand nachher	Volumen
Radiergummi	?	?	?
?	?	?	?

4 | Beispieltabelle

Material C

Was wiegt ein Diamant?

1 Beim Juwelier werden Edelsteine nicht in Gramm, sondern in Karat gewogen: 1 Karat = 0,2 Gramm.

a Im Trauring von Frau Schmidt ist ein Diamantsplitter von 0,02 Gramm verarbeitet.
  ○ Gib die Masse des Splitters in Karat an.

b Der Diamant „Großer Stern von Afrika" im Zepter der englischen Könige wiegt 530 Karat. → 5
  ◐ Gib die Masse des Diamanten in Gramm und in Kilogramm an.

Großer Stern von Afrika

5 | Englisches Zepter

Material D

Knifflig

1 Eine 0,244 kg schwere Kartoffel liegt auf einer einfachen Balkenwaage. → 6 Die Waage soll mit diesen Wägestücken ins Gleichgewicht gebracht werden: 1 g, 2 g, 5 g, 50 g und 200 g.
  ◐ Beschreibe, wie du vorgehen würdest. Fertige eine Skizze an.

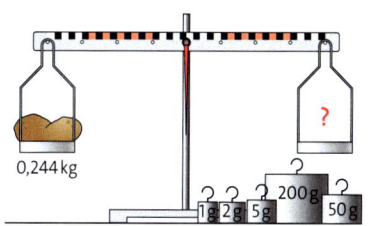

0,244 kg — 1 g 2 g 5 g 200 g 50 g

6 | Kombiniere richtig!

Verschiedene Thermometer

1 | Ein Fensterthermometer

Höhere und niedrigere Temperaturen
10 nehmen wir als „heiß" oder als „kalt"
wahr, manchmal sogar als Schmerz.
Unser Temperatursinn nimmt Tem-
peraturunterschiede sehr schnell
wahr.

15 **Messen mit Thermometern** • Wir be-
nutzen oft Flüssigkeitsthermometer,
um Temperaturen zu messen. An der
Skala kannst du die Temperatur ablesen. ➜ [2] [3] Zwischen der höchsten
20 und der niedrigsten Temperatur auf
der Skala liegt der Messbereich des
Flüssigkeitsthermometers.
Elektronische Thermometer tragen
häufig Angaben zum Messbereich auf
25 dem Gehäuse. ➜ [4]
Bei uns wird wie in vielen Ländern die
Temperatur in Grad Celsius (°C) angegeben. In einigen anderen Ländern
misst man die Temperatur in Grad
30 Fahrenheit.

**Schönes Wetter! Die Lufttemperatur
beträgt 23 °C. Das liest du vom
Fensterthermometer ab. Wie kann
es die Temperatur anzeigen?**

5 **Temperatursinn** • Wir können Temperaturen im Bereich von ungefähr 15 °C
bis 45 °C gut unterscheiden, am besten
nahe der Körpertemperatur (37 °C).

Das Flüssigkeitsthermometer • Die
Flüssigkeit in der Thermometerkugel
dehnt sich bei Erwärmung aus.
Bei Abkühlung zieht sie sich wieder
35 zusammen. An der Skala liest man
die Temperatur ab. ➜ [6]
Flüssigkeitsthermometer verwendet
man unter anderem im Nawi-Raum
und im Aquarium.

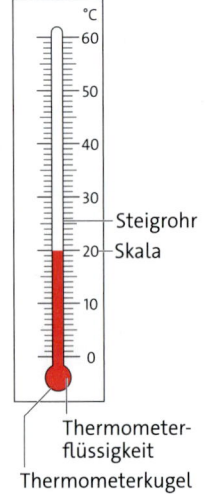

Steigrohr
Skala

Thermometer-
flüssigkeit
Thermometerkugel

2 | Flüssigkeits-
thermometer

- Auf Augenhöhe ablesen.

- Warten, bis die Anzeige
  still steht.

- Ganz eintauchen und
  nicht hinausziehen.

- Beim Messen der Luft-
  temperatur muss das
  Thermometer trocken
  sein!

3 | So misst du richtig.

Messbereich (−40 °C bis 120 °C)

Anzeige

Messfühler,
nicht überhitzen!

4 | Elektronisches Thermometer

40 **Das Bimetallthermometer** • „Bimetall"
bedeutet „Zwei-Metall". Ein Bimetallstreifen besteht aus zwei fest verbundenen Metallen. Er krümmt sich bei
Erwärmung, weil sich die Metalle un-
45 terschiedlich stark ausdehnen. ➔ 5
Bimetallthermometer werden als
Fensterthermometer, in Kühlschränken
und in Backöfen verwendet. ➔ 6

Das elektronische Thermometer • Alle
50 Metalle leiten elektrischen Strom.
Je höher die Temperatur ist, umso
schlechter leitet das Metall. Das elektronische Thermometer erkennt so die
Temperatur im Temperaturfühler. ➔ 6
55 Man kann mit elektronischen Thermometern schnell und genau messen. Sie
sind leicht bedienbar. Die Messwerte
können per Funk übertragen werden.
Der Nachteil ist: Ohne Batterie funk-
60 tionieren sie nicht.

Das Ohrthermometer • Einige Thermometer messen die Temperatur, ohne
den Gegenstand zu berühren. Das Ohrthermometer misst sekundenschnell
65 die Temperatur des Trommelfells im
Ohr. ➔ 6

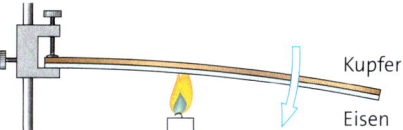

5 Bimetallstreifen – Kupfer dehnt sich
beim Erwärmen stärker aus als Eisen.

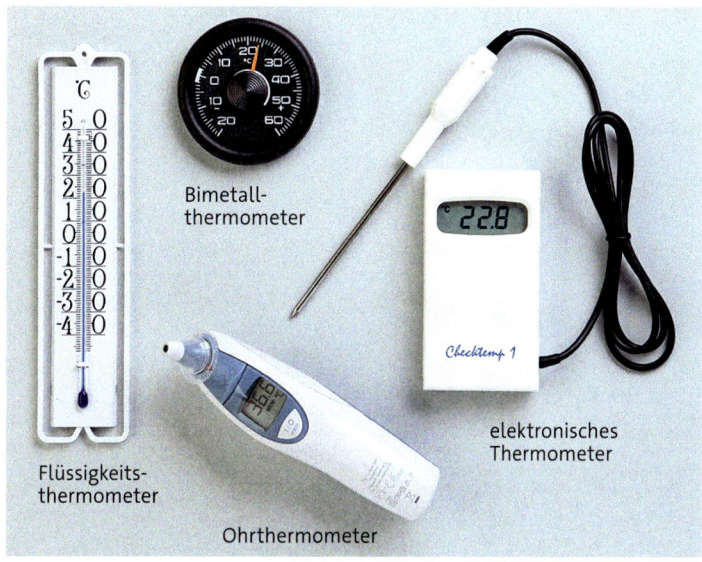

Bimetall-
thermometer

elektronisches
Thermometer

Flüssigkeits-
thermometer

Ohrthermometer

6 Verschiedene Thermometer

> Wir verwenden Thermometer,
> um die Temperatur zu messen.
> Wir messen die Temperatur in
> Grad Celsius (°C).
> Jedes Thermometer hat seinen
> eigenen Messbereich.
> In Bimetall- und Flüssigkeits-
> thermometern wird die Wärme-
> ausdehnung von Stoffen zur
> Temperaturmessung genutzt.

Aufgabe

1 Flüssigkeitsthermometer ➔ 7
a ○ Lies die Temperaturen ab.
b ◗ Gib zu den Thermometern jeweils
den Messbereich an.

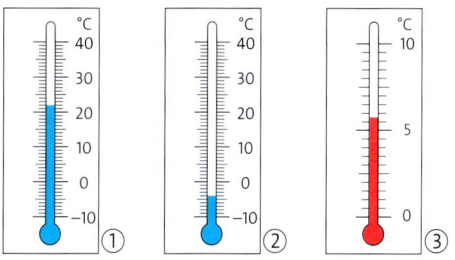

7 Messbereiche gesucht.

Verschiedene Thermometer

Eine Thermometerskala zeichnen

Jedes Thermometer hat seine eigene Skala. In diesem Versuch stellt ihr selbst eine her.

Achtung • Siedendes Wasser: Verbrühungsgefahr! Gasbrenner: Informiert euch zunächst auf der Seite 299, wie ihr den Gasbrenner bedient.

Materialliste: Thermometerrohling, Papierstreifen, Gasbrenner, Dreibein, Drahtnetz, Glasgefäß, Eiswürfel, Wasser, Glasrührstab, wasserfester Stift

1 Führt den Versuch so durch:

a Eis schmilzt bei 0 °C. → 1 Markiert die Schmelztemperatur auf eurem Thermometerrohling. → 2

b Wasser siedet bei 100 °C. Erhitzt das Wasser, bis es kocht. → 3 Markiert die Siedetemperatur auf dem Thermometerrohling. → 4

c Übertragt den Abstand zwischen den Markierungen auf einen Papierstreifen. → 5

d ◨ Messt auf der Skala mit einem Lineal den Punkt für 50 °C ab und markiert ihn.

e ● Berechnet weitere Punkte auf der Skala. Zeichnet sie ein.

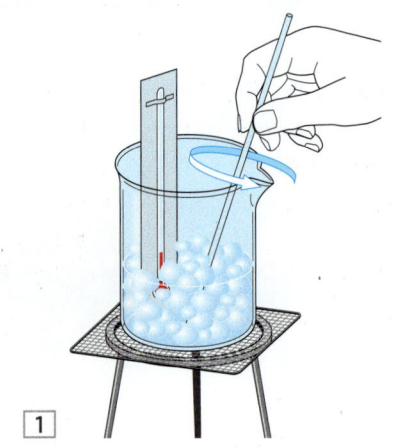

1

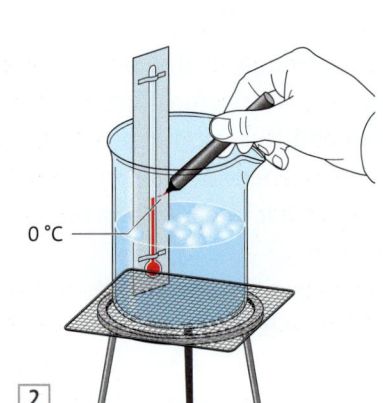

0 °C

2

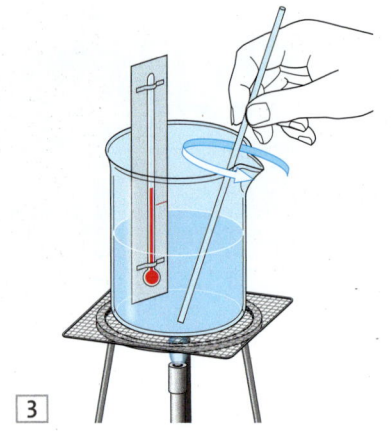

3

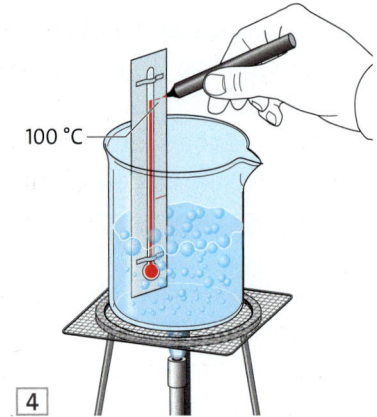

100 °C

4

2 ● Setzt eure Skala nach unten und oben fort (−10 °C; +110 °C).

3 ◨ Erprobt euer Thermometer, indem ihr die Temperaturen verschiedener Flüssigkeiten messt. Führt die Messungen auch mit einem Thermometer aus der Sammlung durch. Vergleicht die Ergebnisse der beiden Thermometer.

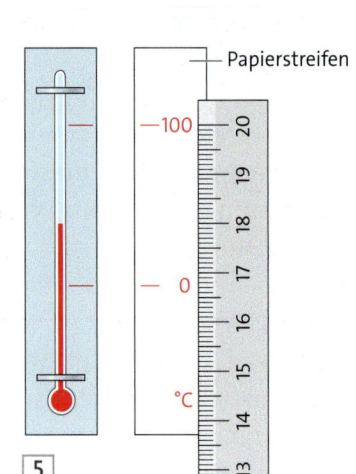

Papierstreifen

−100

0

°C

5

Thermometerskalen

Entwicklung der Thermometer • Bereits im 17. Jahrhundert entwickelten Naturforscher in Italien Thermometer. Ihnen war bekannt, dass sich Flüssigkeiten beim Erwärmen ausdehnen.
5 Sie fertigten Glasrohre an, füllten eine Flüssigkeit hinein und schmolzen die Enden der Rohre zu. → 6 Je wärmer es war, umso höher stieg die Flüssigkeit im Glasrohr. Eine Skala hatten diese Thermometer nicht. Mit ihnen
10 konnte man nur herausfinden, ob es wärmer oder kälter geworden ist.

Die Celsiusskala • Die von uns heute benutzte Skala erfand der Schwede Anders Celsius (1701–1744). Er tauchte sein Thermometer in
15 schmelzendes Eis und markierte, wie hoch die Flüssigkeit im Glasrohr stand. Das ist der Nullpunkt der Skala. Dann stellte er das Thermometer in siedendes Wasser und markierte wieder die Höhe der Flüssigkeit. Diese
20 beiden Punkte eignen sich besonders gut, um Thermometerskalen herzustellen. Sie heißen Fixpunkte. Das lateinische Wort *fixus* bedeutet fest. Den Abstand zwischen den beiden Punkten teilte Celsius in 100 Teile. → 7 Ein
25 Teil dieser Skala entspricht 1 °C.

Die Kelvinskala • In der Technik und der Wissenschaft wird heute die Kelvinskala benutzt. Sie wurde nach dem schottischen Physiker Lord Kelvin benannt. Der tiefste Punkt der
30 Kelvinskala liegt bei −273 °C. Man spricht dann vom absoluten Nullpunkt: 0 Kelvin. Eine tiefere Temperatur gibt es nicht. 273 Kelvin entsprechen 0 Grad Celsius.

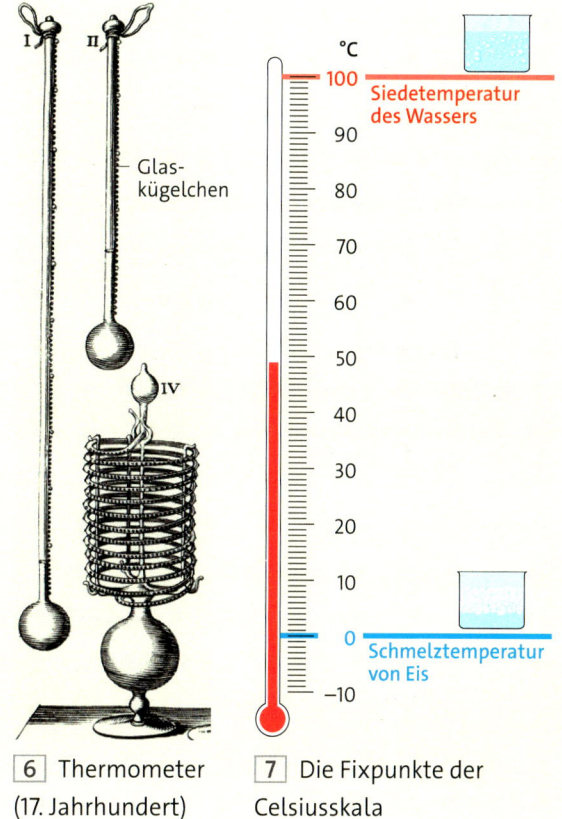

6 Thermometer (17. Jahrhundert)

7 Die Fixpunkte der Celsiusskala

Aufgaben

1 ○ Nenne die beiden Fixpunkte der Celsiusskala.

2 ◐ Erkläre, warum sich die beiden Fixpunkte besonders gut zum Anlegen einer Skala eignen.

3 ● Berechne für die Zimmertemperatur von 25 °C den entsprechenden Wert in Kelvin.

Verschiedene Thermometer

Messwerte in Tabellen und Diagrammen darstellen

Du hast bestimmt schon oft Tabellen und Diagramme gesehen. Sie enthalten viele Zahlen oder Linien. Wozu fertigt man Tabellen und Diagramme an?

Forscher erstellen Tabellen, um Zahlen oder Text geordnet darzustellen. Die übersichtliche Darstellung dieser Daten erleichtert das Auswerten und Vergleichen der Ergebnisse. In einem Diagramm werden Informationen grafisch dargestellt, um Entwicklungen oder Zusammenhänge zu verdeutlichen.

Um ein Diagramm zu erstellen, gehst du am besten folgendermaßen vor:

1. Sammle Daten Beim Beobachten von Naturerscheinungen, beim Experimentieren oder Recherchieren ermittelst du Daten, z. B. die Anzahl von Tieren in bestimmten Gebieten oder Messwerte von Messgeräten. Protokolliere diese Daten sorgfältig.

Beispiel: Du erhitzt Eiswasser und liest dabei in regelmäßigen Abständen die Temperatur von einem Thermometer ab.

2. Ordne die Daten Übertrage zusammengehörige Daten in eine Tabelle. Das kannst du auch gleich beim Protokollieren tun. Trage in die Kopfzeile oder die erste Spalte ein, um welche Daten es sich jeweils handelt. → 1

3. Entscheide dich für eine Diagrammart
- Mit einem Kreisdiagramm kannst du Anteile oder Verhältnisse besonders anschaulich darstellen. → 2 Ein Beispiel dafür ist das Verhältnis von Mädchen (18) und Jungen (12) in der Klasse 5a.
- Ein Säulendiagramm eignet sich, um Größen miteinander zu vergleichen und Unterschiede aufzuzeigen. → 3
- Mit einem Balkendiagramm kann man besonders gut Rangfolgen darstellen. → 4
- In ein Punktdiagramm werden Wertepaare als Punkte oder Kreuze eingetragen.
- Ein Linien- oder Kurvendiagramm hast du, wenn die Punkte im Punktdiagramm miteinander verbunden sind. → 5 Damit lässt sich besonders gut die Veränderung einer Größe, z. B. der Wassertemperatur, veranschaulichen.

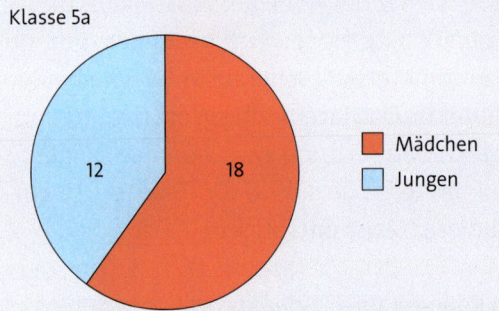

2 Beispiel für ein Kreisdiagramm

Zeit nach dem Einschalten in s	0	30	60	90	120	150	180	210	240	270	300	330
Wassertemperatur in °C	0	3	6	22	35	48	60	71	85	97	100	100

1 Aufzeichnung der Messwerte in einer Tabelle

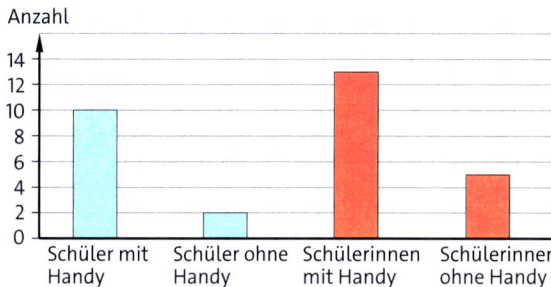

3 Beispiel für ein Säulendiagramm

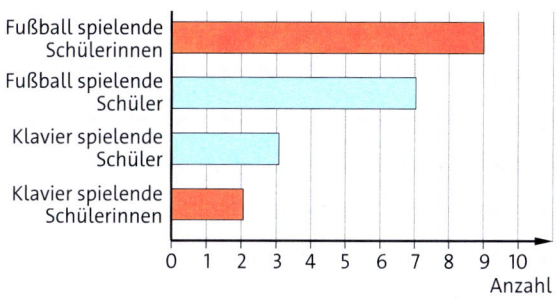

4 Beispiel für ein Balkendiagramm

4. Teile die Achsen ein Wähle für bekannte Werte die waagerechte x-Achse und für ermittelte Werte die senkrechte y-Achse. Berücksichtige bei der Achseneinteilung, dass die kleinsten und größten Werte im Diagramm Platz finden müssen. Außerdem sollen Unterschiede zwischen den Werten deutlich werden.

5. Zeichne das Diagramm Auf kariertem Papier oder Millimeterpapier kannst du sehr genau arbeiten. Zeichne mit Bleistift und Lineal zunächst die x- und die y-Achse. Notiere an jeder Achse die Größe (z. B. Temperatur, Zeit) und die Einheit (°C, s).
Trage dann die Tabellenwerte in das Diagramm ein. Suche dazu zunächst einen Messwert auf der Zeitachse (z. B. 120 s). Zeichne von dort eine Hilfslinie nach oben. Suche anschließend auf der Temperaturachse den zugehörigen Messwert der Temperatur (35 °C). Denke dir von dort eine Hilfslinie waagerecht nach rechts. Mache am Schnittpunkt der Linien ein Kreuz. Verbinde zum Schluss die Messpunkte mit einem Lineal, wenn es Zwischenwerte geben kann.

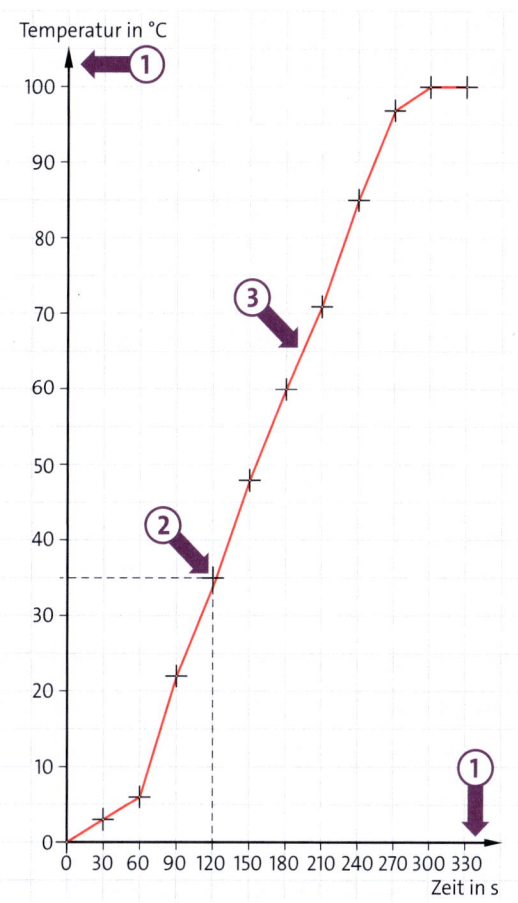

5 Liniendiagramm für das Erhitzen von Eiswasser

Von den Sinnen zum Messen

Zusammenfassung

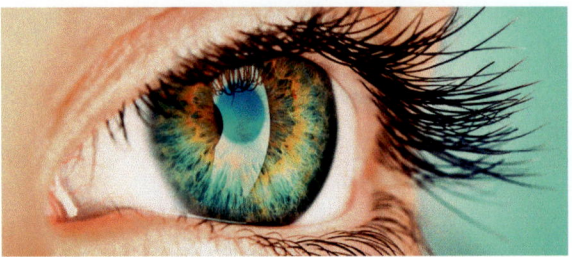

1 Mit den Sinnen erschließen wir die Welt.

Sinne • Sinnesorgane wandeln mithilfe von Sinneszellen Reize in elektrische Signale um. → 1 Diese Signale werden über Nerven an das Gehirn weitergeleitet und dort verarbeitet. Nur so können wir unsere Umwelt wahrnehmen. Zu den Sinnen des Menschen gehören Seh-, Hör-, Geruchs-, Geschmacks-, Tast-, Temperatur- und Gleichgewichtssinn.

Sehen • Die Augen nehmen durch Hornhaut und Pupille Licht auf. Die Linse erzeugt ein scharfes Bild auf der Netzhaut. Dort liegen Sinneszellen, die diese Lichtreize umwandeln. Es gibt zwei Arten von Sinneszellen. Die Zapfen ermöglichen das Farbensehen, die Stäbchen die Hell-Dunkel-Wahrnehmung. Der Sehnerv leitet die elektrischen Impulse an das Gehirn weiter.

Hören • Schallquellen senden Schallwellen aus. Diese sind Verdichtungen und Verdünnungen der Luft. Die Ohrmuscheln empfangen die Schallwellen. Die Schwingungen werden durch Mittel- und Innenohr auf die mit Flüssigkeit gefüllte Hörschnecke übertragen. Die Hörsinneszellen wandeln dort Schwingungen in elektrische Impulse um, diese werden über den Hörnerv an das Gehirn weitergeleitet.

Fühlen • Die Haut ist das größte Sinnesorgan des Menschen. Die verschiedenen Hautschichten speichern Fett, schützen vor Kälte und besitzen verschiedene Sinneszellen. Die Sinneszellen wandeln Temperatur- und Druckveränderungen in elektrische Signale um und leiten diese an das Gehirn weiter. Gewisse Bereiche der Haut besitzen mehr Sinneszellen als andere.

Riechen und Schmecken • Die Nase nimmt Gerüche wahr, die Zunge nimmt Geschmacksreize auf. Beide Sinne arbeiten zusammen.

Wenn Sinne fehlen • Aufgrund einer Behinderung oder durch einen Unfall kann ein Sinn fehlen. Dann werden verstärkt andere Sinne genutzt. Blinde Menschen hören und fühlen oft weitaus besser als sehende Menschen.

Messen • Die Masse eines Gegenstands wird mit einer Waage bestimmt. → 2 Das Volumen von festen und flüssigen Körpern wird mithilfe von Messzylindern bestimmt. Die Temperatur eines Gegenstands wird mit einem Thermometer gemessen. → 2 Messwerte können in Tabellen und Diagrammen dargestellt werden.

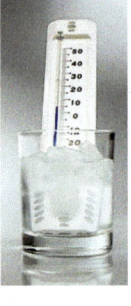

2 Mit einer Waage misst man die Masse eines Gegenstands, mit einem Thermometer die Temperatur.

Die Sinne

1 ○ Nenne die Sinne des Menschen.

2 ◒ Erkläre, welche Aufgabe die Sinneszellen erfüllen.

3 ● Erläutere die Aussage: „Wahrnehmung findet im Gehirn statt."

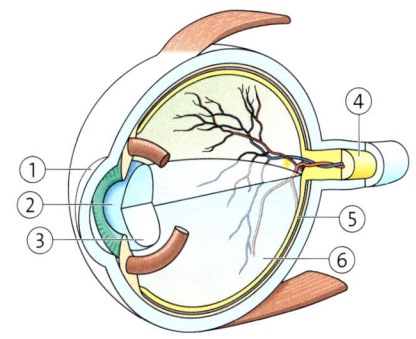

3

4 ◒ Übertrage die Nummern aus Bild 3 auf ein Blatt Papier und schreibe die jeweiligen Bestandteile des Auges daneben.

5 ● Erkläre, warum wir im Dunkeln nichts sehen können.

6 ◒ Beschreibe, warum manche Tiere bei Nacht jagen können.

7 ○ Nenne zwei Beispiele für Schallquellen.

8 ◒ Nenne alle Bestandteile des Ohrs, die der Schall passieren muss, um zur Hörschnecke zu gelangen.

9 ● Erkläre, was man unter dem menschlichen Hörbereich versteht.

10 ◒ Übertrage die folgende Tabelle in dein Heft und vervollständige sie.

Hautschicht	Aufgabe	Zellen

Das Messen

11 ○ Berechne, wie viel Gramm 2,35 Kilogramm sind.

12 ● Berechne, wie viel Kubikzentimeter 128 Milliliter sind.

13 ○ Bescheibe, wie du das Volumen einer Flüssigkeit an einem Messzylinder abliest.

14 ◒ Lies den Messwert aus Bild 4 ab und notiere ihn zusammen mit der entsprechenden Maßeinheit in deinem Heft.

15 ◒ Bescheibe, wie du mit einer Balkenwaage die Masse eines Steins bestimmen kannst.

16 ● Beschreibe, wie du das Volumen eines Steins bestimmen kannst.

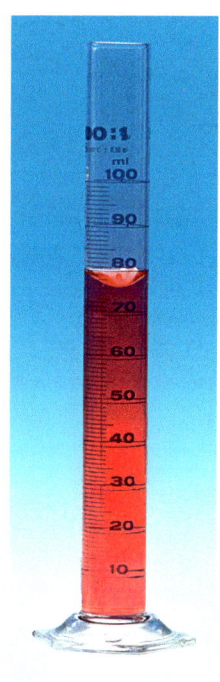

4 Messzylinder

Vom ganz Kleinen und ganz Großen

Von der Erde aus können wir die Sonne sehen. Sonne und Erde sind jedoch sehr weit voneinander entfernt. Aber wie weit genau?

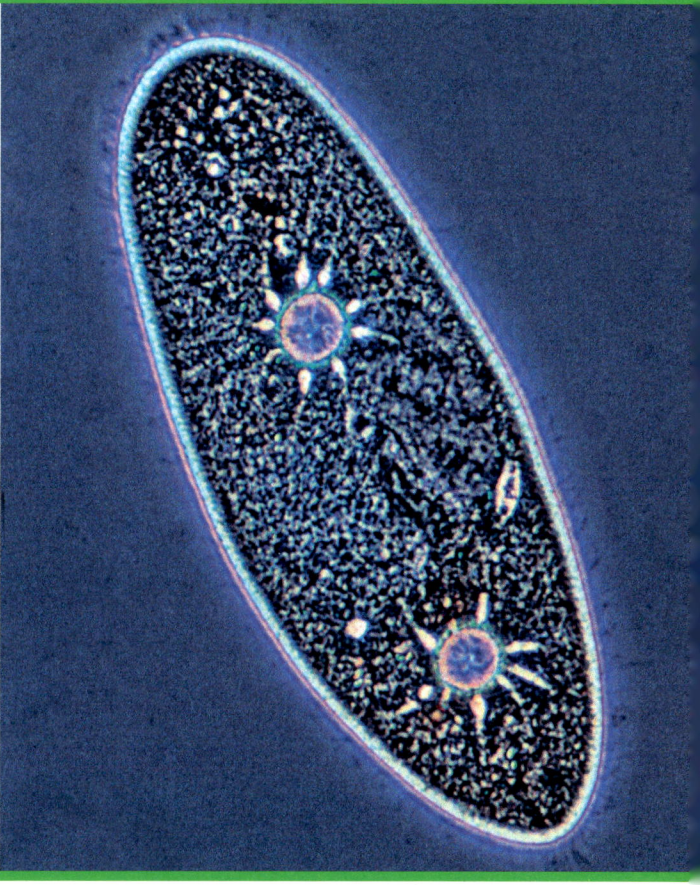

Das Mikroskop erlaubt einen Blick in eine Welt, die für das bloße Auge unsichtbar ist. Was haben Linsen aus Glas damit zu tun?

Lebewesen bestehen aus Zellen – manche nur aus einer einzigen. Aber handelt es sich dann wirklich um echte Lebewesen?

Maßstäbe und Größenverhältnisse

1000 000 Kilometer | 1 Lichtjahr | Galaxie
150 Millionen km
100 000 Kilometer | 100 000 Lichtjahre
Erdumfang 40 000 km
Flughöhe 10 km | 1 Kilometer
8 848 km
1 bis 8 Mikrometer | Honigbiene 1,3 cm | Mensch 1,7 m
Härchen in den Hörsinneszellen | Blattlaus 1 mm | Blaumeise 10 cm
1 Mikrometer | 1 Millimeter | 1 Zentimeter | 1 Meter

1 Von der Sinneszelle zur Galaxie

Mikrometer, Millimeter, Kilometer, Lichtjahr – was ist damit gemeint?

1 Meter als Maßstab • Um dich herum siehst du viele Dinge, die etwa so groß
5 sind wie du. Die Größe deines Fahrrads könntest du so beschreiben: Es ist genauso lang wie ich, aber nur halb so hoch. Damit können deine Eltern und Freunde etwas anfangen – aber nie-
10 mand, der dich nicht kennt. Und was ist, wenn du wächst?
Um Längen für alle verständlich anzugeben, braucht man einen gemeinsamen Maßstab. Du kennst ihn bereits:
15 1 Meter. Wenn du 1,6 Meter groß bist, ist dein Fahrrad 1,6 Meter lang und 0,8 Meter hoch. Diese Werte kann jeder mit einem Zollstock nachmessen.

Millimeter und Mikrometer • Viele
20 Dinge sind deutlich kleiner als 1 Meter. Dein Hausschlüssel ist vielleicht 5 Zentimeter lang und 2 Millimeter dick.

1 Zentimeter ist ein Hundertstel von 1 Meter, 1 Millimeter ist ein Tausendstel
25 von 1 Meter. Ein Haar ist etwa 50 Mikrometer dick – ein Mikrometer ist ein Millionstel von 1 Meter. Wenn die Dinge noch viel kleiner sind, kannst du sie mit bloßem Auge nicht mehr erkennen.

30 **Vom Kilometer zum Lichtjahr** • Zwischen Ludwigshafen und Koblenz fährt man knapp 130 Kilometer auf der Autobahn – 1 Kilometer sind 1000 Meter. Die Erde ist rund 150 Millionen Kilome-
35 ter von der Sonne entfernt. Das Sonnenlicht legt diesen Weg in etwa 8 Minuten zurück. Das Licht vom nächsten Sonnensystem braucht 4,4 Jahre bis zur Erde: Das Sonnensystem Alpha Centauri ist
40 4,4 Lichtjahre entfernt. 1 Lichtjahr sind 9 460 730 472 580 800 Meter.

> 1 Meter ist der Maßstab, um Längen anzugeben. Entfernungen im Weltall gibt man oft in Lichtjahren an.

Material A

Kleine Härchen

1 Die Härchen an den Hörsinneszellen im Ohr sind zwischen 1 und 8 Mikrometern lang. → ☐ 1

Gib an, wie viele 1 Mikrometer lange Härchen aneinandergelegt folgende Längen ergeben: → ☐ 2
a ◯ 1 Millimeter
b ◗ 1 Meter

1 000 Mikrometer	= 1 Millimeter
10 Millimeter	= 1 Zentimeter
100 Zentimeter	= 1 Meter
1 000 Millimeter	= 1 Meter

☐ 2 Längen umrechnen

Material B

Unser Sonnensystem

Materialliste: langes Messband, Kreide, dünne Mülltüte („Gelber Sack"), Knete, Holzleiste, Faden

1 ◯ Um einen Eindruck von den Entfernungen im Sonnensystem zu bekommen, könnt ihr einen „Planetenweg" anlegen. Dazu braucht ihr eine gerade Strecke von 75 m. An einem Ende der Strecke markiert ihr den Ort der Sonne mit Kreide. Von dort aus markiert ihr der Reihe nach die Planeten. → ☐ 3

2 ◯ Die Größe der Planeten könnt ihr mit einem anderen Modell darstellen. Blast die Mülltüte als „Sonne" auf (50 cm Durchmesser).

Dann fertigt ihr die „Planeten" aus Knete an. → ☐ 4
Hängt „Sonne" und „Planeten" in der richtigen Reihenfolge an der Leiste auf.

Himmelskörper	Wirklicher Durchmesser	Durchmesser im Modell
Sonne	1 392 500 Kilometer	50,0 Zentimeter
Merkur	4 878 Kilometer	0,2 Zentimeter
Venus	12 104 Kilometer	0,4 Zentimeter
Erde	12 756 Kilometer	0,5 Zentimeter
Mars	6 794 Kilometer	0,2 Zentimeter
Jupiter	142 796 Kilometer	5,1 Zentimeter
Saturn	120 600 Kilometer	4,3 Zentimeter
Uranus	51 200 Kilometer	1,8 Zentimeter
Neptun	49 600 Kilometer	1,8 Zentimeter

☐ 4 Durchmesser unserer Sonne und ihrer Planeten

☐ 3 Unsere Sonne und ihre Planeten

Maßstäbe und Größenverhältnisse

Arbeiten mit Modellen

Forscher nutzen oft Modelle, um die Wirklichkeit in vereinfachter und anschaulicher Form darzustellen. An Modellen kann man den Aufbau und die Funktion von Objekten leichter erfassen und begreifen.
Modelle entsprechen jedoch nie genau dem Original. Um das Modell zu verstehen, solltest du diese Abweichungen kennen.

Mit Strukturmodellen arbeiten Ein Strukturmodell ist die künstliche Nachbildung eines natürlichen Objekts, zum Beispiel unserer Erde. → 1
Das Strukturmodell veranschaulicht möglichst realitätsnah die typischen Strukturen und verhilft zu einer besseren Vorstellung über den Aufbau des Objekts.
Strukturmodelle werden häufig verwendet, um den Bau von Lebewesen oder ihren Organen zu verdeutlichen. → 2

1. Das Strukturmodell betrachten Stelle das Modell gut sichtbar auf. Betrachte es genau und stelle fest, welche Bauteile unterscheidbar sind.

2. Fachbegriffe zuordnen Benenne die einzelnen Bauteile mit den Fachbegriffen. Verwende dazu dein Schulbuch, eine Anleitung oder eine Begriffsliste.

3. Modell und Original vergleichen Vergleiche das Modell mit dem Original, dem es nachgebildet ist. Beschreibe, welche Details übereinstimmen und welche abweichen. Versuche die Abweichungen zu erklären.

1 Ein Globus ist ein Strukturmodell der Erde.

2 Strukturmodell des Auges

3 Funktionsmodell der Lunge

4　Ein Tellurium ist ein Funktionsmodell unseres Sonnensystems.

5　Denkmodell von Erde und Himmel

Mit Funktionsmodellen arbeiten　Ein Funktionsmodell veranschaulicht Vorgänge in der Natur. Ein Beispiel dafür ist das Tellurium. → 4 Diese Maschine stellt den Umlauf der Planeten um die Sonne dar.

1. Anleitung lesen　Die Anleitung gibt dir einen Überblick über den Aufbau des Modells. Du erfährst, wie man das Modell bedient.

2. Teile des Modells zuordnen　Ordne den Teilen des Modells die entsprechenden Teile des Originals zu. Beim Tellurium gibst du zum Beispiel an, welche Kugel welchen Planeten darstellt. Wenn du Teile des Modells im Original nicht wiederfindest, weise darauf hin.

3. Modell ausprobieren　Verwende das Modell nach Anleitung. Beschreibe die beobachteten Vorgänge.

4. Modell und Original vergleichen　Beschreibe, wie das Modell funktioniert. Nenne die Punkte, in denen die Funktionsweise vom Original abweicht.

Denkmodelle　Früher gab es keine Fotos, die die Erde als blaue Kugel im dunklen Weltall zeigen. Die Menschen sahen den Himmel über sich und die Erde unter sich und überlegten, wie alles zusammenhängt. Viele Menschen stellten sich alle Länder zusammen als große Insel im Ozean vor. → 5 Das Himmelsdach trennte die Erde vom Himmel der Götter. Diese Menschen fürchteten, dass man vom Rand der Erde fallen könnte.
Es gab nicht nur Vorstellungen von der Welt im Großen. Manche Menschen überlegten, ob man ein Salzkristall immer weiter zerkleinern kann. So kam es zu der Vorstellung, dass alle Stoffe aus kleinsten unteilbaren Teilchen bestehen. Wir bezeichnen solche Vorstellungen von der Natur als Denkmodelle.

Aufgaben

1　◯ Nenne je zwei weitere Beispiele für Struktur- und Funktionsmodelle.

2　● Beschreibe, welche Details ein Globus und unsere Erde gemeinsam haben und worin sie sich voneinander unterscheiden.

Der Mond bewegt sich um die Erde

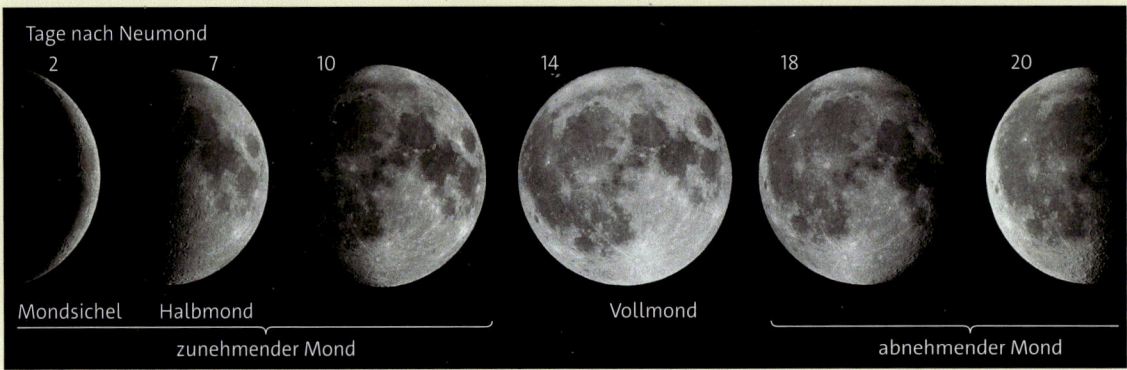

Tage nach Neumond

2 | 7 | 10 | 14 | 18 | 20

Mondsichel   Halbmond   Vollmond

zunehmender Mond   abnehmender Mond

1 Die Mondphasen

Ein ständiger Begleiter • Der Mond umkreist die Erde. Ein Umlauf dauert etwas länger als 27 Tage. Am Himmel wirkt der Mond so groß wie die Sonne. In Wirklichkeit ist er viel klei-
5 ner. Er wirkt nur deshalb so groß wie die Sonne, weil er viel näher an der Erde ist.

Die Mondphasen • Der Mond wird von der Sonne stets zur Hälfte beleuchtet. → 1 Von der Erde aus sehen wir die beleuchtete Hälfte
10 bei Vollmond ganz, sonst nur teilweise und bei Neumond gar nicht. → 2 Die wechseln-den Ansichten werden Mondphasen genannt.

Die Gezeiten • Die Erde zieht uns an. Deshalb fällt alles nach unten. Die Erde zieht auch den
15 Mond an – und der Mond die Erde! Die Anzie-hungskräfte von Erde und Mond bewirken, dass es in den Ozeanen ständig zwei „Wasser-hügel" gibt. → 3 Die Erde dreht sich unter ihnen hindurch. Dadurch gibt es an den Küsten
20 zweimal täglich Flut und dazwischen Ebbe.

Aufgabe

1 ◐ Erläutere, wie Vollmond, Halbmond und Neumond entstehen.

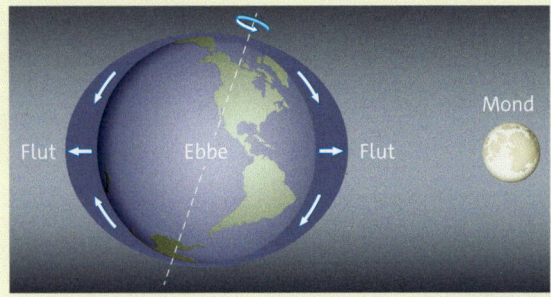

2 Umlauf des Monds und Mondphasen

3 Ebbe und Flut (nicht maßstabsgetreu)

Orientierung an Sternbildern und mithilfe von GPS

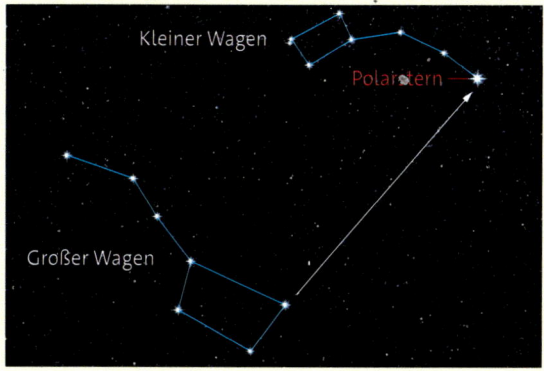

4 Der Polarstern im Sternbild „Kleiner Wagen"

5 Über 1000 aktive Satelliten umkreisen die Erde.

Sternbilder • Schon in der Steinzeit sahen die Menschen in den Sternen Figuren, Tiere oder Gegenstände. Solche Gruppen aus 5 bis 20 Sternen werden Sternbilder genannt.

5 Mit bloßem Auge kann man am Sternenhimmel etwa 2400 Sterne sehen. Am bekanntesten ist der Polarstern, der sich im Sternbild „Kleiner Wagen" befindet. → 4 Er ist auf der Nordhalbkugel der Erde das ganze Jahr
10 über sichtbar und scheint immer am gleichen Ort zu stehen, nämlich im Norden. Um den Polarstern am Himmel zu entdecken, verlängert man einfach die gedachte Verbindungslinie zwischen den beiden hellen hinteren
15 Sternen des Großen Wagens um etwa das Fünffache. → 4

Auch an der Bewegung anderer Sterne kann man sich orientieren. Als Vergleichspunkt sucht man sich z. B. einen Baum. Steigt der
20 Stern aufwärts, steht er im Osten, sinkt er abwärts, steht er im Westen. Wandert der Stern nach rechts, weist er nach Süden, nach links bedeutet, dass er im Norden steht.

GPS • Die Orientierung an Sonne, Mond und
25 Sternen war vor allem für den militärischen Bereich zu ungenau und zu mühsam. Daher wurde 1958 das erste Satellitennavigationssystem eingeführt und ständig weiterentwickelt. Heute wird GPS, das Globale Positionsbestim-
30 mungssystem, weitaus vielfältiger genutzt. Navigationsgeräte in Schiffen, Flugzeugen, Autos und Smartphones verwenden GPS. Das System hat eine hohe Genauigkeit.

GPS benötigt künstliche Satelliten, die sich auf
35 Erdumlaufbahnen befinden. → 5 Sie senden ständig die Uhrzeit und ihre aktuelle Position. Aus der Dauer der Signalübertragung berechnet der GPS-Empfänger seine eigene Position und Geschwindigkeit. Damit er immer zu min-
40 destens 4 Satelliten Kontakt hat, umkreisen 24 Satelliten die Erde zweimal pro Tag.

Aufgabe

1 ◐ Beschreibe, wie du Himmelsrichtungen mithilfe des Polarsterns bestimmen kannst.

Vergrößerung durch Linsen

1 Ein nächtlicher Sternenhimmel

Der Blick zum Himmel und zu den Sternen hat die Menschen seit jeher fasziniert. Wie kann man Sterne genauer betrachten?

5 **Eine Entdeckung** • Um weit entfernte oder ganz kleine Objekte genauer betrachten zu können, muss ein vergrößertes Abbild von ihnen erzeugt werden. Schon seit vielen Tausend Jahren 10 ist der Vergrößerungseffekt von Wassertropfen bekannt. Du erkennst ihn leicht, indem du einen Tropfen zum Beispiel auf ein Blatt gibst. → 2

Die Lupe • Du solltest Wasser nicht auf 15 alle Dinge tropfen, die du vergrößert betrachten willst. Bücher vertragen das beispielsweise nicht gut. Daher suchten Forscher nach anderen Wegen, Objekte vergrößert zu betrachten. 20 Im 11. Jahrhundert untersuchte der islamische Forscher Alhazen das Auge. Dabei erkannte er die Funktion der Augenlinse. Ihre Wirkung führte er auf die bauchige Form der Linse zurück. 25 Alhazen fertigte „Lesesteine" mit einer gewölbten Oberfläche an. → 3 Er hatte die Lupe erfunden. → 4

2 Im Tropfen sieht alles größer aus.

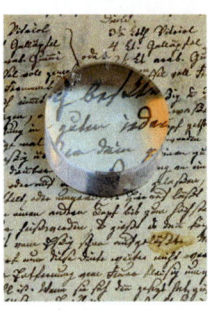

3 Ein „Lesestein"

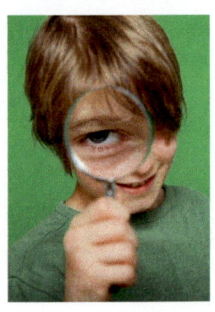

4 Moderne Lupe

Verschiedene Linsen • Die Lupe ist eine Sammellinse. Licht, das aus der glei-
30 chen Richtung eintrifft, läuft hinter der Linse in einem Punkt zusammen. → 5 Sammellinsen sind in der Mitte dicker als am Rand: Sie sind nach außen ge-wölbt (konvex). Je stärker die Lupe
35 gewölbt ist, desto stärker vergrößert erscheinen die beobachteten Objekte. Lupen vergrößern 5- bis 20-fach. Zerstreuungslinsen sind nach innen gewölbt (konkav). → 5 Sie „zerstreu-
40 en" das Licht.

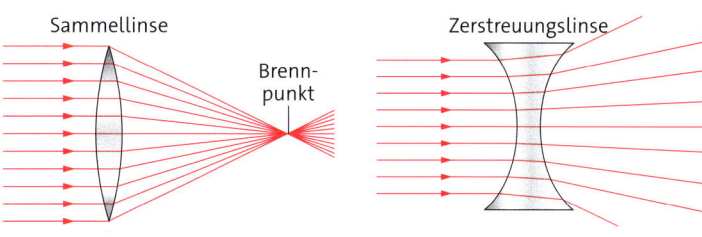

5 Sammellinse und Zerstreuungslinse

Das Mikroskop • Zum Betrachten von Kleinstlebewesen aus Pfützen reicht die Lupe nicht aus. Du benötigst ein Mikroskop. → 6 Im Prinzip besteht es
45 aus zwei Sammellinsen:
• Die erste ist das Objektiv. Sie erzeugt ein vergrößertes Bild des Objekts.
• Die zweite ist das Okular. Sie ist eine Lupe. Damit schaut man sich das ver-
50 größerte Bild des Objekts noch ein-mal vergrößert an.
Mikroskope vergrößern bis 1000-fach.

Das Fernrohr • Vor rund 400 Jahren wurden die ersten Fernrohre erfunden.
55 → 7 Auch sie enthielten zwei Linsen. Viele moderne Teleskope verwenden Spiegel. Sie erreichen besonders starke Vergrößerungen. Mit dem Hubble-Tele-skop hat man weit entfernte Galaxien
60 beobachtet. → 8 9

Mit Sammellinsen kann man Objekte vergrößert betrachten. Sie werden in Lupen, Mikroskopen und Linsenfernrohren verwendet.

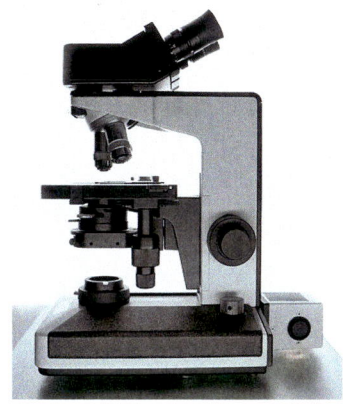

6 Mikroskop

7 Linsenfernrohr

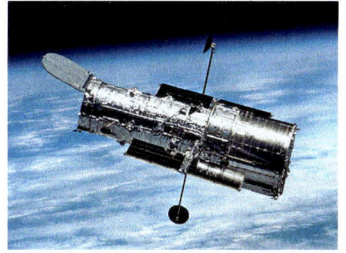

8 Hubble-Teleskop

9 Eine Galaxie im Sternbild „Großer Wagen"

Aufgaben

1 ○ „Die Lupe ist eine Sammellinse." Beschreibe, was damit gemeint ist.

2 🌑 Mikroskop und Fernrohr wurden erst mehrere Hundert Jahre nach der Lupe erfunden. Begründe die Reihenfolge dieser Erfindungen.

Vergrößerung durch Linsen

Material A

Die Lupe als „Brennglas"

Materialliste: Lupe, Zeitungspapier (3 cm × 3 cm), Porzellanschale

1 Zerreiße das Papier in kleine Stücke und lege diese in die Schale.
Halte die Lupe so ins Sonnenlicht, dass ein möglichst kleiner, heller Fleck auf dem Papier erscheint. Warte nun ein paar Sekunden …
○ Beschreibe deine Beobachtungen.

Material B

Verschiedene Brillen

Normalerweise erzeugt die Sammellinse im Auge auf der Netzhaut scharfe Bilder von nahen und fernen Objekten.

1 Weitsichtige Menschen sehen nur ferne Objekte scharf. Ihr Augapfel ist kürzer als normal. → 1 Bei nahen Objekten würde das scharfe Bild erst hinter der Netzhaut entstehen. Das Bild auf der Netzhaut ist unscharf. Brillen für Weitsichtige haben Sammellinsen. → 2
🖋 Beschreibe ihre Wirkung.

2 Kurzsichtige Menschen sehen nur nahe Objekte scharf.
a ○ Ergänze die folgenden Sätze im Heft: → 3

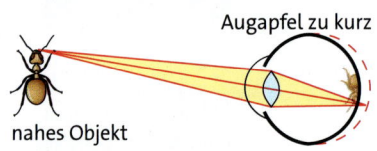

nahes Objekt

Augapfel zu kurz

1 Weitsichtigkeit

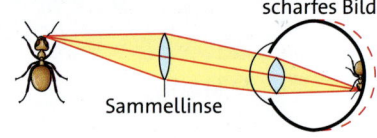

scharfes Bild

Sammellinse

2 Korrigierte Weitsichtigkeit

Bei Kurzsichtigen ist der Augapfel … als normal. Das scharfe Bild von einem … Objekt entsteht schon … der Netzhaut.
b 🖋 Beschreibe, welche Wirkung eine Brille für Kurzsichtige haben muss. Vermute, welche Linse Kurzsichtigen hilft. Überprüfe es an Brillen für Kurzsichtige.

Material C

Ein Linsenfernrohr

Materialliste: Okular (Brennweite: f = 100 mm), Objektiv (f = 500 mm), durchscheinender Schirm, Stativmaterial

1 Befestige zunächst nur das Objektiv und den Schirm an der Stativstange. → 4 Betrachte damit ein Objekt (Haus, Baum …) am Horizont. Befestige dann das Okular und betrachte dadurch das Bild auf dem Schirm.
🖋 Beschreibe deine Beobachtungen.

2 Entferne nun den Schirm.
🖋 Beschreibe wieder.

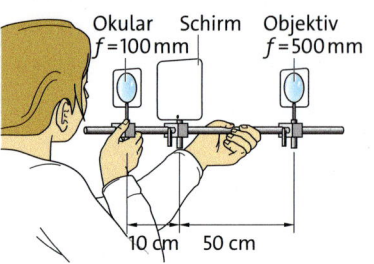

Okular f = 100 mm Schirm Objektiv f = 500 mm

10 cm 50 cm

4 Selbst gebautes Fernrohr

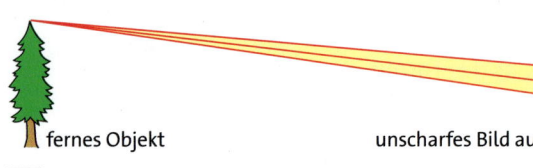

fernes Objekt

Augapfel zu lang

unscharfes Bild auf der Netzhaut

3 Kurzsichtigkeit

Material D

Ein Wassertropfenmikroskop

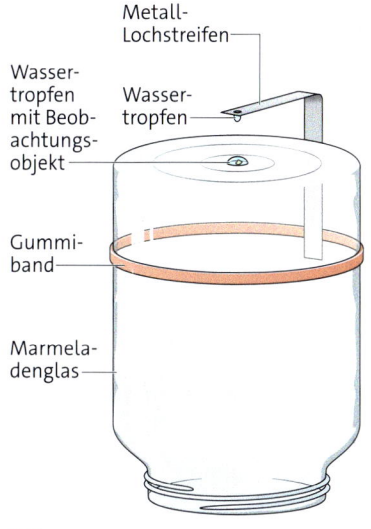

5 Wassertropfenmikroskop

Materialliste: Marmeladenglas (Becherglas), Metall-Lochstreifen aus einem Schnellhefter, Gummiband, Mikroskop, Objektträger, Deckglas, Pipette, Wasser, Beobachtungsobjekte (Stücke von Haaren, Federn ...)

1 Biege den Lochstreifen in der Mitte, sodass ein rechter Winkel entsteht. Befestige ihn dann mit dem Gummiband an dem umgedrehten Glas. ➡ 5

2 Tauche einen Finger in etwas Wasser. Übertrage den anhaftenden Wassertropfen in das Loch des Metallstreifens über dem Glas. Gib auf den Boden des Glasgefäßes ebenfalls einen Tropfen Wasser.

3 Lege ein Objekt in den Wassertropfen auf dem Boden des Glases. Betrachte es durch den Wassertropfen im Lochstreifen.
○ Beschreibe deine Beobachtungen.

4 ◐ Beschreibe, wie du das Bild scharf stellen kannst.

Material E

Ein Linsenmikroskop

Materialliste: Okular (Brennweite: f = 50 mm), Objektiv (f = 50 mm), durchscheinender Schirm, Millimeterpapier, Taschenlampe, Stativmaterial

1 Zeichne eine kleine „1" auf das Millimeterpapier und lege es auf die Taschenlampe. ➡ 6

2 Befestige das Objektiv 6 cm über dem Papier. Bringe dann den Schirm weitere 30 cm über dem Objektiv an.

Um das Bild auf dem Schirm scharf zu stellen, schiebst du ihn ein wenig hin und her.

3 Platziere nun das Okular 5 cm über dem Schirm. Betrachte das Bild auf dem Schirm durch das Okular.
◐ Beschreibe deine Beobachtungen.

4 Entferne nun den Schirm und schaue erneut durch das Okular.
◐ Beschreibe erneut deine Beobachtungen.

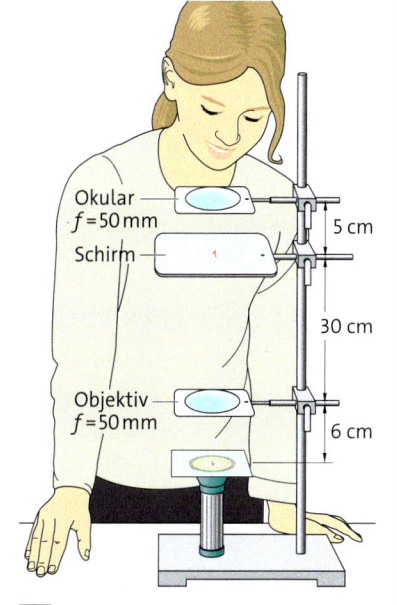

Okular
f = 50 mm

Schirm

Objektiv
f = 50 mm

5 cm

30 cm

6 cm

6 Selbst gebautes Mikroskop

57

Die Pflanzenzelle

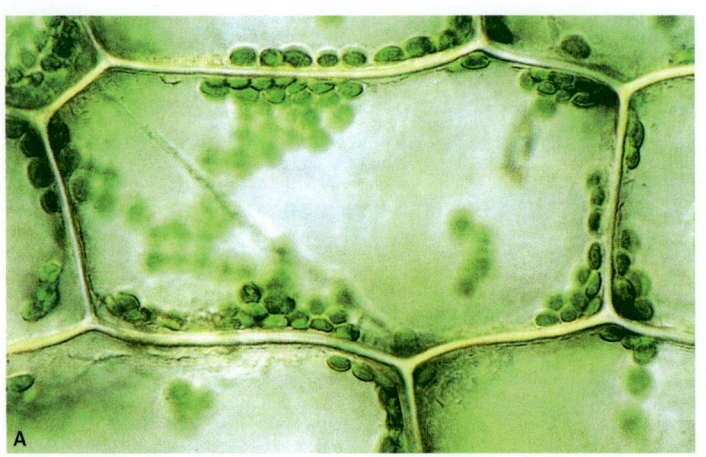

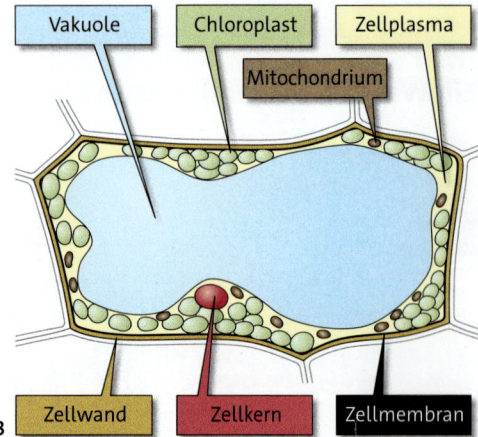

Vakuole · Chloroplast · Zellplasma · Mitochondrium · Zellwand · Zellkern · Zellmembran

1 Die Pflanzenzelle: **A** Ein Blättchen der Wasserpest im Mikroskop, **B** Schematischer Aufbau der Pflanzenzelle

Im Mikroskop betrachtet sieht es so aus, als ob ein Blättchen der Wasserpest wie eine Mauer aus Steinen aufgebaut ist.

Kleinster Baustein der Lebewesen • Die
5 „Steine", die du im Mikroskop siehst, sind die kleinsten lebensfähigen Einheiten von Lebewesen. Sie werden Zellen genannt und als Grundbausteine aller Lebewesen bezeichnet.

10 **Zellen der Wasserpest** • Die Zellwand gibt der Pflanzenzelle ihre feste Gestalt. Das Zellplasma ist eine durchsichtige, zähe Masse, die die ganze Zelle ausfüllt. Es ist von der Zellmemb-
15 ran umgeben, einer dünnen Haut, die dicht an der Zellwand anliegt.
Der Zellkern ist schwer zu erkennen, er liegt im Zellplasma und steuert die Lebensvorgänge in der Zelle.
20 Die Vakuole nimmt meist den größten Raum in der Zelle ein. Sie erzeugt den Zellinnendruck, der grünen Pflanzen ihre Stabilität verleiht. Außerdem speichert sie Wasser, Zucker, Mineral-

25 stoffe und Farbstoffe. Die Mitochondrien sind die Kraftwerke der Zelle. In ihnen wird aus Zucker Energie gewonnen.

Aufbau von Nährstoffen • In Zellen grü-
30 ner Pflanzenteile finden sich Blattgrünkörner, die Chloroplasten. Diese enthalten den grünen Farbstoff Chlorophyll, der die Energie des Sonnenlichts aufnehmen kann. Pflanzen nutzen diese
35 Energie, um durch Fotosynthese aus Wasser und Kohlenstoffdioxid Zucker und Sauerstoff herzustellen.

> Zellen sind die Grundbausteine aller Lebewesen. Pflanzenzellen bestehen aus Zellwand, Zellmembran, Zellplasma, Vakuole, Zellkern, Mitochondrien und Chloroplasten.

Aufgabe

1 🍃 Ordne den Zellbestandteilen ihre jeweiligen Funktionen zu.

Material A

Modell einer Pflanzenzelle herstellen

Der Aufbau einer Pflanzenzelle kann mit Materialien und Gegenständen aus dem Alltag veranschaulicht werden.

2 Material für ein Zellmodell

1 Überlegt zunächst, welche Teile die Pflanzenzelle enthalten muss.

2 Wählt nun geeignete Materialien aus, mit denen sich diese Strukturen darstellen lassen. Bild 2 zeigt euch Beispiele.

3 ○ Baut nun euer eigenes Modell einer Pflanzenzelle, z. B. wie in Bild 3 gezeigt.

4 ◗ Beschreibt, was euer Modell besser veranschaulicht als eine Zeichnung.

5 ● Überlegt, wie euer Modell noch mehr Eigenschaften einer echten Zelle zeigen kann.

3 So könnte euer Modell aussehen.

Material B

Farbige Pflanzenteile

1 ○ Stelle eine Vermutung an, wodurch die Zwiebel und die Hagebutten rot gefärbt sind.
→ 4 5

2 ○ Überprüfe deine Vermutung anhand der mikroskopischen Bilder. → 6 7

3 Den Zwiebelzellen fehlt ein bestimmter Zellbestandteil, der für Pflanzen typisch ist.
a ○ Nenne den Zellbestandteil.
b ● Erkläre, weshalb er in den Zellen der Zwiebel fehlt.

4 Rote Zwiebel

5 Hagebutte

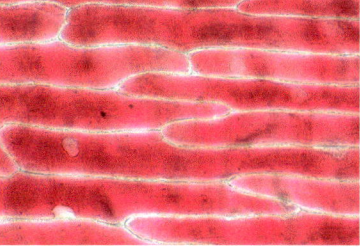

6 Farbige Zellen der Zwiebel

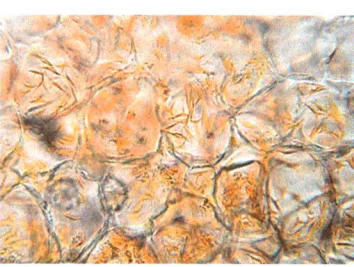

7 Farbige Zellen der Hagebutte

Die Pflanzenzelle

Ein Präparat für das Mikroskop herstellen

Forscher betrachten mithilfe des Mikroskops Objekte, die für das bloße Auge zu klein sind. Um beispielsweise Zwiebelzellen im Mikroskop anschauen zu können, musst du zuerst ein Präparat herstellen.

1. Vorbereitung Lege alle benötigten Hilfsmittel bereit. → 1 Gib mit der Pipette einen Tropfen Wasser auf einen sauberen Objektträger. → 2

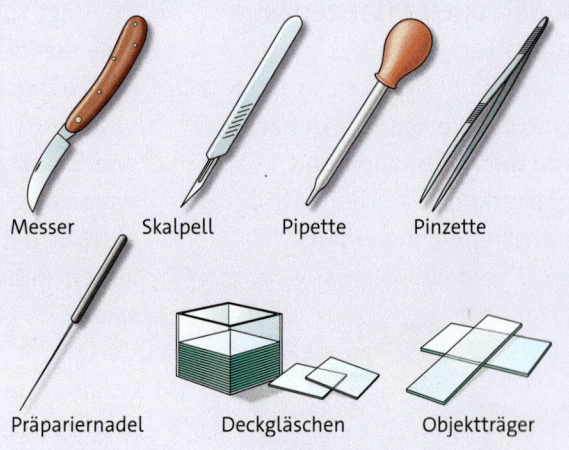

1 Hilfsmittel zur Herstellung von Präparaten

Messer · Skalpell · Pipette · Pinzette · Präpariernadel · Deckgläschen · Objektträger

2. Eine dünne Objektschicht gewinnen Damit das Objekt vom Licht des Mikroskops durchstrahlt wird, muss es dünn und durchsichtig sein. Schneide die Küchenzwiebel mit dem Messer vorsichtig in vier gleiche Teile. Löse dann eine einzelne Schuppe heraus. Schneide mit dem Skalpell auf der Innenseite der Schuppe ein kleines Quadrat in die dünne Zwiebelschuppenhaut. Löse nun mit einer spitzen Pinzette das kleine Quadrat der Zwiebelschuppenhaut ab.

3. Das Präparat fertigstellen Lege das Häutchen mit der Pinzette auf den Wassertropfen des Objektträgers. Stelle ein Deckgläschen mit einer Kante an den Rand des Wassertropfens und senke es mit der Präpariernadel ab. Auf diese Weise werden keine Luftblasen eingeschlossen. Drücke nicht mit dem Finger auf das Deckgläschen, es könnte zerbrechen, außerdem würde dein Fingerabdruck auf dem Glas die Sicht auf das Objekt beeinträchtigen.

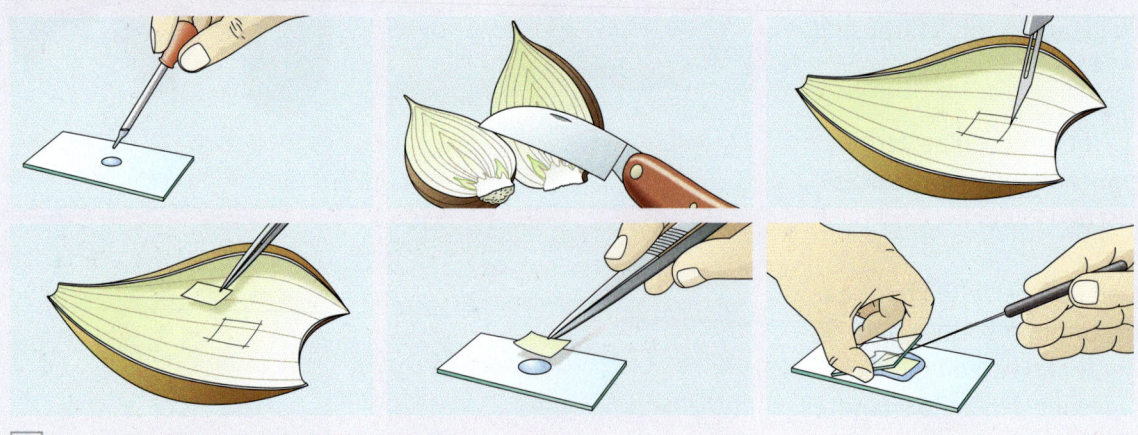

2 Herstellen eines Zwiebelzellpräparats

Mikroskopieren

1. Grundeinstellung Drehe den Objekttisch so weit wie möglich nach unten. Stelle die kleinste Vergrößerung ein. Schalte die Lampe ein oder fange mit dem Spiegel möglichst viel Licht ein.

2. Präparat auflegen Lege den Objektträger mit deinem Präparat auf den Objekttisch und befestige ihn mit den Halteklammern.

3. Bild scharf stellen Drehe unter seitlicher Beobachtung den Objekttisch nach oben, bis sich Deckglas und Objektiv gerade noch nicht berühren. Schaue nun durch das Okular und bewege den Objekttisch mit dem Feintrieb langsam nach unten, bis das Bild scharf ist.

4. Überblick verschaffen Mit der kleinsten Vergrößerung kannst du dir einen Überblick über

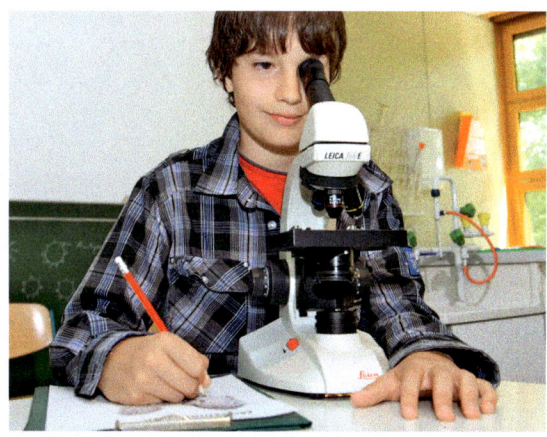

3 Schüler beim Mikroskopieren

das gesamte Präparat verschaffen. Möchtest du eine bestimmte Stelle genauer ansehen, schiebst du sie vorsichtig in die Mitte des Bildes. Beachte dabei, dass das Bild seitenverkehrt ist und auf dem Kopf steht. Stelle mit der Blende Helligkeit und Kontrast ein, sodass möglichst viele Einzelheiten zu sehen sind.

5. Vergrößern Drehe den Objekttisch nach unten. Erst jetzt darfst du am Revolver die nächste Vergrößerung einstellen. Gehe dann wieder so vor wie unter 3 beschrieben.

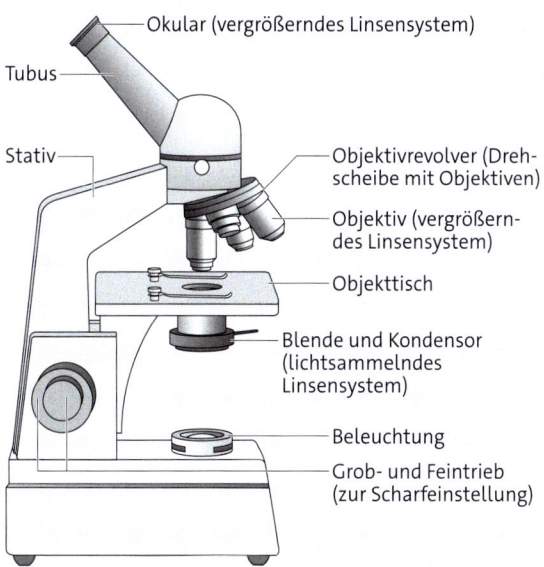

Okular (vergrößerndes Linsensystem)

Tubus

Stativ

Objektivrevolver (Drehscheibe mit Objektiven)

Objektiv (vergrößerndes Linsensystem)

Objekttisch

Blende und Kondensor (lichtsammelndes Linsensystem)

Beleuchtung

Grob- und Feintrieb (zur Scharfeinstellung)

4 Aufbau eines Lichtmikroskops

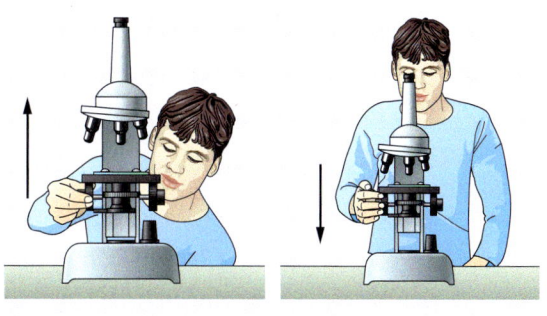

Heben des Objekttischs   Einstellen der Bildschärfe

5 Scharfstellen des Bildes

Tierische Zellen – Einzeller und Vielzeller

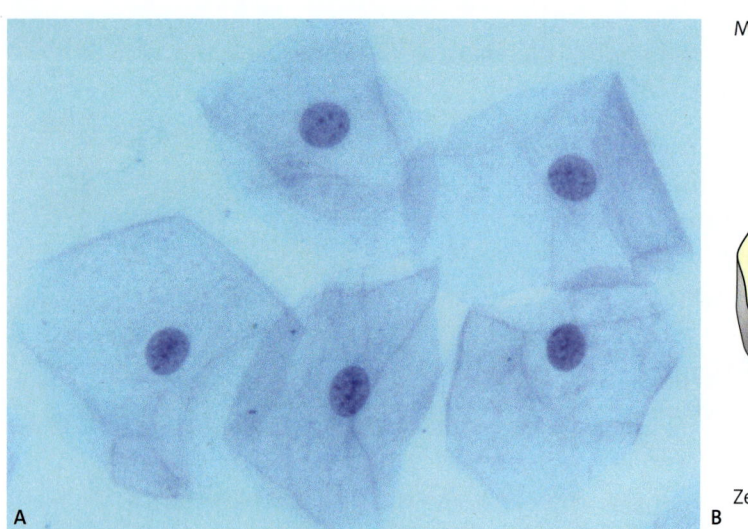

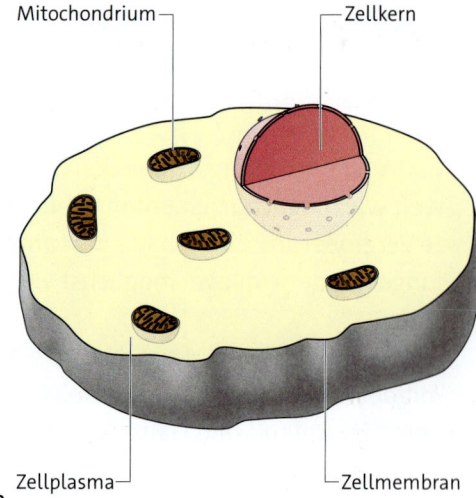

Mitochondrium — Zellkern

Zellplasma — Zellmembran

1 Die Tierzelle: **A** Zellen der Mundschleimhaut im Mikroskop, **B** Schematischer Aufbau der Tierzelle

Tiere und Menschen unterscheiden sich deutlich von den Pflanzen. Gilt das auch für ihre Zellen?

Größe und Form • Die Zellen von Tieren
5 und Menschen sind meist kleiner als Pflanzenzellen. Sie sind nicht so regelmäßig geformt wie Pflanzenzellen, da sie keine stützende Zellwand besitzen. Die Zellen von Tieren und Menschen
10 sind daher weich und zerreißen leichter als Pflanzenzellen.

Zellbestandteile • Mundschleimhautzellen sind wie alle Tierzellen mit Zellplasma gefüllt und von einer Zellmem-
15 bran umgeben. Im Zellplasma liegen der Zellkern und die Mitochondrien. Tierzellen besitzen aber weder Vakuolen noch Chloroplasten, sie können also keine Fotosynthese betreiben. Um
20 Zellkern und Zellplasma im Mikroskop gut erkennen zu können, müssen die Zellen angefärbt werden.

Einzeller und Vielzeller • Viele winzige Lebewesen bestehen aus nur einer
25 einzigen Zelle, in der alle Lebensvorgänge stattfinden. Solche Lebewesen werden Einzeller genannt. Beispiele hierfür sind Pantoffeltierchen oder Bakterien. Bestehen Lebewesen wie
30 der Mensch, andere Wirbeltiere oder die grünen Pflanzen aus mehreren Zellen, spricht man von Vielzellern. Bei Vielzellern erfüllt jede Zelle eine ganz bestimmte Aufgabe.

> Tierzellen besitzen weder Zellwand noch Vakuole oder Chloroplasten. Einzeller bestehen nur aus einer einzigen Zelle, Vielzeller dagegen aus vielen verschiedenen Zellen.

Aufgabe

1 ◔ Vergleiche die Zellen von Tieren und Pflanzen in einer Tabelle.

Material A

Mikroskopieren von Mundschleimhaut

Materialliste: Mikroskop, Holzspatel, Pipette, Präpariernadel, Objektträger, Deckglas, Methylenblau, Filterpapierstreifen

1 Schabe mit dem Holzspatel vorsichtig etwas Mundschleimhaut von der Innenseite deiner Wange ab. → 2 Übertrage die Mundschleimhautzellen auf einen Objektträger. Gib 2 Tropfen Wasser hinzu und lege anschließend ein Deckglas auf.

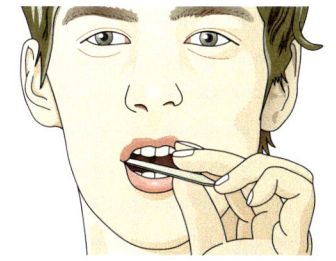

2 Mundschleimhaut gewinnen

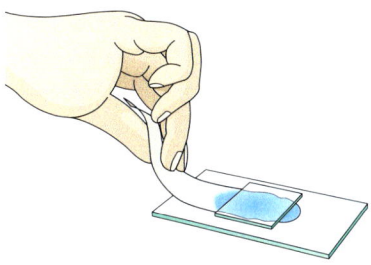

3 Das Präparat anfärben

2 Gib mit der Pipette einen Tropfen Methylenblau neben den Rand des Deckglases. Sauge mit einem Streifen Filterpapier vom gegenüberliegenden Rand die Farbe durch das Präparat. → 3

3 ◐ Mikroskopiere nun das gefärbte Präparat bei der stärksten Vergrößerung. Schließe dabei die Blende des Mikroskops.

4 ● Fertige eine beschriftete Zeichnung von 3–5 Mundschleimhautzellen an.

Material B

Heuaufguss

In einem Heuaufguss kannst du Einzeller züchten.

Materialliste: Becherglas, Wasser aus einem Tümpel, Heu, Tuch, Pipette, Objektträger, Deckgläschen

1 Fülle das Glas mit Tümpelwasser und gib ein wenig Heu dazu. Bedecke das Glas mit einem luftdurchlässigen Tuch. Lass diesen Heuaufguss bei Zimmertemperatur 14 Tage stehen.

2 Nimm mit einer Pipette von der entstandenen Oberflächenhaut einen Tropfen Flüssigkeit auf. Gib ihn auf einen Objektträger und lege ein Deckgläschen auf. ○ Mikroskopiere das Präparat.

3 ◐ Zähle, wie viele verschiedene Einzeller in deinem Tropfen leben. → 4

Achtung • Wasche dir gründlich die Hände, da sich im Heuaufguss auch Krankheitserreger vermehren können.

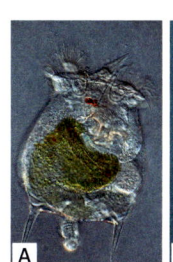 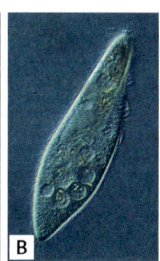 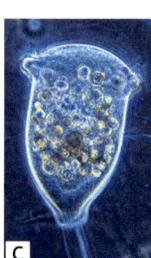  

4 **A** Räder-, **B** Pantoffel-, **C** Glockentierchen, **D** Amöbe, **E** Augentierchen

Eine mikroskopische Zeichnung anfertigen

Forscher fertigen mikroskopische Zeichnungen an, um interessante Lebewesen oder Zellbestandteile vergleichen zu können.
Du benötigst sauberes, weißes DIN-A4-Papier, einen spitzen Bleistift, einen Radiergummi und ein Präparat.

1. Vorbereitung Suche mit der kleinsten Vergrößerung den besten Bildausschnitt. Stelle dann eine höhere Vergrößerung ein und betrachte das Objekt genau. Versuche durch Änderung der Feineinstellung und der Blende eine möglichst plastische und kontrastreiche Objektdarstellung zu erreichen.

2. Zeichnen Lege die Zeichnung übersichtlich und groß an. Zeichne nur einen kleinen, typischen Ausschnitt des mikroskopischen Bildes. Zeichne mit feinen und durchgängigen Linien. Vergleiche die Zeichnung immer wieder mit dem mikroskopischen Bild. Zeichne nur, was du siehst! Achte auf eine sachliche Wiedergabe des Objekts nach Form, Größen- und Längenverhältnissen. Halte beide Augen offen, damit du mit einem Auge in das Mikroskop und mit dem anderen auf das Zeichenblatt blicken kannst.

3. Vergleich mit einer Schemazeichnung In Schulbüchern, in Bestimmungsbüchern oder im Internet findest du Schemazeichnungen von Lebewesen. Versuche, die von dir gezeichneten Strukturen wiederzuerkennen und den Abbildungen in den Büchern zuzuordnen.

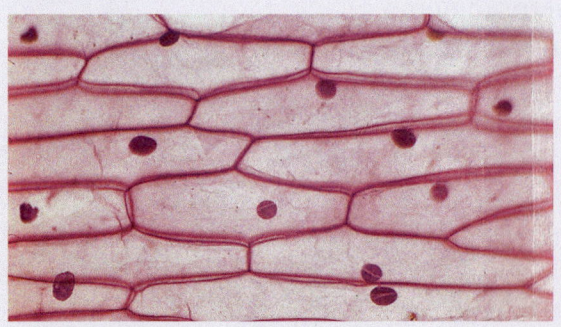

1 Zellen einer roten Zwiebel im Mikroskop

4. Beschriften Fertige die Beschriftungen mit Bleistift an, ziehe Linien mit dem Lineal. Füge Name, Art des Präparats sowie die verwendete Vergrößerung und evtl. verwendete Färbemittel an. Notiere auf der Zeichnung auch deinen Namen und das Datum der Erstellung.

Objekt: Rote Zwiebel
Präparat: Zellen der Zwiebelhaut
Vergrößerung 400-fach

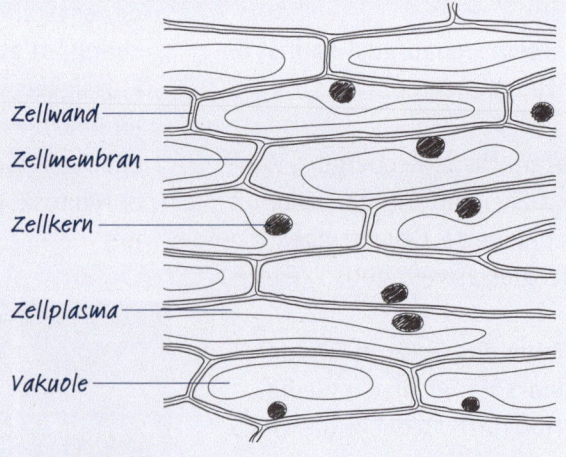

Zellwand
Zellmembran
Zellkern
Zellplasma
Vakuole

Mara Menzel   26. 4. 2016

2 Fertige Zeichnung mit Beschriftung

Die Welt im Mikroskop

Vergrößerte Abbilder alltäglicher Dinge geben oft einen spannenden Einblick in die „Welt des Unsichtbaren". Was uns mit bloßem Auge bekannt vorkommt, sieht bei 100-facher Ver-
5 größerung ganz anders aus.

Haare • Ein menschliches Haar ist etwa 0,05 Millimeter dick. Gut zu erkennen sind die verschiedenen Farben der Haare. Ganz oben befindet sich ein graues Haar, darunter ein
10 hellbraunes, dann ein rotes. Das vierte Haar ist schwarz, darauf folgt ein dunkelbraunes und das letzte ist blond.

Vogelfeder • Man erkennt winzige Ästchen, die vom Federschaft ausgehen. Diese Haken-
15 strahlen und Bogenstrahlen greifen ineinander und bilden so eine feste Tragfläche.
Beim Ordnen des Gefieders stellen die Vögel diese Verzahnung wieder her. Im Vogelgefieder liegen alle Federn dachziegelartig übereinan-
20 der, das verringert den Luftwiderstand beim Fliegen.

Insektenflügel • Der Flügel einer Fliege schillert im Mikroskop in vielen verschiedenen Farben. Gut zu erkennen sind die unterschied-
25 lichen Flügeladern. Die großen Längsadern sind hohl, sie enthalten Blut, einen Nerv und einen Luftkanal. Die Queradern und die Enden der Längsadern sind meist massiv und haben keinen Hohlraum. Anhand der Anordnung der
30 Flügeladern und der Felder zwischen ihnen können die verschiedenen Fliegenarten unterschieden werden.

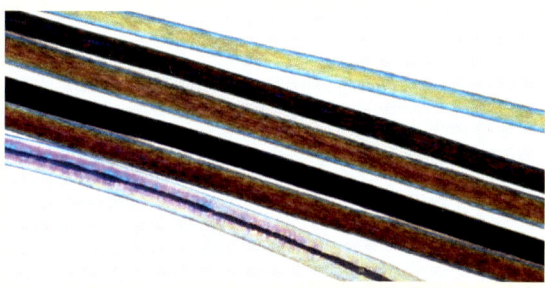

3 │ Menschliche Haare im Mikroskop

4 │ Vogelfeder im Mikroskop

5 │ Insektenflügel im Mikroskop

Aufgabe

1 ◐ Mikroskopiere weitere Gegenstände und beschreibe, was du siehst.

Das Teilchenmodell

Woraus sind Stoffe wie Salzkristalle oder Wasser aufgebaut? Diese Frage stellen sich die Menschen schon seit der Antike.

Kleinste Teilchen • Forscher haben eine Modell-
5 vorstellung zum Aufbau von Stoffen entwickelt, das sogenannte Teilchenmodell: Wir stellen uns vor, dass alle Stoffe aus einzelnen kleinsten Teilchen bestehen. Diese sind so winzig, dass man sie nicht sehen kann.

10 **Aggregatzustände** • Stoffe können fest, flüssig oder gasförmig sein. Diese drei Zustandsarten nennen wir die Aggregatzustände der Stoffe. Wasser beispielsweise ist bei Raumtemperatur flüssig, als Eis fest und als Wasserdampf gas-
15 förmig. In festen Stoffen halten die Teilchen stark zusammen, sie sind nahe beieinander und bewegen sich kaum. Wird ein fester Stoff erwärmt, kann er vom festen in den flüssigen Aggregatzustand übergehen. In flüssigen Stof-
20 fen bewegen sich die Teilchen stärker, dadurch wird ihr Zusammenhalt schwächer. In gasförmigen Stoffen bewegen sich die Teilchen noch schneller, sie besitzen nun keinen Zusammenhalt mehr.

25 **Größe der Teilchen** • Im Mikroskop kannst du zum Beispiel Pflanzenzellen betrachten. Ein Stoffteilchen jedoch ist tausendmal kleiner als alles, was du im Mikroskop erkennen kannst. Ein einziger Wassertropfen besteht z. B. aus
30 über tausend Milliarden Teilchen. Wäre ein Teilchen so groß wie du, dann wäre der Wassertropfen so groß wie die gesamte Erde.

Stoffteilchen im festen Aggregatzustand

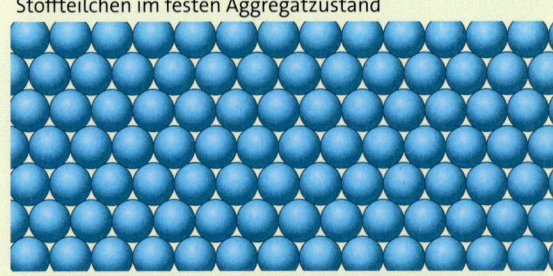

Stoffteilchen im flüssigen Aggregatzustand

Stoffteilchen im gasförmigen Aggregatzustand

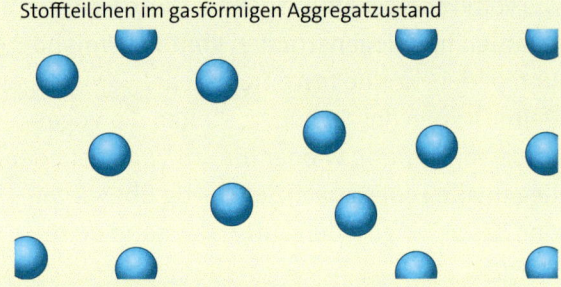

1 Das Teilchenmodell

Stoffe können fest, flüssig oder gasförmig sein. Der Aggregatzustand eines Stoffs hängt vor allem von der Temperatur ab und ist mithilfe des Teilchenmodells erklärbar.

Aufgabe

1 ○ Beschreibe, wie man sich den Aufbau von Stoffen vorstellen kann.

Kristalle

Kristalle sind Feststoffe, deren kleinste Teilchen sehr regelmäßig angeordnet sind. Sie bilden sogenannte Kristallgitter. Stoffe, die in kristalliner Form vorliegen und natürlich
5 entstanden sind, werden Minerale genannt.

Salz • Dieses Mineral wird vor allem in unterirdischen Salzstöcken abgebaut. Aus Meerwasser kann man Salz durch Eindampfen gewinnen. Wenn das Wasser verdampft ist,
10 bleibt kristallines Salz zurück. Jeder Mensch benötigt täglich etwa 5 Gramm Salz für den Wasserhaushalt, die Verdauung, das Nervensystem und den Knochenaufbau. Salzkristalle sind würfelförmig. → 2

15 **Schnee** • Die schönsten Kristalle findet man bei Schnee. → 3 Schneeflocken sind gefrorenes Wasser. Damit ist Wasser auch ein Mineral, wenn es als Eis vorliegt. Schneekristalle können verschiedene Formen haben. Welche
20 Form entsteht, hängt von der Temperatur ab. Bei tieferen Temperaturen bilden sich Plättchen oder Prismen, bei höheren Temperaturen sechsarmige Sterne.

Diamant • Kristalle aus Kohlenstoff bezeichnen
25 wir als Diamanten. Sie entstehen nur bei hohem Druck und hohen Temperaturen. Diamanten sind die härtesten natürlich vorkommenden Minerale. Man kann sie nur mit anderen Diamanten schleifen. Einfallendes
30 Licht wird im Innern des Steins wieder in Richtung des Betrachters reflektiert, so entsteht der Eindruck des Funkelns.

2 | Salzkristalle

3 | Schneekristalle

4 | Auch Diamanten sind Kristalle.

Aufgabe

1 ○ Nenne das Verfahren, mit dem man Salz aus Salzwasser gewinnen kann.

Zusammenfassung

Maßstäbe und Größenverhältnisse • Um dich herum gibt es sehr große und auch sehr kleine Dinge. Für Größenangaben verwendet man den Maßstab Meter. Bei sehr kleinen Objekten wird die Größe in Mikrometern angegeben, das sind Tausendstel Millimeter. Entfernungen werden in Kilometern angegeben, Entfernungen im Weltall gibt man oft in Lichtjahren an. Ein Lichtjahr sind 9 460 730 472 580 Kilometer. Um die Wirklichkeit in vereinfachter Form darzustellen, kann man Modelle verwenden, z. B. ein Tellurium. → 1

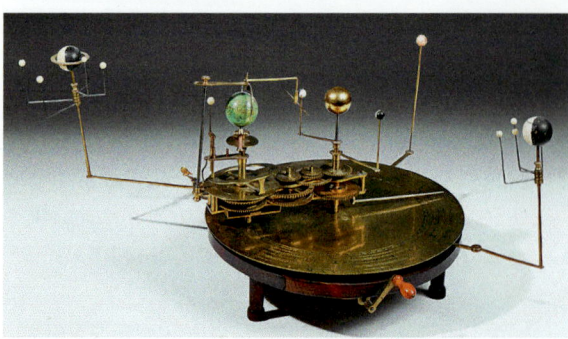

1 Ein Tellurium ist ein Funktionsmodell unseres Sonnensystems.

Vergrößerung von Objekten • Mit Sammellinsen kann man kleine oder weit entfernte Objekte vergrößert betrachten.
Sammellinsen sind konvex geformt, sie führen Licht zusammen. Zerstreuungslinsen sind konkav geformt, sie lassen Licht auseinanderlaufen. Linsen werden in Lupen, Mikroskopen, Linsenfernrohren, Ferngläsern und in Brillen verwendet. → 2

2 Fernglas mit Sammellinsen

Die Zelle als Grundbaustein • Alle Lebewesen bestehen aus Zellen. Diese sind von einer Zellmembran umgeben und besitzen einen Zellkern, der die Lebensvorgänge in der Zelle steuert. Im durchsichtigen Zellplasma liegen die Mitochondrien, hier wird aus Zucker Energie gewonnen. Pflanzenzellen besitzen zusätzlich Chloroplasten zur Aufnahme von Sonnenenergie, eine Vakuole als Stoffspeicher und eine feste Zellwand. Vielzellige Organismen bestehen aus unterschiedlichen Zellen, die jeweils auf bestimmte Aufgaben spezialisiert sind.
Einzeller bestehen nur aus einer einzigen Zelle, in der alle Lebensvorgänge stattfinden. → 3

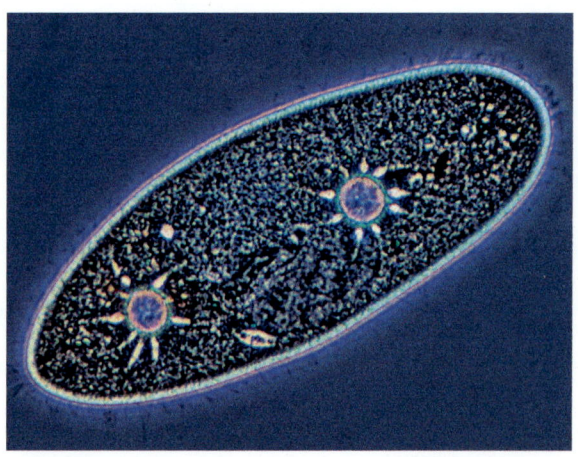

3 Das Pantoffeltierchen ist ein einzelliges Lebewesen.

Teste dich! (Lösungen auf Seite 194)

Maßstäbe und Größenverhältnisse

1 Nenne die Maßeinheit für folgende Größen:
a ○ den Durchmesser eines Haares
b ◑ die Entfernung von der Erde zur Sonne
c ● den Abstand zwischen unserem Sonnensystem, der Milchstraße und dem nächstgelegenen System Alpha Centauri

2 ◑ Erläutere, was mit der Entfernung Lichtjahr gemeint ist.

3 Es gibt drei Modellarten.
a ○ Nenne sie.
b ◑ Nenne für jede Modellart ein Beispiel.
c ● Beschreibe, worin sich deine Modellbeispiele jeweils vom Original unterscheiden.

4 ◑ Erläutere, wie du dich an den Sternen orientieren kannst.

Vergrößerung von Objekten

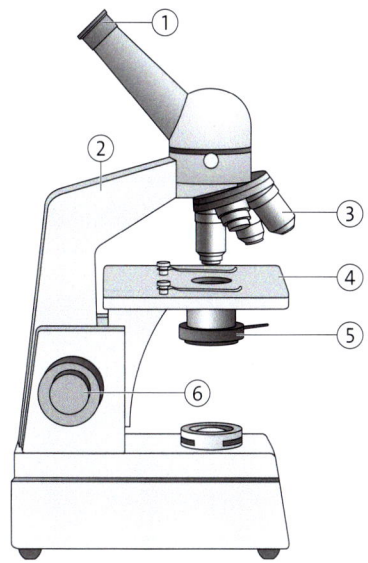

4

5 ◑ Nenne die beiden Arten von Linsen und beschreibe jeweils, was mit dem Licht geschieht.

6 ○ Benenne die Teile des Mikroskops in Bild 4.

7 ◑ Beschreibe, wie du vorgehen musst, um ein Bild im Mikroskop scharf zu stellen.

8 ◑ Erläutere, warum es beim Mikroskopieren sinnvoll ist, mit der kleinsten Vergrößerung zu beginnen.

9 ● Begründe, warum ein Objekt, das du im Mikroskop betrachten möchtest, so dünn wie möglich sein sollte.

Zellen

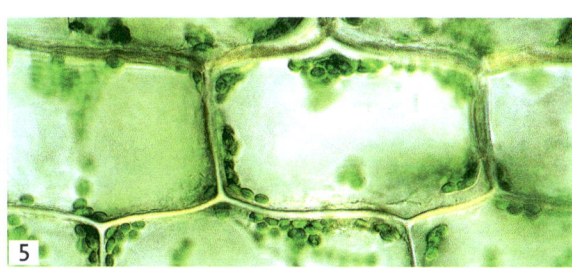

5

10 ◑ Notiere in einer Tabelle die Bestandteile von Zellen und ihre jeweiligen Aufgaben. Unterscheide dabei auch zwischen Pflanzenzellen und Tierzellen. → 6

Zellbestandteil	Aufgabe	Pflanzenzelle	Tierzelle
		ja	ja
6		ja	nein

11 ◑ Nenne den Ort und die Funktion des grünen Pflanzenfarbstoffes.

Bewegung zu Wasser, zu Lande und in der Luft

Der Körper des Menschen wird im Innern von einem Skelett gestützt. Wie bewegen wir dieses Skelett und warum ist Bewegung wichtig für unseren Körper?

Vögel fliegen, Fische schwimmen – meistens. Wie bewegen sich Tiere an Land, in der Luft und im Wasser fort?

Schaukeln macht Spaß!
Wie hängen Kraft, Bewegung und Geschwindigkeit zusammen?

Bewegung an Land

1 Geparde sind die schnellsten Landtiere der Welt.

Katzen können nicht fliegen. Und doch sieht es bei diesem Gepard so aus. Alle Pfoten befinden sich in der Luft. Wie kommt es dazu?

5 **Fortbewegung in Lebensräumen •** Alle Tiere haben sich in ihrer Lebensweise und ihrer Fortbewegung an die Bedingungen in ihren Lebensräumen angepasst. Körperbau und Fortbewegungs-
10 art hängen dabei eng zusammen. Je länger die Beine eines Tieres sind, desto schneller kann es laufen.

2 Kamele gehen im Passgang.

Gehen und Laufen • Die meisten vierbeinigen Säugetiere gehen im Kreuz-
15 gang. Dabei werden linkes Vorderbein und rechtes Hinterbein gleichzeitig vom Boden gehoben und nach vorn gesetzt. Anschließend folgen die beiden anderen Beine.
20 Kamele und Bären gehen im Passgang. Dabei setzen sie das rechte Vorderbein und das rechte Hinterbein nacheinander nach vorne, dann folgen die beiden linken Beine. → 2
25 Beim langsamen Gehen bleiben immer mindestens zwei Beine mit dem Boden in Kontakt. Sie drücken gegen den Untergrund, die anderen Beine werden angezogen, schwingen nach
30 vorne und werden wieder abgesetzt. Beim Laufen wird die Bewegung kraftvoller und schneller, die Schrittweite ist größer. Das Tier löst sich durch das Abdrücken mit dem Fuß für kurze Zeit
35 komplett vom Boden. Dies ist bei Geparden gut zu beobachten. → 1

Hüpfen und Springen • Frosch und Hase besitzen kräftige und lange Hinterbeine. Damit können sie besonders

40 gut hüpfen oder springen. Die Muskeln der Beine und Füße sowie des Rumpfes funktionieren gemeinsam mit den Knochen wie ein Katapult und schleudern den Körper in die Luft. → 3

3 Fortbewegung des Froschs

45 **Kriechen** • Die Eidechse bewegt sich durch schlängelndes Kriechen fort. Die seitlich am Körper befindlichen Beine bewegt sie dazu im Kreuzgang, hebt sie dabei aber kaum vom Boden

50 ab. Dadurch wird der bewegliche Körper vorwärtsgeschoben. → 4

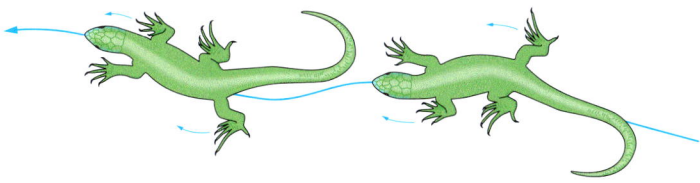

4 Fortbewegung der Eidechse

Schlängeln • Schlangen besitzen einen lang gestreckten Körper ohne Beine. Bei der Fortbewegung ziehen sich

55 abwechselnd Muskeln zusammen, die rechts und links der Wirbelsäule liegen. Sie bewirken eine Krümmung zuerst in die eine Richtung und dann in die Gegenrichtung.

60 Zusätzlich werden mithilfe besonderer Muskeln die Bauchschuppen aufgerichtet. Mit diesen stoßen sich die Schlangen vom Boden ab und schieben sich so vorwärts. → 5

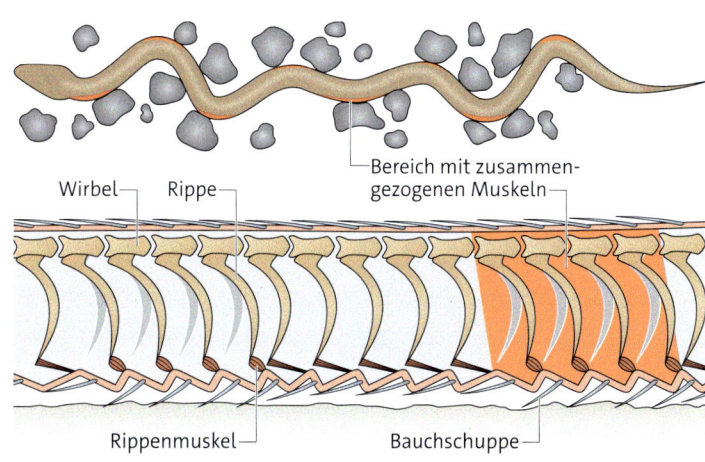

Bereich mit zusammengezogenen Muskeln

Wirbel — Rippe —

Rippenmuskel — Bauchschuppe —

5 Fortbewegung der Schlange

> Körperbau, Lebensraum und Fortbewegungsart hängen zusammen. Säugetiere Gehen oder Laufen, dabei bewegen sie die Beine im Passgang oder Kreuzgang.
> Reptilien dagegen Schlängeln oder Kriechen.
> Einige Wirbeltiere hüpfen oder springen.

Aufgaben

1 ◯ Nenne die beiden Gangarten von vierbeinigen Säugetieren.

2 ◖ Beschreibe die Fortbewegung der Eidechse.

3 ● Begründe, ob Schlangen auch rückwärtskriechen können.

73

Bewegung an Land

Material A

Unterschiedliche Gehweisen an Land

Säugetiere besiedeln an Land ganz unterschiedliche Lebensräume. Deshalb sind auch ihre Fortbewegungsweisen verschieden. Die Form und Größe der Beine und Füße ist an die jeweiligen Aufgaben angepasst.

	Geschwindigkeit
Pferd	bis zu 70 km/h
Löwe	bis zu 60 km/h
Bär	bis zu 50 km/h

1 Beschreibe, mit welchen Teilen des Fußes die Tiere in Bild 1 jeweils den Boden berühren.

2 ◖ Ordne die Tiere den Zehengängern, Sohlengängern bzw. Zehenspitzengängern zu.

3 ● Formuliere den Zusammenhang von Beinlänge und Laufgeschwindigkeit mithilfe von Bild 1 und den Angaben in der Tabelle.

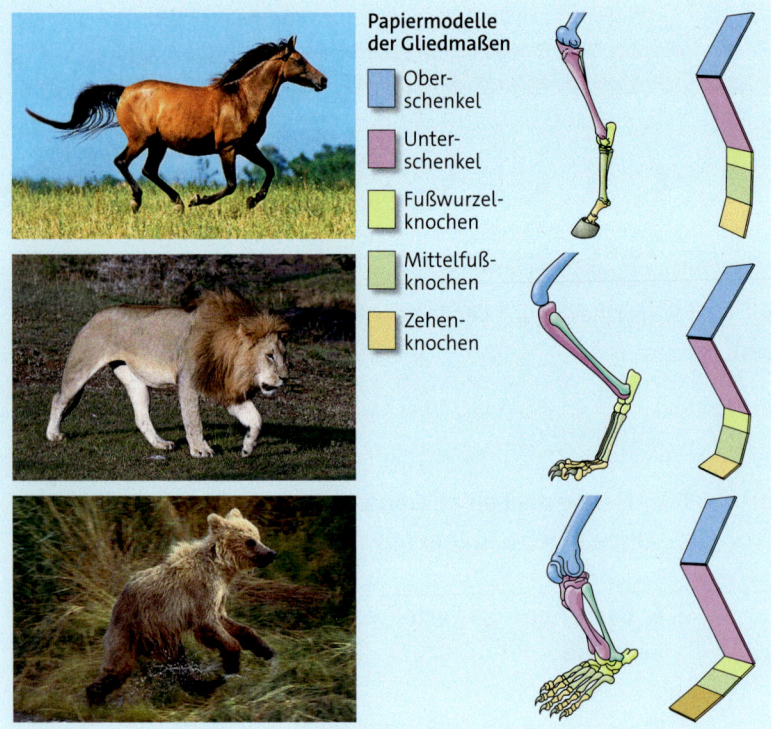

Papiermodelle der Gliedmaßen

- Oberschenkel
- Unterschenkel
- Fußwurzelknochen
- Mittelfußknochen
- Zehenknochen

1 Pferd, Löwe und Bär gehen unterschiedlich.

Material B

Tierfüße

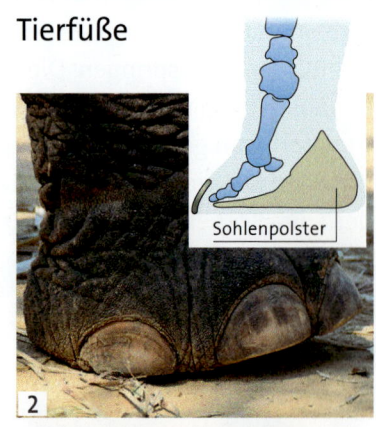

Sohlenpolster

2

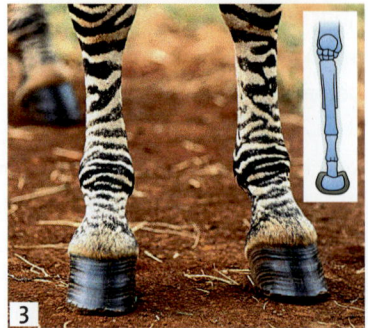

3

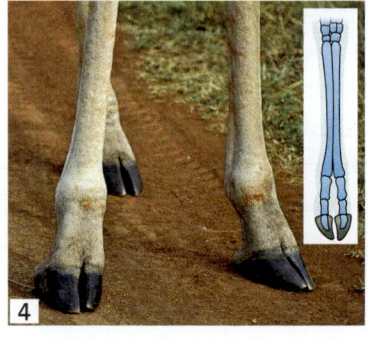

4

1 ○ Beschreibe die Tierfüße in den Bildern 2–4.

2 ● Begründe für jedes Tier, ob seine Füße besser an den Lebensraum Grasland oder den Lebensraum Sandwüste angepasst sind.

Material C

Tierspuren

5 Flüchtender Hase

Ein Hase flüchtet mit großen Sprüngen vor einem Spaziergänger. Dabei kann er sehr schnell werden. Beim Hoppeln ist der Hase viel langsamer.

1 Bild 6 zeigt die Fußspuren eines Hasen beim langsamen Hoppeln und beim schnellen Flüchten.

a ◓ Beschreibe, wie die Beine beim Flüchten bewegt werden. → 5 6
b ◓ Vergleiche die Bodenflächen, die der Hase mit den Hinterläufen berührt.
c ◓ Begründe, wann die Schrittweite größer ist.

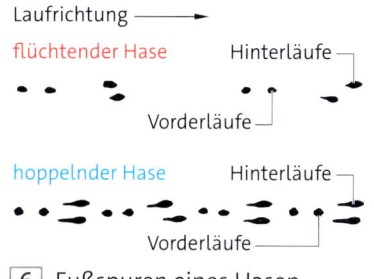

6 Fußspuren eines Hasen

Material D

Unterschiedliche Gangarten

Pferde berühren den Boden nur mit den Zehenspitzen. Diese sind von einem Huf aus Horn umgeben und so vor Verletzungen geschützt.
Pferde können sich in unterschiedlichen Gangarten fortbewegen: im Schritt, im Trab oder im Galopp. → 7

1 In Bild 7 wurden verschiedene Gangarten des Pferdes nachgezeichnet.

a ◯ Nenne für jede Gangart die Anzahl der Beine, die gleichzeitig abgehoben und nach vorne gesetzt werden.
b ◓ Beschreibe die Reihenfolge, in der die Beine bei den verschiedenen Gangarten bewegt werden.
c ◓ Stelle eine Vermutung an, bei welcher Gangart das Pferd am stabilsten steht.
d ● Begründe, bei welcher Gangart die Schrittweite am größten ist.

2 Stelle dich auf die Zehenspitzen und versuche so ein Stück weit zu gehen.

a ◯ Beschreibe deine Beobachtungen.
b ● Begründe, warum diese Gehweise den Pferden keine Probleme bereitet.

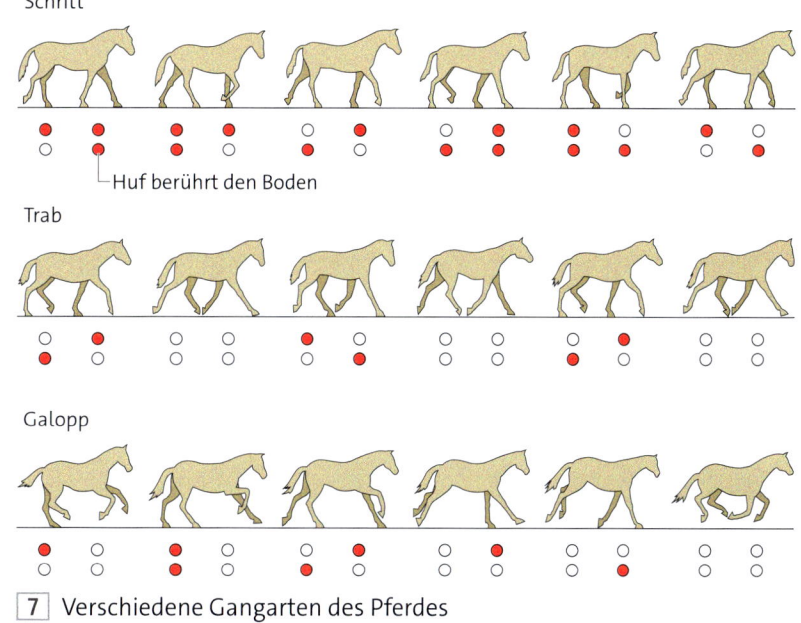

7 Verschiedene Gangarten des Pferdes

Bewegung an Land

Gleiten, kleben, graben und rollen

1 Eine Weinbergschnecke

2 Ein Gecko „klebt" kopfüber an der Decke.

 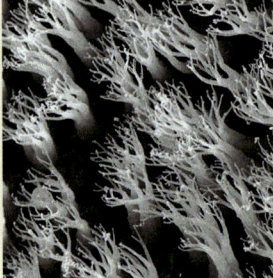

3 Fuß eines Geckos mit Lamellen und Härchen

Alle Lebewesen sind an ihren Lebensraum angepasst. Einige Tiere haben dazu eine besondere Art der Fortbewegung entwickelt.

Schnecken • Schnecken bevorzugen feuchte
5 Lebensräume, sie sind vor allem nach Regen und in der Dämmerung aktiv. Sie bewegen sich auf ihrem muskulösen Fuß vorwärts und hinterlassen eine glänzende Schleimspur. ➔ 1
Der Schleim wird in Drüsen am Fuß produziert,
10 die Schnecke gleitet mit wellenförmigen Bewegungen der Fußunterseite auf dem Schleim vorwärts. Sogar an glatten Wänden können Schnecken hochkriechen, da ihr Schleim auch Eigenschaften eines Klebstoffs besitzt.

15 **Geckos** • Geckos sind vorwiegend nachtaktiv und haben deshalb auffallend große Augen.
➔ 2 An ihren kurzen, kräftigen Beinen besitzen sie weit spreizbare Zehen. Auf deren Unterseite befinden sich Polster aus quer stehenden
20 Blättchen, sogenannten Lamellen. Sie fühlen sich klebrig an, sind jedoch trocken und mit sehr vielen winzigen Haaren besetzt. Jedes Haar ist an der Spitze nochmals in 100 bis 1000 Haftläppchen aufgespalten. ➔ 3 Durch ihre
25 geringe Größe „kleben" die Haftläppchen wie magnetisch an Oberflächen, auch an glatten Wänden. Zwar ist diese Anziehungskraft bei einem einzelnen Haar sehr gering. Aber durch die große Anzahl reicht die Anziehungskraft aus,
30 um das Gewicht eines Geckos an der Wand oder der Decke zu halten. Daher werden sie auch Haftzeher genannt.

Maulwurf • Der walzenförmige Körper des Maulwurfs ist an seine unterirdische Lebensweise an-
35 gepasst. Die Vordergliedmaßen des Maulwurfs
sind zu kurzen Grabbeinen umgebildet. Die mit
der Handfläche nach außen gedrehten Hände
sind schaufelförmig und besitzen kräftige, lange
Krallen. → 4 Damit gräbt der Maulwurf Gänge
40 in die Erde, in denen er lebt. Die ausgehobene
Erde wird nach oben befördert und als Maul-
wurfshügel aufgehäuft.
Das samtige Fell des Maulwurfs lässt sich leicht
nach vorn oder hinten streichen, dadurch kann
45 er in seinen Gängen vorwärts und rückwärts
kriechen. Mit seinen Augen kann der Maulwurf
nur hell und dunkel unterscheiden. Seine Beute
findet er mithilfe seines gut entwickelten Geruchssinns und seiner Tasthaare.

50 **Wüstenspinne** • In der Sahara lebt eine weiße,
handtellergroße Spinne, die sich auf besondere
Weise fortbewegt. → 5 Sie nimmt Anlauf,
stößt sich nacheinander mit ihren acht Beinen
ab und vollführt einen Flickflack. → 6
55 Dadurch verringert sie den Kontakt mit dem
heißen Wüstensand und ist außerdem viel
schneller unterwegs als bei normalem Laufen.

Aufgaben

1 ◐ Erläutere, durch welche Merkmale der
Maulwurf für ein Leben unter der Erde angepasst ist.

2 ◐ Vergleiche die Fortbewegungsart der
Schnecken mit der von Geckos.

4 Maulwurf mit Grabhänden

5 Diese weiße Spinne lebt in der Sahara.

6 Vorwärtsbewegung durch Überschlagen

Bewegung in und auf dem Wasser

[1] Der Karpfen

Der Karpfen lebt in Teichen und Seen. Er kann im Wasser schweben und auch schnell schwimmen. Wie gelingt ihm das?

5 **Bewegung im Wasser** • Der Körper des Karpfens ist vorn und hinten zugespitzt und seitlich abgeplattet. ➜ [1] Aufgrund dieser Spindelform strömt das Wasser leicht am Körper vorbei, der 10 Strömungswiderstand ist gering. So kann der Karpfen schnell schwimmen. Zahlreiche knöcherne Schuppen bedecken den Körper. Sie sind von einer schleimigen Haut überzogen, die das 15 Gleiten durchs Wasser erleichtert.

Schwimmen • An der Wirbelsäule ansetzende Muskeln bewegen den Fischkörper wellenartig. ➜ [3] Die mit der Wirbelsäule verbundene 20 Schwanzflosse schlägt hin und her und schiebt dabei den Fisch vorwärts durch das Wasser. Mit den Brustflossen und Bauchflossen steuert und bremst der Fisch. Mithilfe der Rücken-25 flosse und der Afterflosse hält sich der Karpfen aufrecht im Wasser. ➜ [2]

Schweben im Wasser • Die Dichte eines Fischkörpers ist größer als die von Wasser. Deshalb würde ein Fisch ohne 30 Flossenbewegungen zu Boden sinken. Gas besitzt eine geringere Dichte als Wasser und steigt nach oben. Durch Aufnahme oder Abgabe von Gas in die Schwimmblase können sich Fische an 35 die Druckverhältnisse in unterschiedlichen Wassertiefen anpassen und schweben.

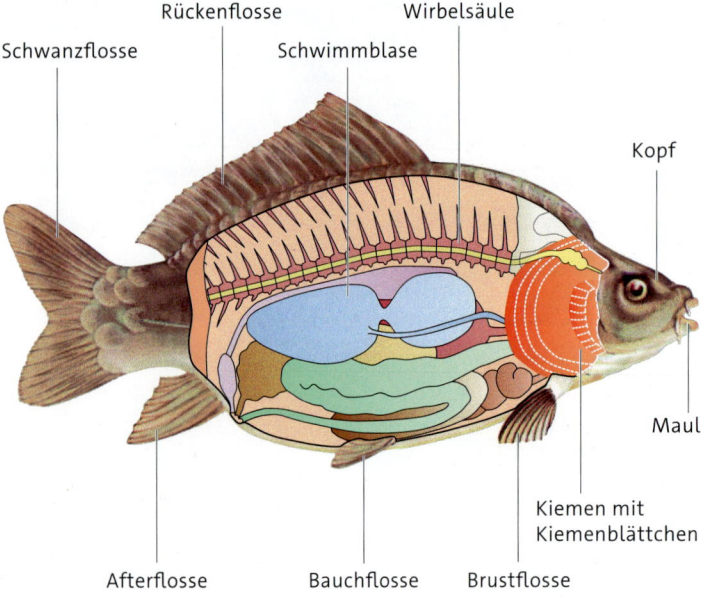

Schwanzflosse · Rückenflosse · Schwimmblase · Wirbelsäule · Kopf · Maul · Kiemen mit Kiemenblättchen · Afterflosse · Bauchflosse · Brustflosse

[2] Körperbau eines Fisches

[3] Fortbewegung der Fische

Auch andere Tiere schwimmen • Wale und Delfine gehören zu den Säuge-
40 tieren. Sie bewegen beim Schwimmen ihre Fluke auf und ab, diese steht nicht senkrecht wie bei Fischen, sondern waagerecht. → 4

Pinguine schlagen ihre Flügel auf und
45 ab und „fliegen" so unter Wasser. Ähnlich schwimmen auch Meeres-schildkröten.

Frösche nutzen ihre Hinterbeine als An-trieb, indem sie diese regelmäßig zu-
50 sammenziehen und ausstrecken. → 5 So bewegt sich auch der Mensch beim Brustschwimmen, er nutzt dabei zu-sätzlich noch die Arme.

Bewegung auf dem Wasser • Einige
55 Tiere nutzen die Oberflächenspannung des Wassers, um darauf zu laufen. Die Oberflächenspannung entsteht durch Kräfte, die zwischen einzelnen Wasser-teilchen wirken. Dadurch verhält sich
60 die Oberfläche von Wasser wie eine elastisch gespannte Folie.

Der Wasserläufer besitzt an der Unter-seite seiner Füße wasserabweisende Haare. Mit ihnen kann er die Ober-
65 flächenspannung des Wassers nutzen, um darauf zu laufen, ohne dabei zu versinken. → 6

Fische sind spindelförmig gebaut. Mithilfe von Flossen und Schwimm-blase schwimmen und schweben sie. Auch andere Wirbeltierarten vollziehen im Wasser Schwimm-bewegungen. Der Wasserläufer nutzt die Oberflächenspannung des Wassers, um darauf zu laufen.

4 | Belugawale

5 | Fortbewegung eines Froschs

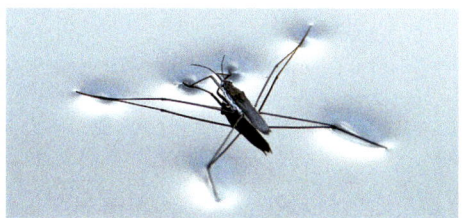

6 | Ein Wasserläufer

Aufgaben

1 ○ Beschreibe, wie ein Karpfen im Wasser schwimmt und schwebt.

2 ◒ Nenne 3 Tiere, die nicht zu den Fischen gehören, und beschreibe, wie sie sich im Wasser fortbewegen.

3 ● Begründe, wodurch sich auf einem übervollen Wasserglas ein „Wasserberg" bilden kann. → 7

7 | Wasserglas mit „Wasserberg"

79

Bewegung in und auf dem Wasser

Material A

Der Flaschentaucher

Materialliste: 1-L-Kunststoff-flasche mit Verschlusskappe, leeres Backaromafläschchen ohne Deckel

1 Fülle die große Flasche bis zum Rand mit Wasser. Das kleine Fläschchen soll dein „Taucher" sein. Setze es mit der Öffnung nach unten in die Wasserflasche ein.
→ 1
Verschließe dann die Flasche. In ihr darf keine Luft bleiben. Drücke fest auf die Flasche und lass sie wieder los.

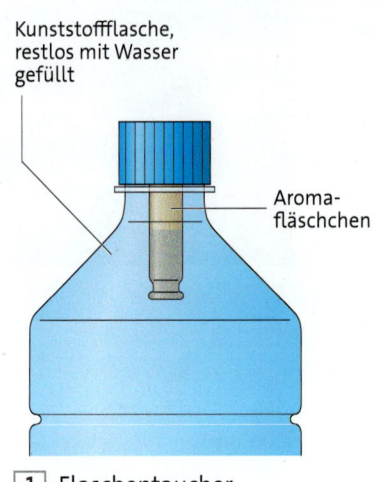

Kunststoffflasche, restlos mit Wasser gefüllt

Aroma-fläschchen

1 Flaschentaucher

Bringst du den „Taucher" zum Schweben?
○ Beobachte den Wasser-stand im Taucher.

Material B

Schwimmen oder Sinken

Materialliste: Glas Wasser, Büroklammer, Papiertaschen-tuch, Spülmittel

1 Schneide aus dem Papier-taschentuch ein Stückchen aus und lege es mit der Büroklammer auf die Was-seroberfläche.
○ Beschreibe deine Beob-achtungen.

2 Gib nun einen Tropfen Spül-mittel in das Wasser.
● Begründe deine Beobach-tungen.

Material C

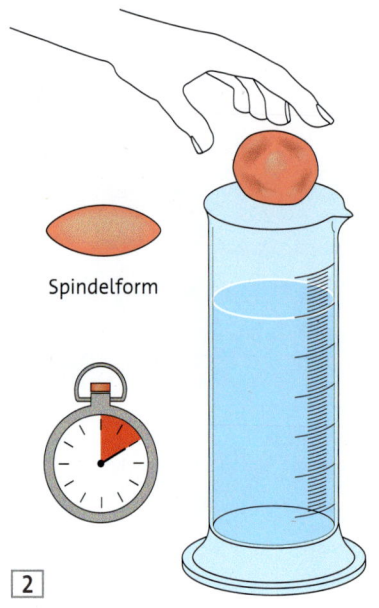

Spindelform

2

Knete sinkt ab

Materialliste: Standzylinder (mindestens 50 cm hoch), mehrere gleich schwere Stücke wasserfeste Knete, Stoppuhr, starker Draht

1 Der Standzylinder wird mit Wasser gefüllt. → 2
a Formt aus der Knete ver-schiedene Körper. Ein Körper soll eine Spindelform haben wie ein Fisch.
b Gebt dann einen Knetkörper in das Wasser.

Messt die Zeit bis zum Auf-treffen auf dem Boden und notiert sie in einer Tabelle. Mit dem Draht holt ihr den Knetkörper wieder heraus.
c Wiederholt den Versuch mit den anderen Körpern.
d ◗ Deutet die Beobachtun-gen.

2 ◗ Knetet nun weitere Formen. Sagt deren Sink-zeiten voraus. Messt dann die Sinkzeiten und vergleicht mit euren Vermutungen.

Tauchboote

Besatzung: 2 Personen
Tauchtiefe: 400 m

3 Das Tauchboot „Jago" beim Forschungseinsatz

Bewegung unter Wasser • Tauchboote (U-Boote) können wie Fische im Wasser sinken, schweben und wieder aufsteigen. → 3
Das Tauchboot „Jago" ist dazu mit mehreren
5 Tanks ausgestattet. Diese Tanks können mit Wasser oder mit Luft gefüllt werden.

Sinken • Mit Luft in den Tanks schwimmt das Tauchboot auf dem Wasser (1). → 4
Zum Sinken pumpt der Pilot Wasser in einige
10 Tanks (2). Das Boot wird dadurch schwerer.
Das bedeutet: Die Dichte des U-Boots wird größer als die Dichte von Wasser – es sinkt unter die Wasseroberfläche.
Wenn der Pilot Wasser in weitere Tanks lässt,
15 geht es noch schneller nach unten.

Steigen • Das Tauchboot führt Behälter mit Pressluft mit. Der Pilot drückt mit der Pressluft das Wasser wieder aus den Tanks heraus. Das Boot wird leichter und steigt auf (3).

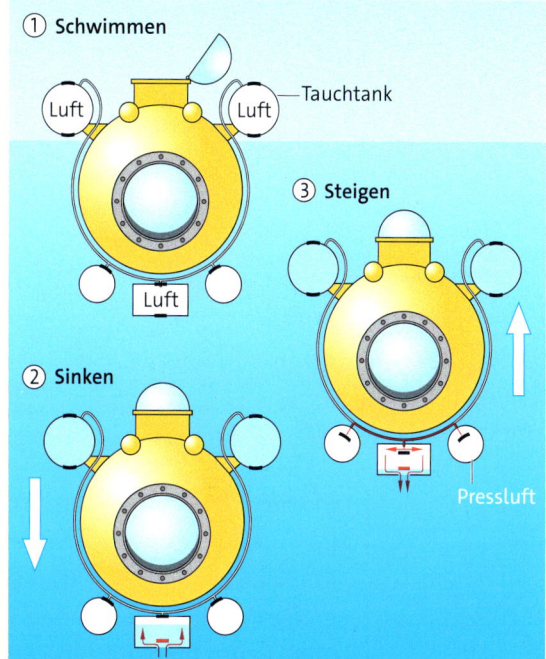

4 So kann das Tauchboot sinken und steigen.

Aufgaben

1 So sinken und steigen Tauchboote:
a ⚪ Ergänze in deinem Heft:
 • Sinken: „Die Tanks werden ... – ..."
 • Steigen: „Pressluft drückt ... – ..."
b 🌑 Erkläre diese Vorgänge deinem Partner –
 am besten mithilfe einfacher Zeichnungen.

2 🌑 Sieh dir das Bild 3 noch einmal genau an:
 Steigt oder sinkt die „Jago" gerade?
 Begründe deine Antwort.

3 ⬤ Erkläre, warum Taucher sich schwere Gürtel umschnallen.

Bewegung in der Luft

1 Kraniche sind Zugvögel.

In Rheinland-Pfalz kannst du im Frühjahr und im Herbst den Vogelzug der Kraniche beobachten. Kraniche sind große Vögel, die sehr lange Strecken
5 **ohne Pause fliegend zurücklegen. Wie gelingt ihnen das?**

Federn • Vögel besitzen Federn. Daunenfedern umhüllen den Körper und bilden ein Luftpolster, das vor Wärme-
10 verlust schützt. Darüber bilden die dachziegelartig angeordneten Deckfedern eine glatte Oberfläche. Die Schwungfedern an den Flügeln bilden Tragflächen und halten den Vogel in
15 der Luft. Mit den Schwanzfedern steuert und bremst der Vogel.

Flügel • Die Vordergliedmaßen der Vögel sind zu Flügeln umgebildet. Über die nach oben gewölbten Flügel
20 muss die Luft sehr schnell fließen, dadurch entsteht ein Unterdruck.

An der Unterseite der Flügel fließt die Luft langsamer, hier entsteht ein Überdruck. Dieser Druckunterschied ist
25 die Ursache für den Auftrieb, der den Vogel in die Luft hebt.

Skelett und Körperbau • Ein Kranich ist etwa 120 Zentimeter groß und wiegt ungefähr 10 Kilogramm. Ein gleich gro-
30 ßes Kind wiegt mehr als das Dreifache. Vögel sind also leicht gebaut. Ihre Knochen besitzen dünne Wände und sind hohl. Mit den Lungen verbundene Luftsäcke versorgen den Körper beim
35 Fliegen mit zusätzlichem Sauerstoff.
→ 2
Die Wirbelknochen sind größtenteils miteinander verwachsen und verleihen so dem Körper eine größere Stabi-
40 lität. Die Flugmuskeln setzen am großen Brustbein an. Der Vogelkörper hat eine Spindelform, dadurch strömt die Luft leicht am Körper vorbei.

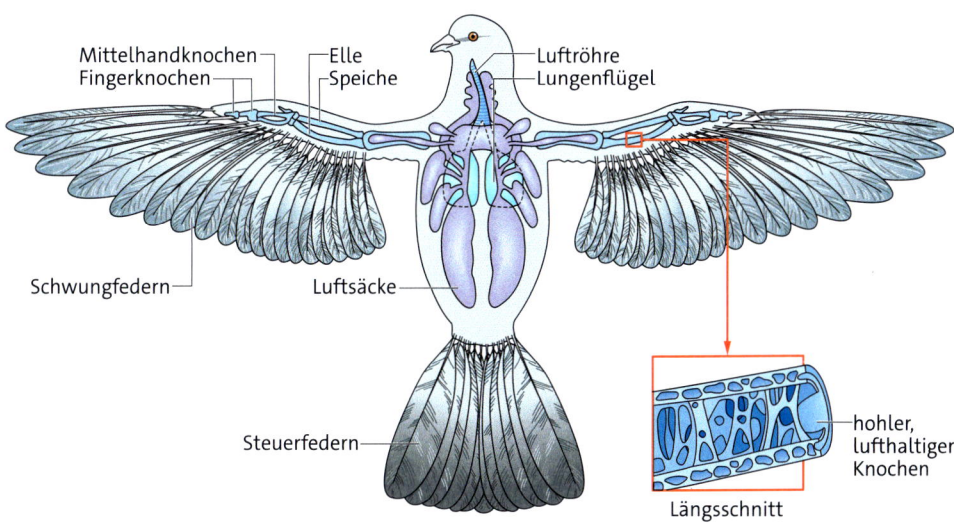

Mittelhandknochen
Fingerknochen
Elle
Speiche
Luftröhre
Lungenflügel
Schwungfedern
Luftsäcke
Steuerfedern
hohler,
lufthaltiger
Knochen
Längsschnitt

2 Körperbau eines Vogels

Flugarten • Beim Ruderflug schlagen
45 die Flügel auf und ab. Mithilfe des
Gleitflugs landen die meisten Vögel,
die Flügel bleiben währenddessen
scheinbar unbeweglich und das Tier
verliert an Höhe. Beim Segelflug nut-
50 zen Vögel warme Aufwinde, um sich
mit ausgebreiteten Flügeln aufwärts
in die Luft tragen zu lassen. Dadurch
können sie sich ohne Flügelschläge
lange in der Luft halten. Im Rüttelflug
55 mit sehr raschen Flügelschlägen schei-
nen Vögel in der Luft zu stehen. Im
Sturzflug lassen sich die Vögel mit an-
gelegten Flügeln herabfallen. Kolibris
vollführen den Schwirrflug, bei dem
60 sie die Flügel bis zu 70-mal pro Sekunde hin und her schlagen. Dadurch
können sie sogar rückwärtsfliegen.

Fledermäuse • Fledermäuse sind fliegende Säugetiere. Auch ihre Vorder-
65 gliedmaßen sind zu Flügeln umgebildet. Anstelle von Federn besitzen sie

Flughäute zwischen Arm-, Bein- und
Schwanzskelett. Sie halten sich mithilfe
des Ruderflugs in der Luft und können
70 nur schlecht gleiten.

Die meisten Vögel sind durch Flügel, Federn und einen besonderen
Körperbau flugfähig. Sie nutzen
verschiedene Flugarten.

Aufgaben

1 ○ Beschreibe, welche Körpermerkmale es den Vögeln ermöglichen
zu fliegen.

2 ◐ Notiere in einer Tabelle drei
Flugarten sowie ihre Erkennungs-
merkmale und Funktion.

3 ● Ergänze die Tabelle mit passenden Vogelarten. Recherchiere dafür
in Büchern oder im Internet.

Bewegung in der Luft

Material A

Verschiedene Federn

Ein Vogel besitzt verschiedene Federn. Sie unterscheiden sich in ihrem Aussehen.

Materialliste: unterschiedliche Vogelfedern

1 ○ Ordne die Federn den Federtypen zu. → 1

2 ◗ Beschreibe die Kennzeichen der Federn.

3 ◗ Deckfedern, Schwungfedern und Steuerfedern besitzen eine geschlossene Fahne. Die Äste der Fahne lassen sich auseinanderreißen und wieder zusammenfügen. Erkläre mithilfe der Bilder, was beim Auseinanderreißen und beim Zusammenfügen geschieht. → 2 3

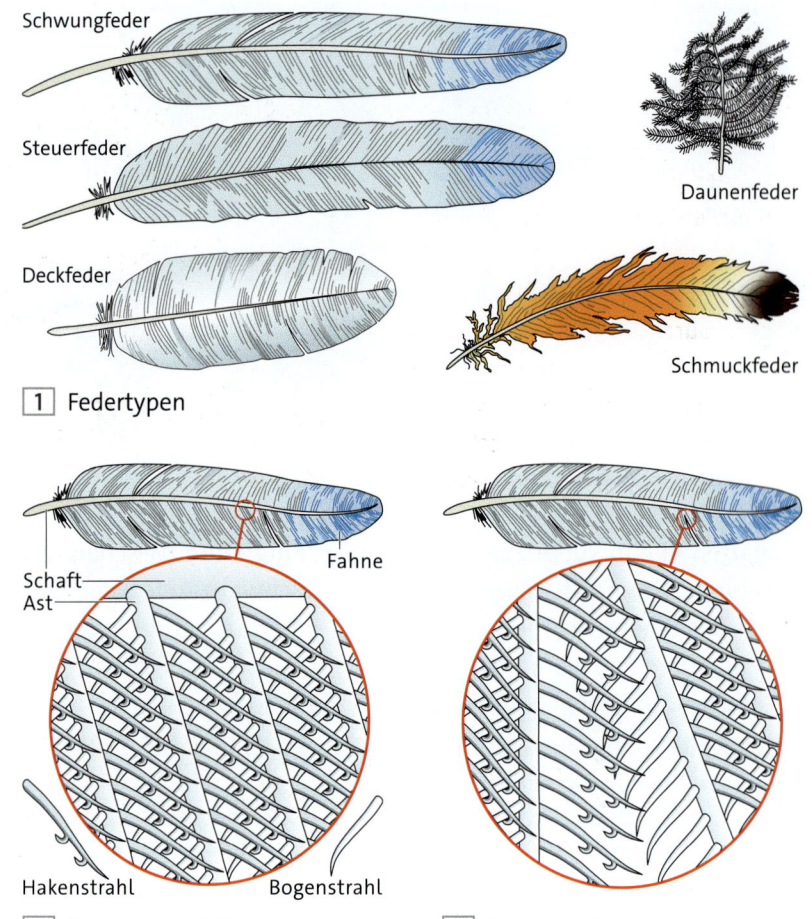

Schwungfeder

Steuerfeder

Deckfeder

Daunenfeder

Schmuckfeder

1 Federtypen

Fahne

Schaft

Ast

Hakenstrahl   Bogenstrahl

2 Zusammengefügt

3 Auseinandergerissen

Material B

	Länge	Masse
Amsel	26 cm	110 g
Eichhörnchen	27 cm	480 g
Buntspecht	23 cm	95 g
Mauswiesel	22 cm	130 g
Seeadler	105 cm	6700 g
Biber	100 cm	30 000 g

4 Körperlänge und -masse

Auf die Waage, bitte!

Vergleicht man die Körpermasse von Vögeln und gleich großen Säugetieren, so zeigen sich erhebliche Unterschiede.

1 ○ Vergleiche die Massen der gleich großen Tiere in der Tabelle. → 4 Formuliere das Ergebnis in einem Satz.

2 ◗ Erkläre, wie dieser Unterschied zustande kommt.

3 ◗ Erkläre die Bedeutung des Unterschieds für die Vögel.

Material C

Auftrieb im Modell

Bussarde können ohne Flügel-
schlag durch die Luft gleiten.
Was geschieht, wenn Wind gegen einen Flügel strömt?

Materialliste: Buch, Blatt
Papier, Büroklammer

1 Stelle ein Flügelmodell her,
indem du das Blatt Papier so
in das Buch einspannst, dass
das Blatt etwa zur Hälfte
heraushängt. Beschwere das
freie Ende des Blatts mit
einer Büroklammer. → 5

2 ○ Puste nun waagerecht
über das gebogene Blatt Papier und beschreibe deine
Beobachtungen.

3 ● Vergleiche Modell und
Wirklichkeit.

5 So nutzt du das Flügelmodell.

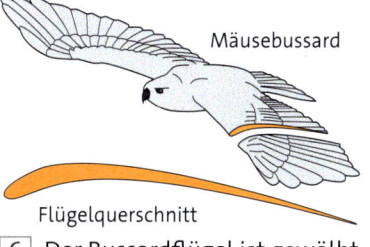

Mäusebussard

Flügelquerschnitt

6 Der Bussardflügel ist gewölbt.

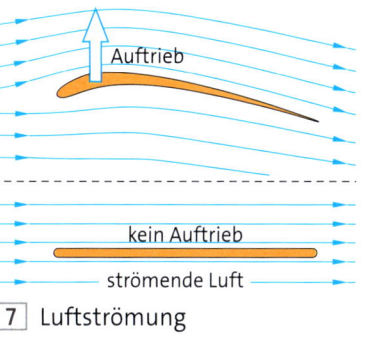

Auftrieb

kein Auftrieb

strömende Luft

7 Luftströmung

Material D

Luftdurchlässig?

Materialliste: Kerze, Vogelfeder mit Fahne, Trinkhalm

1 Puste die Kerzenflamme mit
dem Trinkhalm aus. Versu-
che es auch mit einer Vogelfeder vor der Flamme. → 3
◗ Beschreibe und erkläre
deine Beobachtungen.

2 ◗ Beschreibe die Vorteile,
die sich für Vögel aus den
beobachteten Eigenschaf-
ten der Feder ergeben.

8

Material E

Aufwind im Modell

Materialliste: Glasrohr (etwa
5 cm Durchmesser), Kerze,
Daunenfeder, Stativmaterial

1 ◗ Untersuche den Aufwind
im Modell. Führe den
Versuch wie in Bild 9 durch.

Achtung • Brandgefahr!

2 ○ Beschreibe die Vorteile
des Aufwinds für den
Mäusebussard.

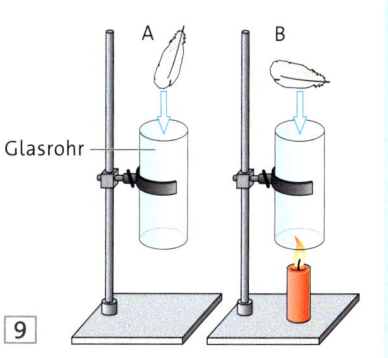

A   B

Glasrohr

9

Bewegung in der Luft

Was fliegt denn da?

1 Gleithörnchen am Baum

2 Gleithörnchen im Sprung

3 Gleithörnchen bei der „Landung"

Nicht nur Vögel, Insekten und Fledermäuse können fliegen. Auch andere Lebewesen, denen man es auf den ersten Blick gar nicht ansieht, nutzen diese Fortbewegungsart. Einige Tiere 5 können durch ihren besonderen Körperbau oder die Nutzung von Luftströmungen große Entfernungen in der Luft zurücklegen.

Gleithörnchen • Diese meist nachtaktive Hörnchenart besitzt zwischen den Vorder- und 10 Hinterbeinen eine Gleithaut. Wenn die Hörnchen ihre Gliedmaßen von sich strecken, spannt sich diese Flughaut auf und wirkt wie ein Gleitschirm. ▸ 2 Dadurch können sie ihre Sprünge von Baum zu Baum zu Gleitflügen verlängern. 15 Die Richtung ihres Fluges steuern sie mit ihren Beinen und dem Schwanz. Vor der Landung bremsen die Gleithörnchen mit der Flughaut wieder ab. ▸ 3 Die Tiere springen von Baumkronen los und können mithilfe des Gleitflugs 20 bis zu 80 Meter zurücklegen. Dies nützt ihnen insbesondere bei der Flucht vor Feinden, zu denen Baummarder und Eulen gehören. Obwohl sie nicht wirklich fliegen können, werden sie oft auch als Flughörnchen bezeichnet.

25 **Fliegende Fische** • Zu den Lebewesen, die die weitesten Luftsprünge über der Wasseroberfläche vollführen können, gehören die Fliegenden Fische. Sie können bis zu 400 Meter zurücklegen. Die großen, spreizbaren Brustflossen 30 sind hoch am Körper angesetzt und dienen den Tieren als Tragflächen. ▸ 4 Mit diesen flügelähnlichen Flossen kommen sie unter und über Wasser gut voran.

Allerdings können sie die Flossen nicht aktiv
35 für einen Ruderflug schlagen. Stattdessen
schießen sie mit einem Sprung aus dem Wasser
und segeln im Gleitflug in einer Höhe von etwa
1,5 Metern über das Wasser. Sie können lange
Strecken zurücklegen und Geschwindigkeiten
40 bis zu 70 km/h erreichen. Es wird vermutet, dass
die Gleitsprünge ein Fluchtverhalten vor Fressfeinden darstellen. ► 5

4 Fliegender Fisch unter Wasser

Fliegende Spinnen • Einige Spinnen nutzen ihre
Fäden nicht nur zum Beutefang, sondern auch
45 zum Fliegen. Vor allem Jungtiere spinnen aus
den Spinndrüsen am Hinterleib einen langen feinen Faden, den der Wind erfasst und hochträgt.
Die ebenfalls sehr leichten Spinnen werden mit
ihren Fäden mitgetragen. Sie gelangen dadurch
50 in Höhen bis zu 3 000 Metern und treiben auf
diese Weise ohne Eigenbewegung mehrere
Hundert Kilometer weit durch die Luft. Spinnen
nutzen diese Art der Fortbewegung aber auch,
um „nur" zum nächsten Baum zu gelangen.

5 Ein Fliegender Fisch entkommt einem Delfin.

Aufgaben

1 ○ Erkläre, warum die Bezeichnung Flughörnchen nicht ganz richtig ist.

2 ◗ Beschreibe, welche Körpermerkmale den
Hörnchen, Fischen und Spinnen eine Fortbewegung in der Luft ermöglichen.

3 ● Stelle Vermutungen an, was der „Alt-
weibersommer" mit fliegenden Spinnen zu
tun haben könnte. ► 6

6 Spinnweben auf einer Wiese im Spätsommer

Bewegung und Geschwindigkeit

1 Rummelplatz mit Achterbahn und Riesenrad.

Sicher warst du schon einmal auf einem Rummelplatz. Vielleicht bist du dort mit dem Riesenrad oder der Achterbahn gefahren. Dabei kannst du viele ver-
5 **schiedene Bewegungen erleben. Aber wie lassen sie sich voneinander unterscheiden?**

Bewegungsarten • Bewegungen von Körpern kannst du voneinander unter-
10 scheiden, wenn du die Bahnen vergleichst, auf denen sich die Körper bewegen. Die Gondel eines Riesenrads bewegt sich auf einer Kreisbahn. Dies wird als Kreisbewegung bezeichnet.
15 Beim Hochziehen der Achterbahn zum Startpunkt bewegt sich der Wagen auf einer geraden Strecke. Es handelt sich also um eine geradlinige Bewegung. Eine Schiffschaukel schwingt hin
20 und her. Solch eine Bewegung heißt Schwingung. Viele Bewegungen setzen sich aus verschiedenen Bewegungs-

arten zusammen. Ein Auto fährt auf gerader Strecke, also geradlinig. Es
25 durchfährt aber auch Kurven. Wenn du Bewegungen beschreiben willst, musst du sie also oft in Abschnitte gliedern.

Bewegungsformen • Bei einer Achter-
30 bahnfahrt kannst du noch eine weitere Beobachtung machen. Beim Hochziehen zum Start bewegt sich der Wagen immer gleich schnell. Dann geht es abwärts und der Wagen wird immer
35 schneller. Am Ziel wird er abgebremst und steht am Ende still. Bewegt sich ein Körper immer gleich schnell, nennt man diese Bewegung gleichförmig. Wird er schneller, führt er eine be-
40 schleunigte Bewegung aus. Bei einer verzögerten Bewegung wird der Körper langsamer. Die Bewegung der meisten Körper setzt sich aus diesen drei Bewegungsformen zusammen.

45 **Geschwindigkeit** • In allen Autos ist ein Messgerät eingebaut, von dem der Fahrer ablesen kann, wie schnell das Auto gerade fährt. Es heißt Tacho-meter. Mit einem Tachometer misst 50 man die Augenblickgeschwindigkeit. → 2

Im Alltag und in der Technik wird meist angegeben, wie viele Kilometer ein Körper in einer Stunde zurücklegt. 55 Fährt ein Radfahrer zum Beispiel in einer Stunde 18 Kilometer weit, so be-trägt seine Geschwindigkeit 18 km/h, also 18 Kilometer pro Stunde. Forscher geben Geschwindigkeiten 60 meist in Metern pro Sekunde an: m/s.

Geschwindigkeit bestimmen • Auch ohne Tachometer kannst du die Ge-schwindigkeit eines Körpers bestim-men, zum Beispiel die eines 65 Fußgängers. Zuerst misst du eine Stre-cke ab. Anschließend misst du die Zeit, die der Fußgänger für diesen Weg be-nötigt. Dann dividierst du die Weglän-ge durch die Zeit und erhältst die Ge-70 schwindigkeit des Fußgängers. Es ist eine Durchschnittsgeschwindigkeit, der Fußgänger kann zwischendurch unterschiedlich schnell gelaufen sein. → 3

Wir unterscheiden geradlinige Bewegungen, Kreisbewegungen und Schwingungen. Bewegungen können gleichförmig, beschleunigt oder verzögert sein. Die Geschwin-digkeit gibt an, wie schnell sich ein Körper bewegt. Sie wird in km/h oder m/s angegeben.

2 Tachometer im Auto

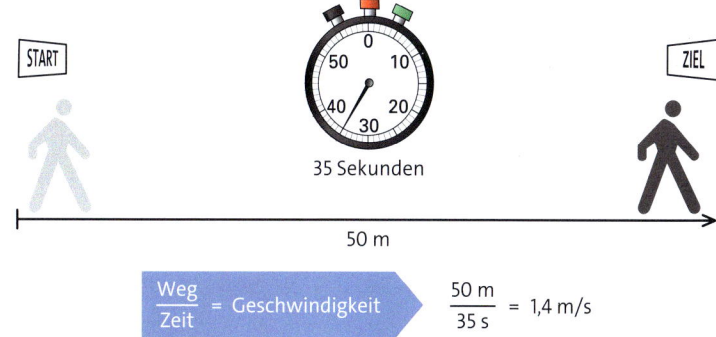

$$\frac{\text{Weg}}{\text{Zeit}} = \text{Geschwindigkeit} \qquad \frac{50\,\text{m}}{35\,\text{s}} = 1,4\,\text{m/s}$$

3 Die Geschwindigkeit gibt an, welcher Weg in einer bestimm-ten Zeit zurückgelegt wird.

Aufgaben

1 ○ Nenne je zwei Beispiele für eine geradlinige Bewegung, eine Kreis-bewegung und eine Schwingung.

2 ◐ Beschreibe die gleichförmige Bewegung, die beschleunigte Be-wegung und die verzögerte Be-wegung.

3 ● Ein Autofahrer fährt in drei Stun-den 270 Kilometer weit. Berechne seine Durchschnittsgeschwindigkeit.

Bewegung und Geschwindigkeit

Bewegungsarten

Wir unterscheiden geradlinige Bewegung, Kreisbewegung und Schwingung.

1 ○ Ordne den Bildern 1–8 die Bewegungsarten zu.

1 | Kettenkarussell

2 | Trampolinspringer

3 | Paketförderband

4 | Kinderschaukel

5 | Looping

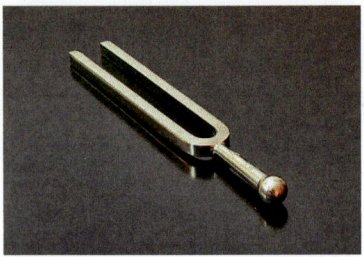

6 | Stimmgabel

7 | Rutsche

8 | Rolltreppe

Bewegungsformen

1 Ordne die folgenden Beispiele in einer Tabelle nach gleichförmiger, beschleunigter oder verzögerter Bewegung.

- Eine Rolltreppe bringt Fahrgäste zum Bahnsteig.
- Eine Straßenbahn fährt ab.
- Ein Fußball landet im Tor.
- Ein Förderband bringt Pakete zur Sortierstation.
- Ein Auto fährt gegen einen Baum.
- Ein Turmspringer taucht ins Wasser ein.
- Eine Rakete startet.
- Ein Lkw fährt 80 km/h.
- Ein Auto fährt von der Auffahrt auf die Autobahn.
- Ein Golfspieler schlägt gegen einen Golfball.

Material C

Geschwindigkeiten bestimmen

Materialliste: Zollstock, Stopp-uhr, wasserlöslicher Folienstift, Spielzeugauto mit Motor-antrieb, Taschenrechner

Zeichne mit dem Folienstift eine Startlinie auf den Fuß-boden. Miss mit dem Zollstock eine Strecke ab und zeichne eine Ziellinie auf den Fußboden.

1 ○ Notiere die Weglänge.

2 Lass das Auto von der Start-linie bis zur Ziellinie fahren.
○ Miss die Zeit, die es dafür benötigt, und notiere sie.

3 ◐ Berechne die Geschwindig-keit des Autos und notiere sie.

4 ○ Wiederhole den Versuch mit verschieden langen Wegen.

5 ◐ Vergleiche die berechne-ten Geschwindigkeiten.

6 ● Begründe die unter-schiedlichen Ergebnisse.

9

Material D

Schneller ist besser

1 Wähle ein Tier aus. → 10 – 12
○ Beschreibe seine Lebens-weise.

2 ● Stelle Vermutungen an, welche Vorteile das Tier durch seine große Geschwin-digkeit hat.

12

Fächerfische oder **Segelfische** leben im Ozean in Schulen aus bis zu 30 Tieren. Bei der Jagd schießen sie mit bis zu 110 km/h in Fischschwärme und bremsen dann mit einer scharfen Kurve und abge-spreizten Bauchflossen ab. Fische in ihrer Reichweite töten die etwa 2,5 Meter langen Tiere mit schnellen Schlägen des Schwert-fortsatzes ihres Kiefers.

10

Wanderfalken sind weltweit verbreitet. Sie jagen kleine bis mittelgroße Vögel im Sturz-flug. Dazu lassen sie sich aus großer Höhe fallen und erreichen bis zu 290 km/h. Ihre Beute hat keine Zeit aus-zuweichen und stirbt meist bereits durch den Aufprall.

11

Gazellen leben in der afrika-nischen Steppe in Herden aus 10 bis mehreren 1 000 Tieren. Die Pflanzenfresser sind die bevorzugte Beute von Leo-parden und Geparden. Auf der Flucht können Gazellen Spitzengeschwindigkeiten bis zu 80 km/h erreichen.

Kraft und Bewegung

1 Schlittenfahren macht Spaß!

Sebastian fährt auf seinem Schlitten einen Berg hinunter. Er wird immer schneller. Erst dort, wo es nicht mehr bergab geht, wird der Schlitten lang-
5 samer und bleibt schließlich stehen. Wie kommt es zu diesen Geschwindig-keitsänderungen?

2 Elfmeter – gehalten!

Kraft • Im Alltag wird der Begriff Kraft in unterschiedlichen Zusammenhän-
10 gen verwendet. Ein Augenarzt spricht von Sehkraft, die Werbung hebt die Waschkraft eines Waschmittels hervor, eine Zeitung berichtet von der Über-zeugungskraft eines Redners.
15 In der Physik versteht man unter Kraft etwas anderes. Physikalische Kräfte er-kennt man an den Wirkungen, die sie hervorrufen. Wird ein Körper schneller oder langsamer oder ändert er seine
20 Richtung, dann wirkt auf ihn eine Kraft. Das Wirken einer Kraft kann auch zur Formänderung eines Körpers führen. Wenn ein Fußballspieler ein Tor schie-ßen möchte, muss er eine Kraft auf den
25 Ball ausüben, um ihn zu beschleuni-gen. Wenn der Torwart den Ball halten will, muss er eine Kraft auf ihn aus-üben, um ihn abzubremsen. Diese Kraft führt auch oft dazu, dass der Ball in
30 eine andere Richtung fliegt. ➔ 2

Verschiedene Kräfte • Die Kraft, die einen Schlitten schneller werden lässt, wird als Erdanziehungskraft bezeichnet. Durch die Reibungskraft zwischen
35 den Kufen und dem Schnee wird der Schlitten gebremst. ➜ 1
Beim Dehnen eines Expanders wirkt Muskelkraft auf den Gummi. Dieser ändert seine Form, er wird länger. ➜ 3
40 Beim Billard wird mit dem Spielstock, dem sogenannten Queue, eine Stoßkraft so auf die weiße Spielkugel ausgeübt, dass diese ihrerseits eine farbige Kugel anstößt und dadurch in eines
45 der Tischlöcher befördert. ➜ 4
Ein Magnet übt eine Kraft auf die vorbeirollende Stahlkugel aus. Diese wird durch die Magnetkraft angezogen und rollt auf einer gekrümmten Bahn. ➜ 5

> Physikalische Kräfte können die Form oder den Bewegungszustand eines Körpers ändern. Sie können den Körper schneller oder langsamer werden lassen oder die Bewegungsrichtung des Körpers verändern.

3 Sarah dehnt einen Expander.

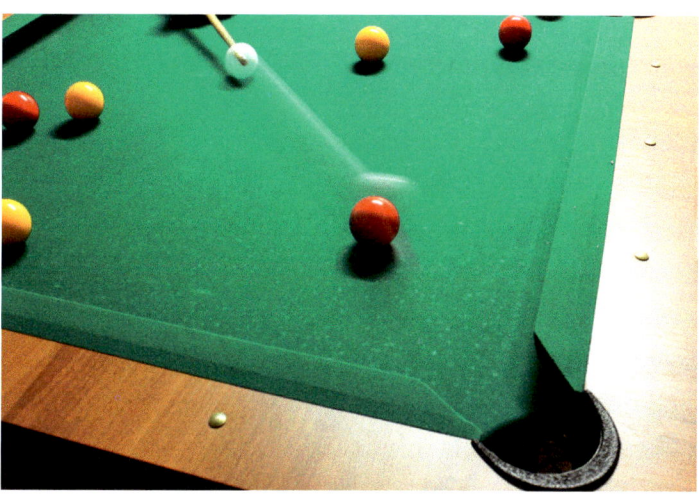

4 Der Queue stößt gegen die weiße Kugel, die dann gegen die rote stößt.

Aufgaben

1 ○ Nenne drei Beispiele für eine Bewegungsänderung durch das Wirken einer Kraft.

2 ◐ Beschreibe, wie durch Krafteinwirkung eine Formänderung eines Körpers hervorgerufen wird.

3 ● Erkläre, warum die Sehkraft keine physikalische Kraft ist.

5 Der Magnet übt eine Kraft auf die Kugel aus.

Kraft und Bewegung

Material A

Kraft

1 ☐ Entscheide, bei welchen der folgenden Beispiele es sich um physikalische Kräfte handelt.

2 ◐ Begründe jeweils deine Entscheidung.

- Willenskraft
- Erdanziehungskraft
- Reinigungskraft
- Schaffenskraft
- Muskelkraft
- Reibungskraft
- Federspannkraft
- Leuchtkraft
- Beschleunigungskraft
- Windkraft
- Wasserkraft
- Vorstellungskraft
- Kernkraft
- Zauberkraft

1 Muskelkraft

Material B

Wirkungen von Kräften

Die Bilder 2–9 zeigen verschiedene Situationen, in denen Kräfte wirken.

1 ☐ Beschreibe die Wirkungen der Kräfte.

2 Hufeisenmagnet

3 Bogenschießen

4 Turmspringer

5 Anschieben eines Autos

6 Start beim Sprint

7 Boxhieb

8 Crashtest mit Auto

9 Kopfball beim Fußball

Kraft und Geschwindigkeit

Materialliste: Spielzeugauto, 1 m Bindfaden, Massestücke (Wägestücke oder Knete)

1 Befestige den Bindfaden an der Vorderachse des Autos und stelle das Auto auf den Tisch. Knote am anderen Ende des Fadens eine Schlaufe.

2 Hänge ein Massestück an die Schlaufe und lass es am Faden über die Tischkante hängen.

3 ○ Beschreibe, welche Bewegungsänderungen du beim Auto beobachten kannst.

4 Wiederhole das Experiment mit verschieden großen Massestücken.

○ Beschreibe deine Beobachtungen.

5 ● Erkläre, wodurch die Bewegungsänderung jeweils hervorgerufen wird.

10 So baust du das Experiment auf.

Kraft und Richtungsänderung

Materialliste: Tischtennisball, Haartrockner, 1 m langes Brett, Bauklötze

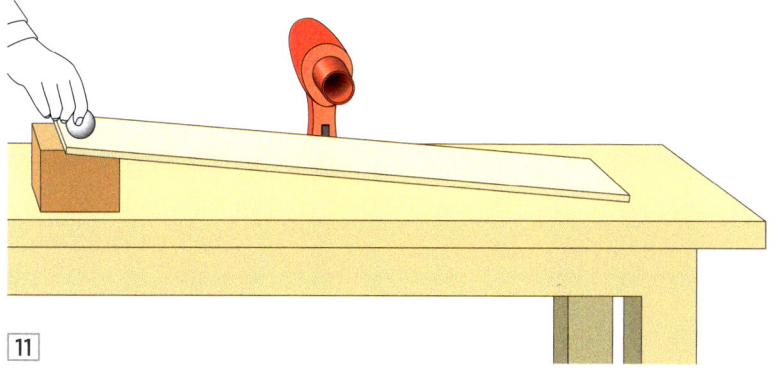

11

1 Lege das eine Ende des Brettes auf einen Bauklotz. Lass den Tischtennisball hinunterrollen.

○ Beschreibe die Bewegung des Tischtennisballs.

2 Lege den Haartrockner so auf den Tisch, dass sein Luftstrom senkrecht auf die Bahn des Balles treffen wird. Schalte den Haartrockner ein und lass den Ball wieder hinunterrollen. → 11

○ Beschreibe erneut die Bewegung des Tischtennisballs.

3 ● Erkläre, wodurch die Bewegungsänderung im zweiten Versuch hervorgerufen wird.

Was ist eigentlich Energie?

1 Energie kann man nicht direkt sehen. Man kann aber aus Vorgängen schließen, dass Energie im Spiel ist.

2 Höhenenergie

3 Bewegungs-
energie

4 Spannenergie

**Energie ist in aller Munde: Energie-
sparen, Energiewende, Energiever-
schwendung. Was aber ist eigentlich
Energie?**

5 **Energieformen •** Es lässt sich gar nicht
so einfach erklären, was Energie ist.
Man kann sie nicht sehen, hören oder
schmecken. Als erste Annäherung
sollte man wissen, dass Energie in ver-
10 schiedenen Formen auftreten kann:
• Wenn man unter einem schweren
Stein steht, der einem auf dem Kopf
zu fallen droht, ahnt man, dass im
Stein Energie gespeichert ist. → 2
15 • Der Stein kann auch auf eine andere
Art Energie besitzen, als in der Höhe
gelagert zu sein. Wenn er sich auf
einen zubewegt, hat er Bewegungsenergie. → 3
20 • Eine weitere Form der Energie ist
die Spannenergie. Diese kann beispielsweise in einem gespannten
Bogen stecken. → 4

Energieumwandlung • Die verschie-
25 denen Energieformen sind ineinander
umwandelbar. Wenn z. B. ein Stein
herunterfällt, wandelt sich seine
Höhenenergie in Bewegungsenergie
um.

30 **Energie verschwindet nicht •** Wenn ein
Stein nach dem Aufschlag am Boden
liegt, so ist die Energie scheinbar
verschwunden. Aber nur scheinbar!
Wenn man nämlich die Aufschlag-
35 stelle mit einer Wärmebildkamera
filmt, kann man sehen, dass sich der
Boden erwärmt hat. Die Bewegungsenergie wurde also in Wärmeenergie
umgewandelt.

40 **Wärme •** Lange waren sich Forscher
nicht sicher, aber heute weiß man,
dass Wärme kein Stoff, sondern eine
Energieform ist. Ein fallender Stein hat
also zunächst Höhenenergie, die sich
45 dann in Bewegungsenergie umwan-

delt. Diese Bewegungsenergie wiederum wandelt sich beim Aufschlag in Wärmeenergie um.

Energiespeicherung • Man kann Energie
50 auch speichern. Dazu eignen sich die verschiedenen Energieformen unterschiedlich gut. Wärme ist eine Energieform, die sich nur sehr schlecht speichern lässt: Wenn man heißes Wasser
55 in einem Becher aufbewahrt, ist es nach einer Stunde wieder kalt. Auch eine Thermoskanne kann die Abkühlung nicht sehr lange verhindern. Nach einem Tag ist auch darin der heiße Tee
60 kalt geworden.
Sehr gut lässt sich Energie dagegen in Form von Höhenenergie speichern. Wenn etwas in der Höhe liegt, kann es dort jahrelang bleiben und mit ihm die
65 gespeicherte Energie. Beispielsweise ist in hoch gelegenen Stauseen sehr viel Energie gespeichert. ➔ 6

Weitere Energieformen • Es gibt noch andere Energiearten als die hier vor-
70 gestellten Formen. Weitere wichtige Energieformen sind die chemische Energie, die wir aus der Nahrung aufnehmen, und die elektrische Energie, mit der wir beispielsweise heizen und
75 Licht erzeugen.

> Energie tritt in verschiedenen Formen auf, z. B. als Höhen-, Bewegungs- oder Spannenergie. Auch Wärme ist eine Energieform. Die einzelnen Energieformen sind ineinander umwandelbar. Energie kann gespeichert werden.

5 | Hier wird Bewegungsenergie in Spannenergie umgewandelt.

6 | Ein Stausee speichert große Mengen Energie.

Aufgaben

1 ○ Nenne drei Energieformen und überlege dir jeweils ein Beispiel aus dem Alltag, wo diese Form auftritt.

2 ◐ Erläutere, welche Energieformen bei den rennenden Pferden in Bild 1 auftreten.

3 ● Nenne die Energieformen, die bei einem Tennisspiel auftreten.

Was ist eigentlich Energie?

1 Auf dem Skihang ist viel los!

Energieformen

Auf dem Bild kann man viele verschiedene Energieformen erkennen.

1 ○ Übertrage die Tabelle in dein Heft und fülle sie aus.

Energieform	Zu finden in
Höhenenergie	A3
Spannenergie	...
...	...
...	...
...	...
...	...

2 ◐ Gib für drei der von dir entdeckten Energieformen an, in welche Energieform sie umgewandelt werden.

3 ● Erläutere, was aus der elektrischen Energie wird, die den Skilift antreibt.

Material B

2 Alltagsgegenstände mit Energiespeicher

Energiespeicher

In vielen Alltagsgegenständen wird Energie gespeichert.

1 ○ Lege eine Mind-Map an: Trage dort die verschiedenen Energieformen und die Beispiele von Bild 2 ein. → 3

2 ◓ Ergänze die Mind-Map mit weiteren Gegenständen aus deinem Alltag, die ebenfalls Energie gespeichert haben.

3 ◓ Bewerte die Energiespeicher danach, wie gut sich die in ihnen enthaltene Energie speichern lässt.

3 Beginn einer Mind-Map

Material C

Wasser durch Schütteln erwärmen

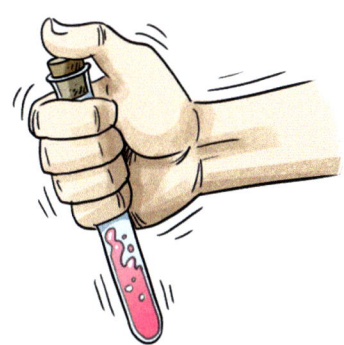

4 Wasser wird warmgeschüttelt.

Fülle 5 mL Wasser in ein Reagenzglas mit Stopfen und miss die Temperatur. Schüttle das Reagenzglas für 30 s heftig auf und ab und miss erneut die Temperatur. Wiederhole den Versuch noch zweimal: einmal mit 60 s und einmal mit 90 s Schütteln.

1 ○ Berechne jeweils, um wie viel Grad sich das Wasser erwärmt hat.

2 ◓ Aus welcher Energieform wurde die hinzugekommene Wärmeenergie umgewandelt?

3 ● Erstelle ein Diagramm (x-Achse: Dauer des Schüttelns; y-Achse: Temperatur). Versuche das Diagramm über die 90 s hinaus fortzuführen. Wie lange müsste man schütteln, um 43 °C zu erreichen?

Energie für dich

1 „Energie-Tankstelle" bei einem Langstreckenlauf

Bananen werden gerne den Langstreckenläufern angeboten. Doch wieso muss man während des Laufens essen?

5 **Energie aufnehmen und nutzen ·** Warst du schon einmal richtig „ausgepowert" nach dem Sport? Dann hat dein Körper viel Energie für seine Bewegung gebraucht. Die Muskelzellen haben 10 chemische Energie aus der Nahrung in Bewegungsenergie umgewandelt. → 2 Selbst bei größter körperlicher Anstrengung wird höchstens ein Viertel der zugeführten Energie in Be- 15 wegungsenergie umgewandelt. Neben den Muskeln brauchen auch die Leber, die Nieren und die anderen Organe Energie. → 3 Der Körper wandelt außerdem viel Energie in Wärme- 20 energie um, um die Körpertemperatur von 37 °C zu halten.

Energie von der Sonne · Mithilfe der Sonnenenergie bilden Pflanzen energiereiche Stoffe, die in den Pflanzen- 25 teilen gespeichert werden. Diese energiereichen Stoffe nehmen wir über die Nahrung auf und wandeln sie z. B. in Bewegungsenergie oder in Wärmeenergie um. Energie geht also nie ver- 30 loren, sondern wird nur von einer Form in eine andere umgewandelt.

Energie in der Nahrung · Der Energiegehalt von Lebensmitteln wird mit den Maßeinheiten Joule oder Kalorie, 35 ihr Nährwert meist in den größeren Einheiten Kilojoule (kJ) oder Kilokalorie (kcal) angegeben. Eine Kalorie entspricht etwa 4 Joule (1 kcal = 4 kJ).

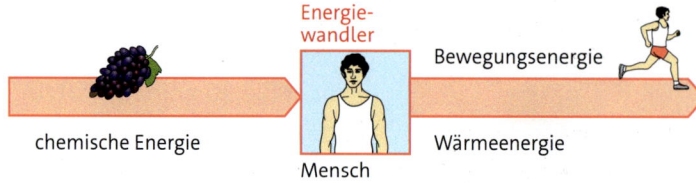

2 Der Mensch als Energiewandler

Die Nährstoffe in der Nahrung enthalten unterschiedlich viel chemische
Energie. Ein Gramm Kohlenhydrate
oder ein Gramm Eiweiß liefern dem
Körper 17 kJ oder 4 kcal. Ein Gramm Fett
jedoch enthält 38 kJ oder 9 kcal. Fette
sind also energiereicher als Kohlenhydrate und Eiweiße, man sagt, ihr
Brennwert ist höher.

Grundumsatz • Auch in völliger Ruhe,
z. B. im Schlaf, braucht der Körper Energie, um Lebensvorgänge wie Herz-
schlag, Atmung und Körpertemperatur
aufrechtzuerhalten. Die dafür benötigte Energiemenge nennt man Grundumsatz. Ein 50 Kilogramm schwerer
Mensch hat einen Grundumsatz von
etwa 5000 kJ oder 1200 kcal pro Tag.

Leistungsumsatz • Bei körperlicher
und geistiger Aktivität erhöht sich der
Energiebedarf der Körperzellen. Um
beispielsweise eine halbe Stunde zu
schwimmen, werden 1300 kJ oder
320 kcal gebraucht. Die zusätzlich zum
Grundumsatz benötigte Energiemenge
wird als Leistungsumsatz bezeichnet.

„Energiepolster" • Ist die Energieaufnahme aus der Nahrung höher als
Grund- und Leistungsumsatz zusammen, nimmt man zu. Der Körper erhält
mehr Energie als nötig. Er speichert die
überflüssige Energie in Fettgewebe.

Unser Körper nimmt chemische
Energie mit der Nahrung auf und
wandelt sie je nach Bedarf in andere
Energieformen um.

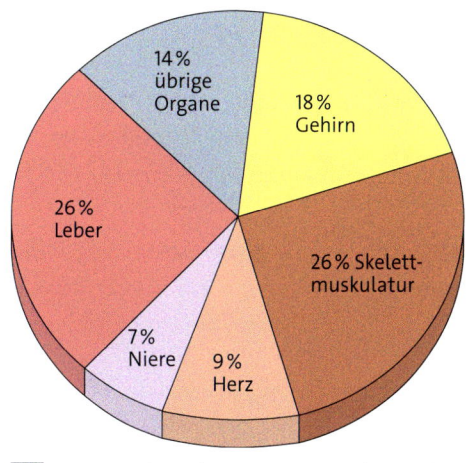

3 So verteilt sich unser Energiebedarf.

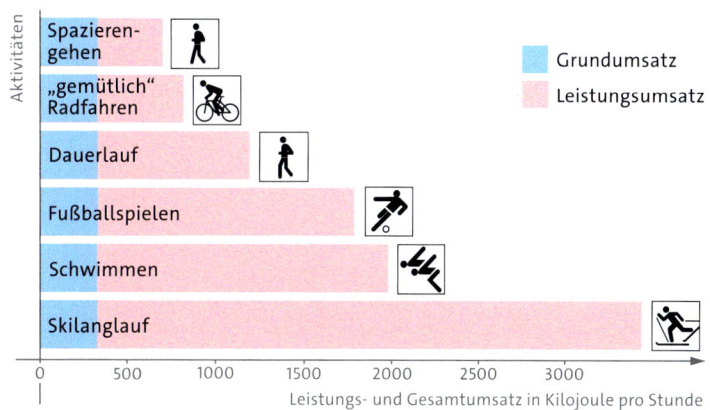

4 Grund- und Leistungsumsatz bei verschiedenen Tätigkeiten

Aufgaben

1 ○ Gib an, woher die Banane ihre
Energie bekommt.

2 ○ Lies aus dem Diagramm ab,
welche Teile deines Körpers die
meiste Energie benötigen. → **3**

3 ◐ Erkläre, warum du nach dem
Aufwachen Hunger hast, obwohl du
dich nachts kaum bewegt hast.

Energie für dich

Material A

Alles Banane!

1 ⚪ Sortiere die beiden Tabellen in deinem Heft:

a Beginne mit der Bewegung, die am meisten Energie braucht. ➔ 1

b Beginne mit dem Nahrungsmittel, in dem am meisten Energie steckt. ➔ 2

2 🌑 Berechne, wie viele Bananen ein Jogger für 5 Stunden Laufen essen müsste. ➔ 1

3 🌑 Paul hat eine Currywurst gegessen. Er sagt: „Ich fahre mit dem Rad 10 Minuten zur Schule – da verbrauche ich die Energie wieder."
Rechne nach, ob Paul recht hat. ➔ 1 2

Bewegung	Energie für 1 Stunde Bewegung in:
Radfahren (gemütlich)	3,0 Bananen
Skilanglauf	9,5 Bananen
Stehen	0,3 Bananen
Joggen	6,5 Bananen
Fußballspielen	7,5 Bananen
Sitzen	0,2 Bananen
Tennisspielen	4,0 Bananen
Bergsteigen	12,0 Bananen
Schwimmen	4,5 Bananen
Gymnastik	3,0 Bananen
Spazierengehen	1,0 Bananen

1 Energie für verschiedene Bewegungen

Nahrungsmittel	Genauso viel Energie wie in:
Müsliriegel	1,0 Bananen
Hamburger	2,5 Bananen
kleiner Apfel (100 Gramm)	0,5 Bananen
Chips (100 Gramm)	5,5 Bananen
Softeis (100 Gramm)	1,5 Bananen
Schokolade (100 Gramm)	6,0 Bananen
Joghurt (150 Gramm, natur)	1,0 Bananen
Pommes frites (100 Gramm)	3,0 Bananen
Vollmilch (0,25 Liter)	1,5 Bananen
Currywurst	6,0 Bananen
Cola (0,25 Liter)	1,5 Bananen

2 Energie in verschiedenen Nahrungsmitteln

Material B

Atem- und Pulsfrequenz

1 Setze dich ruhig auf einen Stuhl. Ertaste nach 5 Minuten deinen Puls am Handgelenk oder am Hals.
⚪ Zähle deine Herzschläge pro Minute und notiere sie.

2 ⚪ Zähle deine Atemzüge pro Minute. Notiere sie ebenfalls.

3 ⚪ Miss nun Puls und Atemzüge nach körperlicher Belastung, z. B. nach 20 Kniebeugen, und notiere wieder die Ergebnisse.

4 ⚫ Vergleiche die Ruhe- und Belastungswerte und begründe die festgestellten Unterschiede.

3 Pulsmessen an der Halsschlagader

Brennstoffe aus Pflanzen

4 Biogasanlage im Comic und ...

5 ... in der Landwirtschaft

Pflanzen dienen uns nicht nur als Nahrung, sondern auch zur Brennstoffherstellung.

Holzpellets • Sie werden aus Sägespänen und Holzresten gepresst. Heizungen mit Pellets
5 gelten als umweltschonende Alternative zum Heizen mit Erdöl und Erdgas. ➔ 6
Holz wächst immer wieder nach.

Biogas • Wenn Pflanzen- oder Tierreste ohne Luft verrotten, entsteht Biogas. In Biogasan-
10 lagen wird es in großen Mengen hergestellt.
➔ 5

Biotreibstoffe • Aus Raps, Mais und Zucker-rüben lassen sich Treibstoffe (Biodiesel, Bio-ethanol) für Motoren gewinnen. Damit spart
15 man kostbares Erdöl. Die Pflanzen können immer wieder neu angebaut werden. Sie brauchen aber viel Dünger und Pflanzen-schutzmittel. Wo Pflanzen für die Treibstoff-gewinnung wachsen, können nicht gleich-
20 zeitig Pflanzen für die Ernährung wachsen.

> Beim Verbrennen von Holz, Biogas und Biotreibstoffen wird chemische Energie in thermische Energie umgewandelt. Damit kann man Heizen, Motoren antreiben, elektrische Energie erzeugen ...

Aufgaben

1 ◯ Beschreibe die Energieumwandlung beim Verbrennen von Holz in einem Ofen.

2 ◯ Nenne Pflanzen, aus denen Biotreib-stoffe gewonnen werden.

3 ◯ Achte auf die Zapfsäulen, wenn du mit deinen Eltern zur Tankstelle fährst. Wo wird Biotreibstoff angeboten? Notiere es dir.

6 Holzpellets

Knochen bilden das Skelett

1 Turnerin am Schwebebalken

Beim Turnen wird der Körper oft stark belastet. Er wird dabei von einem Gerüst aus Knochen gestützt. Wie ist dieses Gerüst aufgebaut?

5 **Das Skelett** • Im menschlichen Körper bilden über 200 Knochen ein Knochengerüst, das Skelett. Es besteht aus röhrenförmigen und plattenförmigen Knochen. Die langen Röhrenknochen 10 stützen den Körper. Die Plattenknochen schützen die inneren Organe. Der Schädel wird als Kopfskelett bezeichnet. Die Arm- und Beinknochen bilden das Gliedmaßenskelett. Zum Rumpf-15 skelett gehören die Wirbelsäule, der Brustkorb, der Schultergürtel und der Beckengürtel. → 3

Der Aufbau von Knochen • Die Knochen eines heranwachsenden Embryos sind 20 noch sehr biegsam. Sie bestehen vor allem aus elastischem Knorpel. Im Laufe des Wachstums werden Kalk und andere Mineralstoffe in den Knochen eingelagert. Der Knorpel wird dabei 25 zum Großteil durch den härteren Knochenkalk ersetzt. Der Knochen wird dadurch härter und belastbarer.

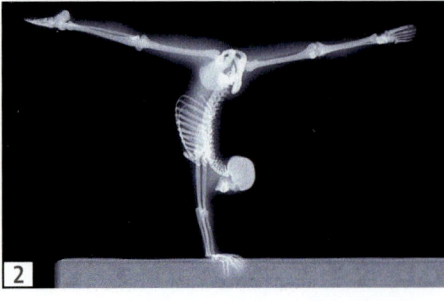

2

Kopfskelett • Der Schädel ist aus einzelnen plattenförmigen Knochen zusammengesetzt. Diese können bis zu sechs Millimeter dick sein. Sie sind wie die Teile eines Puzzles miteinander verzahnt. Wie ein Helm umgibt der Schädel das Gehirn. Die Schädelplatten schützen das Gehirn vor Verletzungen. Nur der Unterkiefer ist als einziger Knochen mit dem Schädel beweglich verbunden. Erst dies ermöglicht ein Kauen der Nahrung mit den Zähnen.

Rumpfskelett • Die aus vielen einzelnen Knochen bestehende Wirbelsäule trägt den Schädel und stützt den Körper. 12 Rippenpaare bilden den Brustkorb. Sie sind hinten mit der Wirbelsäule und vorn mit dem Brustbein beweglich verbunden. Die Rippen schützen die empfindliche Lunge und das Herz und zusammen mit dem Becken auch die inneren Organe des Bauchraums.

Gliedmaßenskelett • Schulterblatt und Beckenknochen verbinden den Rumpf mit den beweglich verbundenen Arm- und Beinknochen. Sie ähneln sich in ihrem Aufbau und bestehen überwiegend aus langen, belastbaren Röhrenknochen. Das Beinskelett trägt das ganze Gewicht des Körpers. Diese Belastung erfordert besonders stabile Knochen.

> Das Skelett ist das bewegliche Gerüst unseres Körpers. Schädel, Brustkorb und Beckengürtel schützen die inneren Organe.

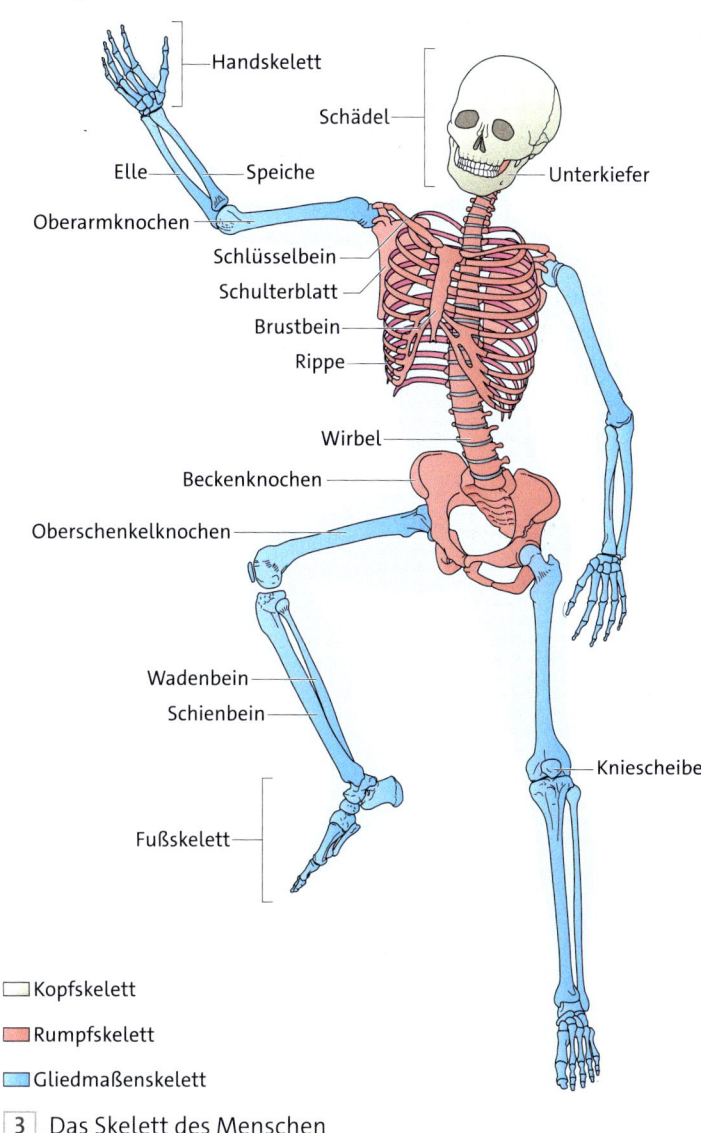

Handskelett
Schädel
Elle
Speiche
Unterkiefer
Oberarmknochen
Schlüsselbein
Schulterblatt
Brustbein
Rippe
Wirbel
Beckenknochen
Oberschenkelknochen
Wadenbein
Schienbein
Kniescheibe
Fußskelett

☐ Kopfskelett
■ Rumpfskelett
■ Gliedmaßenskelett

3 Das Skelett des Menschen

Aufgaben

1 ○ Beschreibe den Aufbau des menschlichen Skeletts.

2 ◗ Vergleiche die Arm- und die Beinknochen miteinander. Nenne Gemeinsamkeiten und Unterschiede.

105

Knochen bilden das Skelett

Wie steht's mit dem Gleichgewicht?

1 Lege beim Gehen deine Arme ganz eng an den Körper. Gehe so auf einer Linie.
○ Beschreibe deine Empfindungen beim Gehen. → 1

2 Stelle dich seitlich so an eine Wand, dass deine Schulter und dein Bein sie berühren. Versuche möglichst lange den anderen Fuß wegzuheben, ohne umzukippen. → 2
○ Notiere deine Beobachtungen.

3 Schließe deine Augen. Versuche möglichst lange auf einem Fuß zu stehen.
○ Beschreibe, welche Probleme du dabei hast. → 3

4 🖊 Suche nach Erklärungen für deine Erfahrungen.

1

2

3

Knochenform

Materialliste: DIN-A4-Papier, Bindfaden, mehrere Massestücke (50 g)

1 Falte und rolle aus je einem Blatt Papier die Knochenmodelle in Bild 4. Knote aus dem Bindfaden zwei Schlaufen und schiebe jeweils eine auf ein Knochenmodell. Lege die Modelle jeweils auf zwei Stuhllehnen. Belaste beide mit Massestücken, bis das Papier einknickt. → 4
○ Beschreibe deine Beobachtungen.

2 ○ Ordne den beiden Modellen jeweils die entsprechende Knochenart im menschlichen Skelett zu.

3 🖊 Begründe, warum sich als Oberschenkelknochen des Menschen nur ein Röhrenknochen eignet.

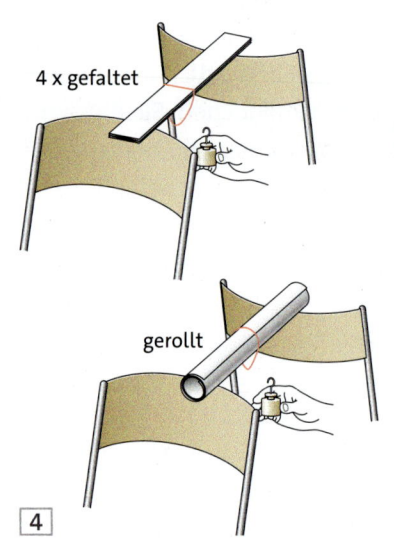
4 x gefaltet

gerollt

4

Material C

Fußgewölbe

Die Füße tragen bei aufrechter Haltung das ganze Körpergewicht. Das Fußskelett hat eine nach oben gewölbte Form. Diese besondere Form wird als Fußgewölbe bezeichnet.

Materialliste: DIN-A4-Tonpapier, 2 Bücher, ein Massestück (50 g)

1 ○ Beschreibe den Aufbau des Fußskeletts. → 5

2 ◐ Beschreibe die Gewichtsverteilung am Fußskelett. → 5

3 ○ Vergleiche die beiden Modelle mit dem Aufbau des Fußskeletts. → 6

4 ○ Führe den abgebildeten Versuch durch. Beschreibe deine Beobachtungen. → 6

5 ● Begründe mithilfe deiner Beobachtung die Form des Fußgewölbes.

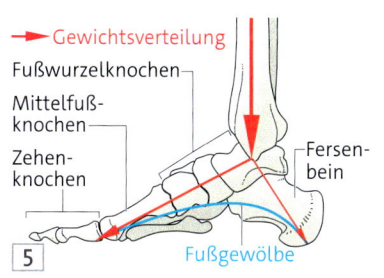

Gewichtsverteilung
Fußwurzelknochen
Mittelfußknochen
Zehenknochen
Fersenbein
5   Fußgewölbe

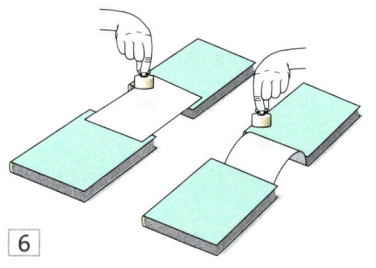

6

Material D

Belastung des Fußskeletts

Ein gesundes Fußgewölbe kann beim Gehen, Laufen und Springen bereits einen Teil der Erschütterungen abfedern.

1 ○ Vergleiche die beiden abgebildeten Fußabdrücke. → 7 8

2 ◐ Begründe, welche Auswirkungen z. B. Übergewicht auf das Fußskelett haben kann. → 8

3 ● Erkläre den Nachteil eines Senkfußes beim Gehen, Laufen und Springen. → 7 8

4 ● Stelle eine Vermutung an, welche möglichen langfristigen Auswirkungen High Heels auf die Gelenke und Knochen des Mittelfußes haben können. → 9

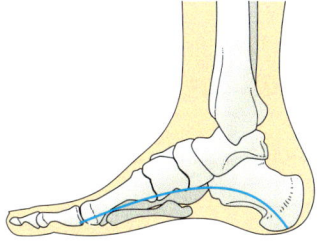

7 Normalfuß

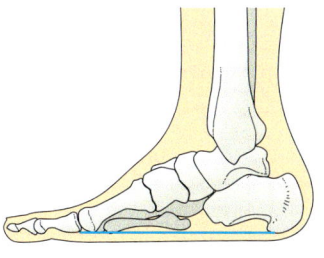

8 Senkfuß

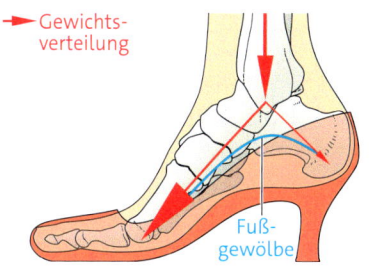

Gewichtsverteilung
Fußgewölbe
9 Belastung in High Heels

Die Wirbelsäule – eine bewegliche Stütze

1 Eine Akrobatin

In einer Show zeigt eine geübte Akrobatin sehr beindruckende Showeinlagen. Sie kann ihre Wirbelsäule so weit biegen, dass die Füße über den Kopf
5 ragen. Wie ist die Wirbelsäule gebaut, dass sie die Übung vorführen kann?

Form und Aufgabe der Wirbelsäule • Von der Seite betrachtet ist die Wirbelsäule wie ein doppeltes S geformt.
10 → 2 Diese besondere Form ermöglicht den aufrechten Gang. Die Wirbelsäule besteht aus einzelnen Wirbelknochen, den Wirbeln. Zwischen ihnen liegen Bandscheiben aus Knorpel.
15 Dadurch kann die Wirbelsäule Erschütterungen abfedern. Die Bandscheiben wirken zusätzlich als Stoßdämpfer. Sie verhindern auch, dass die Wirbelknochen aneinanderreiben. Alle Wirbel
20 zusammen bilden einen Kanal, in dem das Rückenmark verläuft. Es enthält viele Nerven, die das Gehirn mit allen Körperteilen verbindet.

Gliederung der Wirbelsäule • Die Wir-
25 bel werden nach ihrer Lage im Körper unterschieden. Es gibt sieben Hals-, zwölf Brust- und fünf Lendenwirbel. Die bewegliche Verbindung der Wirbel und die Bandscheiben ermöglichen es
30 der Akrobatin, sich so extrem zu verbiegen. → 1 Die Kreuzbeinwirbel und die Steißbeinwirbel sind dagegen fest miteinander verwachsen. Sie bilden das Kreuzbein und das Steißbein.

> Die Wirbelsäule ist die bewegliche Stütze des Körpers. Sie gliedert sich in Hals-, Brust- und Lendenwirbelsäule sowie Kreuz- und Steißbein.

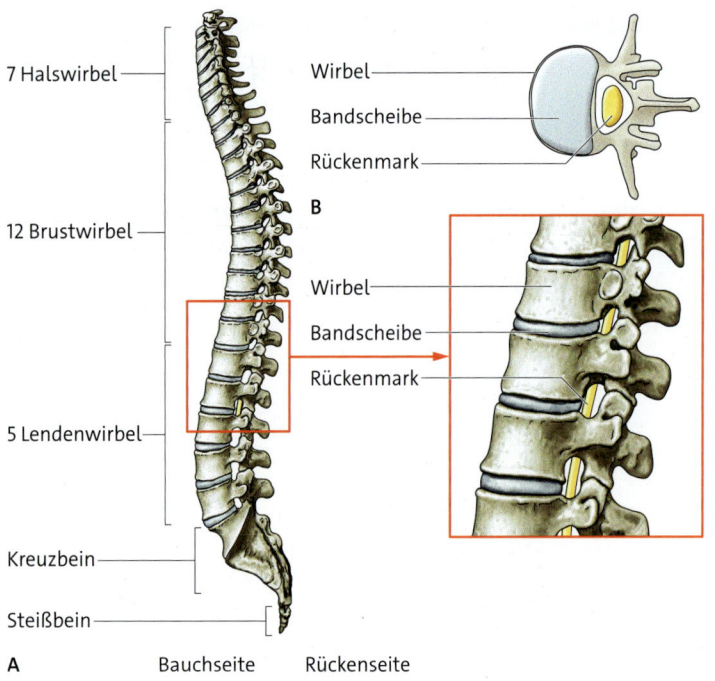

7 Halswirbel

12 Brustwirbel

5 Lendenwirbel

Kreuzbein

Steißbein

Wirbel
Bandscheibe
Rückenmark
B

Wirbel
Bandscheibe
Rückenmark

A   Bauchseite   Rückenseite
2 Wirbelsäule: **A** Seitenansicht, **B** Aufsicht auf einen Wirbel

Aufgabe

1 ○ Beschreibe Form, Aufbau und Gliederung der Wirbelsäule.

Material A

Ursachen für Rückenschmerzen

Rückenschmerzen können entstehen, wenn man die Wirbelsäule falsch oder zu stark belastet, lange sitzt und sich zu
wenig bewegt.

1 Richtiges Sitzen ist wichtig.
a ○ Beschreibe die richtige
Sitzhaltung und probiere sie
aus. → 3
b ◐ Vergleiche die jeweilige
Belastung der Bandschei-
ben. → 3

c ◐ Begründe die Entstehung
von Rückenschmerzen
durch dauerhaft falsches
Sitzen.

2 Richtiges Bücken und Heben
schont den Rücken.
◐ Beschreibe die jeweilige
Belastung der Bandschei-
ben in den Bildern 4 und 5
und übe den richtigen Be-
wegungsablauf.

3 Haltungsschäden entstehen
durch falsches Tragen.

a ◐ Beschreibe Bild 6 und
übe das richtige Tragen der
Tasche. Achte darauf, dass
die Schulterriemen straff
gezogen sind.
b ● Durch richtiges Tragen
der Tasche auf dem Rücken
kannst du Verformungen
der Wirbelsäule vermeiden.
Begründe diese Aussage.

4 ◐ Fasse zusammen, wie
Rückenschmerzen entste-
hen können.

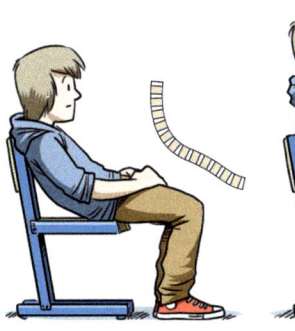
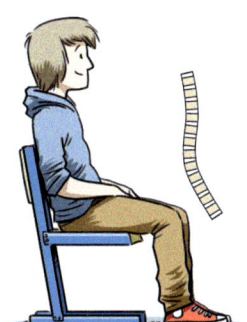

3 Richtiges Sitzen

4 Richtiges Bücken

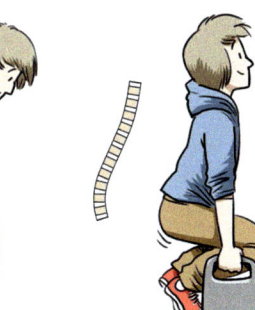

5 Richtiges Heben

6 Richtiges Tragen

Die Wirbelsäule – eine bewegliche Stütze

Die Wirbelsäule im Modell

Modelle sind Nachbildungen der Wirklichkeit. Sie können helfen, diese anschaulich zu machen und damit besser zu verstehen. Nur die wichtigsten Merkmale werden in einem Modell berücksichtigt. Bei der Wirbelsäule ist dies der Aufbau aus Wirbeln und Bandscheiben. Alle dargestellten Wirbelsäulenmodelle sind Funktionsmodelle. Sie können helfen, Zusammenhänge zwischen dem Bau und der Funktion der Wirbelsäule zu verdeutlichen. Dagegen stellen Strukturmodelle, wie zum Beispiel ein Skelettmodell, den genauen Aufbau des Knochengerüsts dar.

Folgende schrittweise Vorgehensweise hat sich bei der Arbeit mit einem Modell bewährt:

1. Formulierung einer Ausgangsfrage Lege fest, was gezeigt werden soll. Überlege dir eine Fragestellung.
Beispiel: Warum ist die Wirbelsäule so biegsam?

2. Herstellung des Modells Fertige Funktionsmodelle der Wirbelsäule an. Nutze dafür zum Beispiel Schaumstoff und Pappscheiben. Beachte bei der Herstellung, dass das Modell deine Ausgangsfrage beantwortet.

3. Einsatz des Modells im Rahmen von Versuchen. Beobachte und notiere deine Ergebnisse.

4. Vergleich der Wirklichkeit mit dem Modell Überlege, was an dem Modell mit der Wirklichkeit übereinstimmt und worin es sich davon unterscheidet.

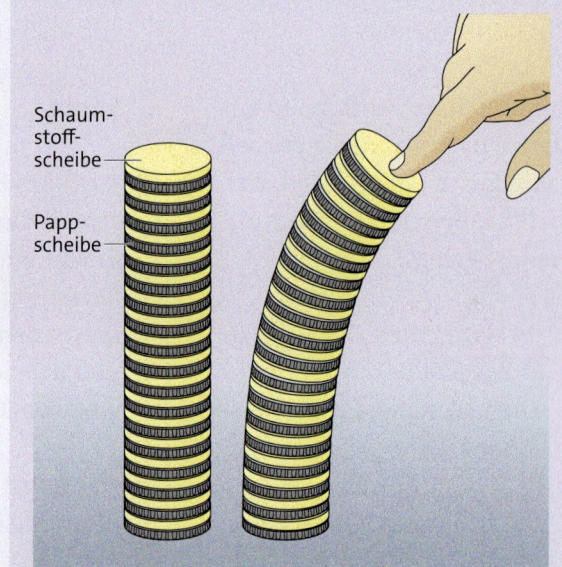

Schaum-
stoff-
scheibe

Papp-
scheibe

Bei diesem Modell der Wirbelsäule wurden abwechselnd feste Pappscheiben und sehr elastische Schaumstoffscheiben durch Klebstoff miteinander verbunden. Das Modell kann entweder von oben belastet oder auch zur Seite gekrümmt werden.

1 Modell zur Beweglichkeit der Wirbelsäule

Aufgaben

1 ○ Ordne die Pappscheiben und die Schaumstoffscheiben den entsprechenden Teilen der Wirbelsäule zu. → 1

2 ◐ Formuliere mögliche Fragestellungen, die mit diesem Modell geklärt werden können. → 1

3 ◐ Vergleiche Modell und Wirklichkeit miteinander. → 1

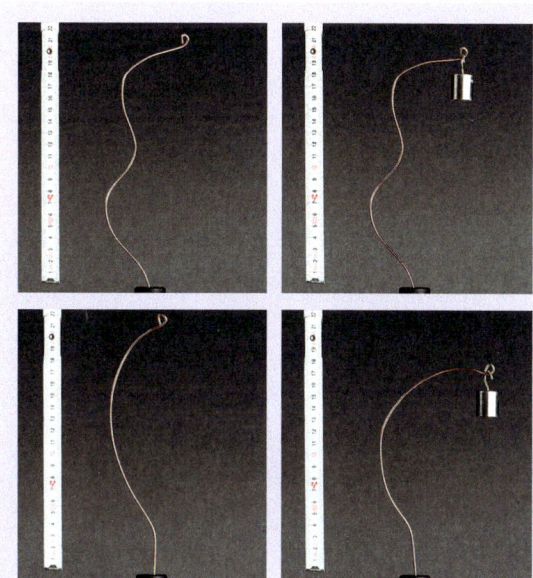

Die Wirbelsäule ist die stabile und bewegliche Stütze deines Körpers. Sie ist doppelt S-förmig gekrümmt. Das zweite Modell ist C-förmig gebogen. An die beiden Modelle aus Draht wurde jeweils ein Massestück von 50 g gehängt.

2 Modelle zur Belastbarkeit der Wirbelsäule

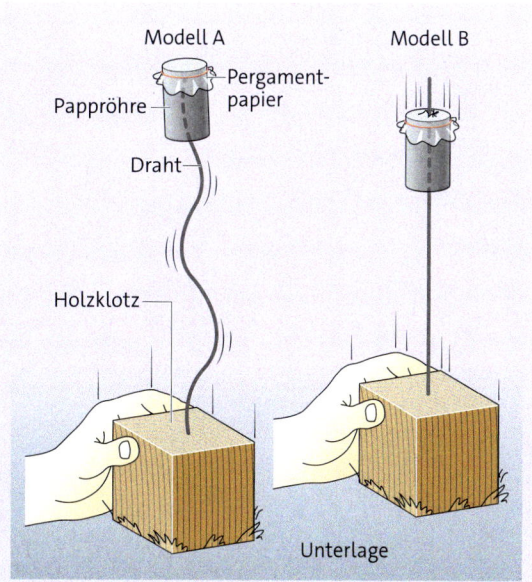

Über ein gekrümmtes und ein gerades Drahtmodell wurde eine mit einem dünnen Pergamentpapier verschlossene Röhre geklebt. Werden beide Modelle senkrecht auf eine Unterlage gestoßen, wird bei Modell B das Papier vom Draht durchstoßen.

3 Modell zur Federwirkung der Wirbelsäule

4 ○ Mit den beiden Drahtmodellen kann eine bestimmte Frage beantwortet werden. Formuliere diese Frage. → 2

5 ◖ Deute die Versuchsbeobachtungen und beschreibe, welchen Vorteil die Doppel-S-Form hat. → 2

6 ◖ Nenne die Merkmale der Wirbelsäule, die die beiden Drahtmodelle nicht zeigen. → 2

7 ○ Formuliere die bei diesem Modellversuch im Mittelpunkt stehenden Fragestellungen. → 3

8 ◖ Beim Gehen und Springen ist die Wirbelsäule starken Erschütterungen ausgesetzt. Stelle dar, welche Vorteile die besondere Form der menschlichen Wirbelsäule bietet. → 3

Gelenke und Muskeln

1 Im Hochseilgarten

In einem Hochseilgarten kannst du gut beobachten, wie dein Körper Bewegungen ausführt. Wie arbeiten dabei Gelenke und Muskeln zu-
5 sammen?

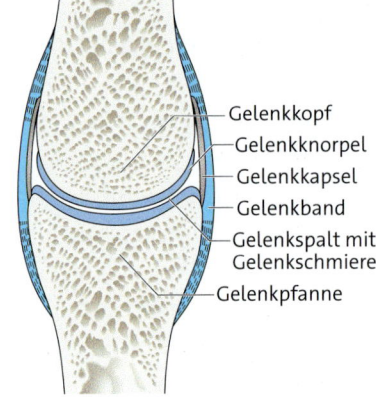

Gelenkkopf
Gelenkknorpel
Gelenkkapsel
Gelenkband
Gelenkspalt mit Gelenkschmiere
Gelenkpfanne

2 Aufbau eines Gelenks

Gelenke • Beim Klettern müssen Arme und Beine bewegt und die Finger zum Greifen gekrümmt werden. Dafür be-nötigen wir Gelenke. Durch sie sind
10 die Knochen beweglich miteinander verbunden. Alle Gelenke sind ähnlich aufgebaut. ➔ **2** Der Gelenkkopf des einen Knochens passt genau in die Gelenkpfanne des anderen Knochens.
15 Beide Knochenenden sind glatt und mit elastischen Knorpeln gepolstert. Die Gelenkschmiere im Gelenkspalt vermindert zusätzlich die Reibung. Dadurch lassen sich die Knochen frei
20 im Gelenk bewegen. Das Gelenk ist von einer festen, aber elastischen Gelenk-kapsel umgeben. Kräftige Gelenkbän-der halten das Gelenk zusammen.

Muskeln bewegen den Körper • Im
25 menschlichen Körper gibt es über
600 Muskeln. Sie machen ungefähr
die Hälfte des Körpergewichts aus. Ein
Muskel besteht aus einzelnen dünnen
Muskelfasern. Viele Muskelfasern bil-
30 den ein Muskelfaserbündel, das von
einer Muskelhaut umgeben ist. → 3
Blutgefäße versorgen die Muskelfasern mit Sauerstoff und Nährstoffen.
Nerven geben den Muskeln den Befehl
35 zum Zusammenziehen.

Sehnen • An beiden Enden des Muskels
geht die Muskelhaut in Sehnen über.
Diese sind an den Knochen oberhalb
und unterhalb eines Gelenks ange-
40 wachsen. Sehnen sind nicht dehnbar.
Sie übertragen die Muskelbewegung
direkt auf die Knochen, mit denen sie
verbunden sind.

Muskeln arbeiten zusammen • Muskeln
45 können sich nur zusammenziehen.
Dabei werden sie kürzer. Kein Muskel
kann sich aus eigener Kraft strecken.
Das muss ein anderer Muskel erledigen. Man spricht daher vom Gegen-
50 spielerprinzip. Zieht sich ein Muskel
zusammen und wird dabei kürzer,
wird gleichzeitig ein anderer Muskel
gestreckt. Für eine Bewegung sind
daher immer zwei Gegenspieler nötig:
55 ein Beugemuskel und ein Streckmuskel. → 4

> Gelenke verbinden die Knochen
> beweglich miteinander. Muskeln
> bewegen die Knochen, indem sie
> sich zusammenziehen.

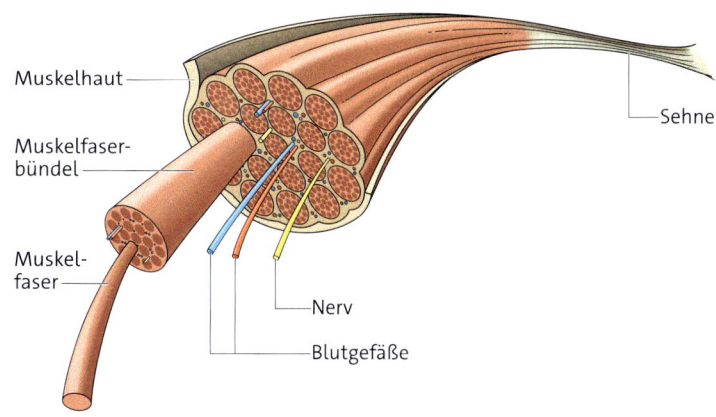

Muskelhaut

Muskelfaser-
bündel

Muskel-
faser

Sehne

Nerv

Blutgefäße

3   Aufbau eines Muskels

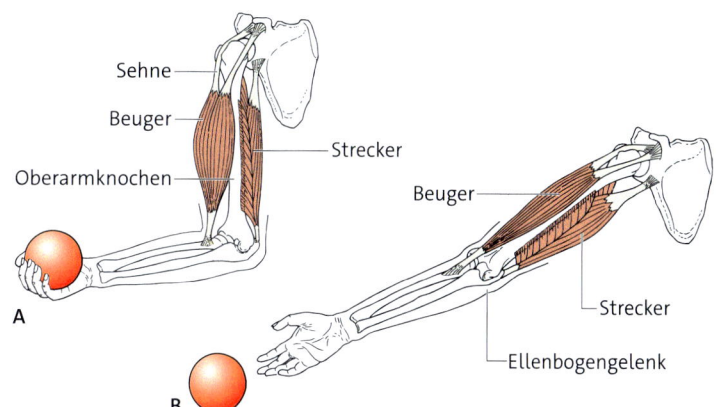

Sehne

Beuger

Oberarmknochen

Strecker

Beuger

Strecker

Ellenbogengelenk

A

B

4   Bewegung des Arms: **A** Beugen – **B** Strecken

Aufgaben

1 ○ Beschreibe den Aufbau eines
Gelenks.

2 ◐ Beugemuskel und Streckmuskel
arbeiten nach dem Gegenspielerprinzip. Erläutere dieses Prinzip.

3 ● Beschreibe, wie das Beugen
und Strecken des Arms beim
Klettern durch Muskeln ermöglicht
wird. → 4

113

Gelenke und Muskeln

Material A

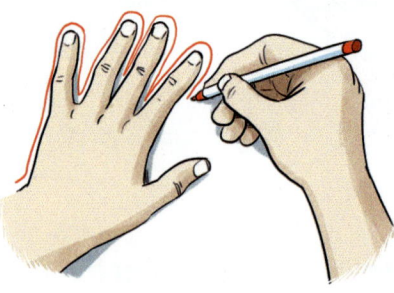

1 Umrisszeichnung

Gelenke der Hand

Mehrere Gelenke machen deine Hand zu einem Hochleistungswerkzeug.

1 ○ Fertige auf einem Blatt Papier eine Umrisszeichnung deiner Hand an. → 1

2 Suche nach allen Stellen deiner Hand, die du bewegen kannst. An diesen Stellen befinden sich die Gelenke.
○ Markiere die Gelenke in der Zeichnung und notiere ihre Anzahl.

Material B

Sehnen und Muskeln der Hand

1 Bewege mit ausgestreckter Hand die Finger auf und ab. Du erkennst dadurch den Verlauf der Sehnen auf deinem Handrücken.
○ Zeichne sie nach.

2 Betrachte die Innenseite deines Unterarms. Bewege nacheinander jeden einzelnen Finger nach oben.
a ○ Beschreibe deine Beobachtungen auf der Innenseite des Unterarms.
b ◐ Erläutere deine Beobachtungen.

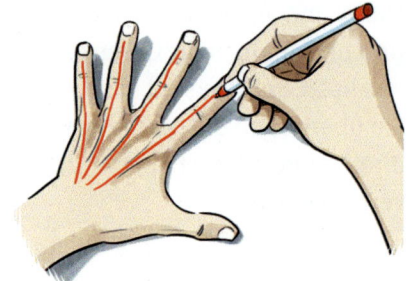

2 Sehnen und Muskeln

Material C

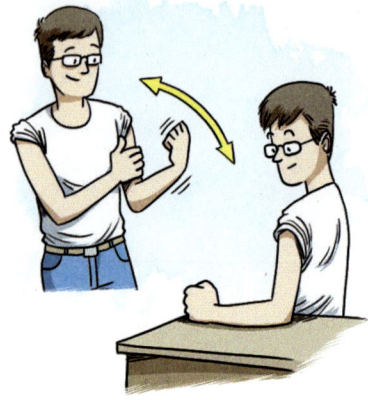

3 Gegenspielerprinzip

Bewegung ist Teamarbeit

Die Muskeln deines Oberarms arbeiten nach dem Gegenspielerprinzip.

1 Umfasse deinen Oberarm. → 3 Winkle den Unterarm an.
a ○ Beschreibe, welcher Muskel die Bewegung hervorruft.

b ○ Beschreibe die Veränderungen, wenn du deinen Arm streckst.

2 Drücke deinen Unterarm gegen die Tischplatte.
○ Beschreibe, welcher Muskel jetzt aktiv ist. → 4

3 ◐ Erläutere an diesem Beispiel das Gegenspielerprinzip.

Material D

Gelenkarten

Für verschiedene Bewegungen haben wir in unserem Körper unterschiedliche Gelenke. → 4

1 ◐ Beschreibe, welche Knochen durch die abgebildeten Gelenke beweglich miteinander verbunden werden?

2 ● Erläutere anhand der Modellgelenke, welche Bewegungen die einzelnen Gelenkarten ausführen können.

3 ◐ Nenne die mit Zahlen gekennzeichneten Gelenke. Ordne sie jeweils der entsprechenden Gelenkart zu.

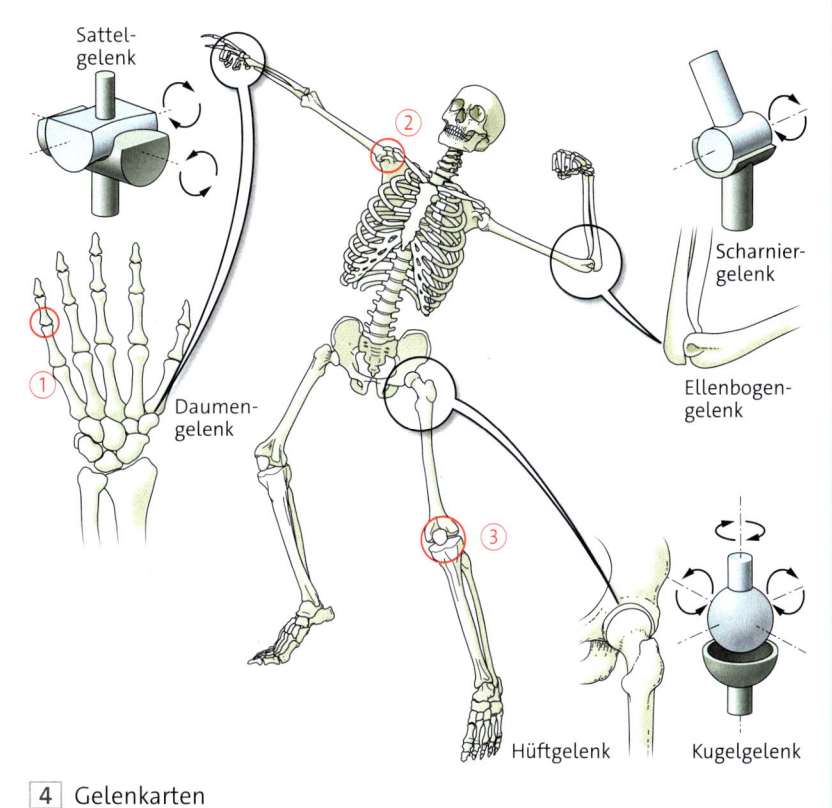

Sattelgelenk
Daumengelenk
Scharniergelenk
Ellenbogengelenk
Hüftgelenk
Kugelgelenk

4 Gelenkarten

Material E

Gelenkarten mit den Händen nachstellen

1 ◐ Stelle mithilfe deiner Hände die unterschiedlichen Bewegungsmöglichkeiten der Gelenkarten dar.

2 ○ Ordne den Abbildungen A–D die folgenden Gelenkarten zu: Drehgelenk, Sattelgelenk, Scharniergelenk, Kugelgelenk.

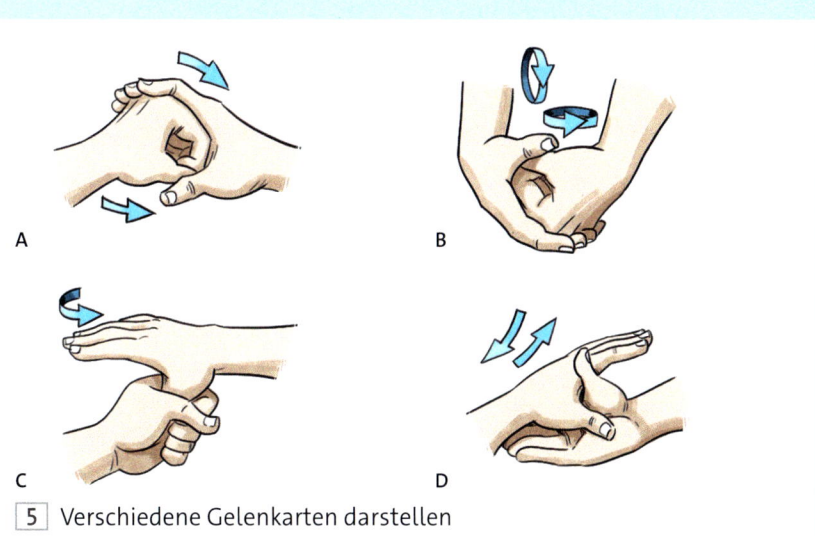

A
B
C
D

5 Verschiedene Gelenkarten darstellen

Bewegung fördert die Gesundheit

1 | Jugendliche beim Fußballspielen

Körperliche Bewegung hält gesund und macht Spaß. Man hat häufiger gute Laune und ist besser drauf. Weshalb fühlt man sich mit körperlicher Bewe-
5 gung besser?

Gute Laune durch Bewegung • Körperliche Bewegung fördert die Gesundheit und die Bildung von Glücksstoffen im Körper. Untersuchungen zeigen,
10 dass Menschen, die weniger aktiv sind, öfter schlechte Laune haben und unzufriedener sind. Gemeinsamer Sport mit anderen stärkt Beziehungen und ist deshalb auch wichtig für Freund-
15 schaften. Zudem fördert gemeinsamer Sport auch Fairness und Teamgeist.

Dein Körper reagiert auf Bewegung • Durch regelmäßige Bewegung wachsen deine Muskeln und werden kräf-
20 tiger. Kräftige Muskeln helfen deinem Körper, sich aufrecht zu halten, und entlasten die Knochen und Gelenke.

Bei Bewegung atmest du tiefer und deine Lungen nehmen mehr Sauerstoff
25 auf. Dein Herz kann somit mehr Sauerstoff mit dem Blut durch den Körper zu den Organen und Muskeln pumpen. Der Körper wird daher durch Bewegung leistungsfähiger. Man bezeichnet den
30 Zustand, der die Leistungsfähigkeit des Körpers beschreibt, als Fitness.

Bewegung fördert die Gesundheit • Durch Bewegung wird das Abwehrsystem des Körpers gestärkt und besser
35 auf den Angriff von Krankheitserregern vorbereitet. Man bleibt eher gesund.

Bewegungsmangel macht krank • Menschen, die sich wenig bewegen und sich falsch ernähren, haben nur
40 eine geringe Fitness. Häufig sind sie übergewichtig und die Leistungsfähigkeit ihres Körpers nimmt ab. Es kann auch zu Erkrankungen, besonders des Herz-Kreislauf-Systems, kommen.

Sport steigert die Fitness • Viele Menschen treiben in ihrer Freizeit Sport. Sie gehen Fußball spielen, Hip-Hop tanzen oder sie joggen. Regelmäßiger Sport verbessert nicht nur die Beweglichkeit, sondern erhöht auch die Fitness des Körpers.

Verletzungen vermeiden • Egal, welche Sportart du ausübst – Aufwärmübungen bringen deine Muskulatur in Schwung. Das Zusammenspiel von Gelenken und Muskeln wird verbessert. Dadurch sinkt die Verletzungsgefahr. ➞ 3 Ist die Belastung im Training oder bei der Ausübung einer Sportart jedoch zu groß, können Muskelfasern innerhalb eines Muskels reißen. Bei einem Muskelfaserriss ist die Bewegung des Muskels bis zur Ausheilung der Verletzung stark eingeschränkt.

Gelenkverletzungen • Wenn die Knochen eines Gelenks zu stark in eine Richtung belastet werden, können die Gelenke geschädigt werden. Durch eine heftige Bewegung kann die Gelenkkapsel überdehnt werden und es kommt zu einer Verstauchung. Springt der Gelenkkopf aus der Gelenkpfanne und das Gelenk bleibt ausgekugelt, spricht man von einer Verrenkung.

Sehnen- und Bänderrisse • Bei einer Überbeanspruchung oder durch einen Stoß können die Bänder und Sehnen reißen. ➞ 2 Beide Verletzungen sind sehr schmerzhaft und erfordern eine langwierige Behandlung.

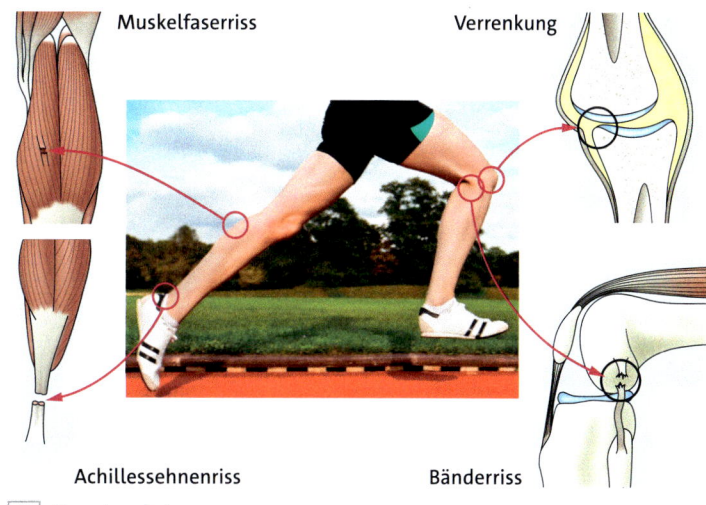

Muskelfaserriss   Verrenkung

Achillessehnenriss   Bänderriss

2 Sportverletzungen

3 Aufwärmen ist wichtig.

Bewegung fördert die Fitness und die Gesundheit des Körpers.

Aufgaben

1 ○ Beschreibe die Ursachen von zwei verschiedenen Sportverletzungen.

2 ◳ Wer rastet, der rostet! Erkläre die Bedeutung dieses Sprichworts.

117

Bewegung fördert die Gesundheit

Fitnesstudio Klassenzimmer

Kreuz und quer

Übungsanleitung: Marschiere auf der Stelle. Berühre 20-mal abwechselnd mit der rechten Hand dein linkes Knie und umgekehrt. Atme dabei ein, wenn du gerade stehst, und wieder aus, wenn du dein Knie berührst.

1

Obst pflücken

Übungsanleitung: Strecke im Sitzen beide Arme möglichst weit nach oben. Greife abwechselnd mit rechts und links so, als ob du Obst von einem Baum pflücken würdest. Pflücke insgesamt 20 Früchte.

2

Sessellift

Übungsanleitung: Setze dich gerade auf deinen Stuhl und hebe beim Ausatmen den Po vom Stuhl ab. Halte dich in der Luft und atme 2-mal tief durch. Wiederhole dies 5-mal jeweils nach einer kurzen Pause.

3

Armbeuger

Übungsanleitung: Nimm in jede Hand ein Gewicht, zum Beispiel ein Mäppchen oder eine Trinkflasche, und beuge die Arme so weit wie möglich zur Schulter zurück. Wiederhole die Übung 20-mal langsam.

4

???

Übungsanleitung: ???

5

1 Lies dir die Steckbriefe der Übungen durch. Führe die verschiedenen Übungen aus. → 1–4 Achte auf die richtige Durchführung. ○ Beschreibe, welche positiven Wirkungen durch die Übungen entstehen.

2 ◖ Erläutere, warum es wichtig ist, auch in der Freizeit Sport zu treiben.

3 ● Entwirf für die in Bild 5 dargestellte Übung eine Übungsanleitung. Überlege dir auch einen Namen für die Übung.

Material B

Übergewicht

1 Betrachte Tabelle 6.
a ◐ Stelle die Werte in einem Säulendiagramm dar.
b ◐ Beschreibe die Veränderung der Anteile. → 6

2 ◐ Vergleiche die Freizeitaktivitäten von Jugendlichen in den Jahren 1980 und 2015. → 7

3 ● Stelle Vermutungen über die Ursachen für die Entwicklung von Übergewicht an. → 7

Alter in Jahren	Prozentualer Anteil an Kindern und Jugendlichen mit Übergewicht (1980)	Prozentualer Anteil an Kindern und Jugendlichen mit Übergewicht (2015)
3–6	5 von 100	9 von 100
7–10	9 von 100	15 von 100
11–13	9 von 100	18 von 100
14–17	8 von 100	17 von 100

6 Übergewicht 1980 und 2015 in Deutschland

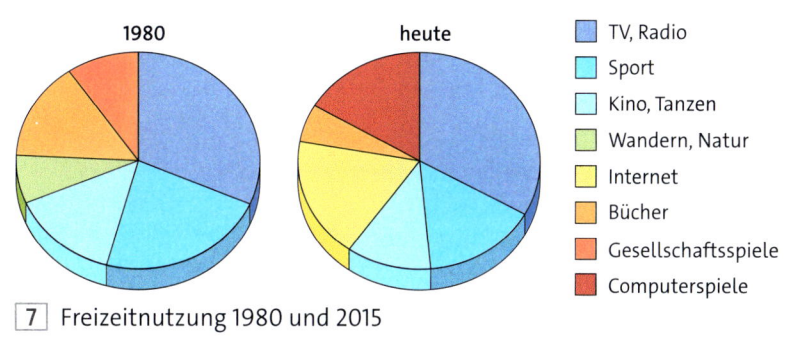

TV, Radio
Sport
Kino, Tanzen
Wandern, Natur
Internet
Bücher
Gesellschaftsspiele
Computerspiele

7 Freizeitnutzung 1980 und 2015

Material C

Bewegungsmangel

Mangelnde Bewegung kann zu unterschiedlichen Beschwerden führen.

1 ○ Beschreibe die auf den Bildern dargestellten Folgen von Bewegungsmangel.

2 ◐ Erkläre, warum Bewegungsmangel zu diesen Beschwerden führen kann.

3 ● Notiere weitere mögliche Folgen, wenn man sich wenig oder gar nicht bewegt.

8

Bewegung zu Wasser, zu Lande und in der Luft

Zusammenfassung

Bewegung an Land • Alle Tiere sind an ihren Lebensraum angepasst. Körperbau, Fortbewegung und Lebensweise hängen zusammen. Je länger die Beine eines Tieres sind, desto schneller kann es gehen oder laufen. Reptilien bewegen sich schlängelnd oder kriechend vorwärts. Einige Wirbeltiere können hüpfen oder springen.

Bewegung in und auf dem Wasser • Fische schwimmen mithilfe ihrer Flossen. Ihr Körper ist spindelförmig, dadurch ist der Strömungswiderstand im Wasser sehr gering. Die gasgefüllte Schwimmblase nutzen Fische, um im Wasser auf- und abzusteigen oder zu schweben. Nach diesem Prinzip funktionieren auch Tauchboote. Einige Tiere können die Oberflächenspannung des Wassers nutzen, um darauf zu laufen.

Bewegung in der Luft • Die meisten Vögel sind durch Federn und Flügel sowie durch die Leichtbauweise ihrer Knochen flugfähig. Auch der Körper von Vögeln ist spindelförmig, dadurch ist der Strömungswiderstand in der Luft sehr gering. Die Form der Flügel erzeugt einen Auftrieb, der den Vogel in die Luft hebt. Vögel nutzen verschiedene Flugarten wie Ruderflug, Gleitflug, Rüttelflug, Sturzflug und Schwirrflug.

1 Kolibri im Schwirrflug vor einer Blüte

2 Beim Berlin-Marathon starten jedes Jahr Zehntausende Läufer. Die Marathonlaufstrecke ist 42,195 km lang. Der Weltrekord dafür liegt bei 2 Stunden und 3 Minuten.

Bewegung und Geschwindigkeit • Bewegungen werden anhand ihrer Bahnen unterschieden. Es gibt geradlinige Bewegungen, Kreisbewegungen und Schwingungen. Bewegungen können gleichförmig, beschleunigt oder verzögert sein. Die Geschwindigkeit gibt an, welcher Weg in einer bestimmten Zeit zurückgelegt wird. Sie wird meist in Kilometern pro Stunde angegeben: km/h.

Kraft und Bewegung • Physikalische Kräfte erkennt man an ihren Wirkungen. Das können Bewegungs-, Richtungs- oder Formveränderungen sein. Erdanziehungskraft oder Magnetkraft sind Beispiele für physikalische Kräfte.

Energie • Es gibt verschiedene Formen von Energie, z. B. Höhenenergie, Bewegungsenergie und Spannenergie. Die verschiedenen Energieformen sind ineinander umwandelbar. Auch Wärme ist eine Energieform. Energie kann gespeichert werden, z. B. als Höhenenergie in Stauseen.

3 Unsere Nahrung enthält Energie.

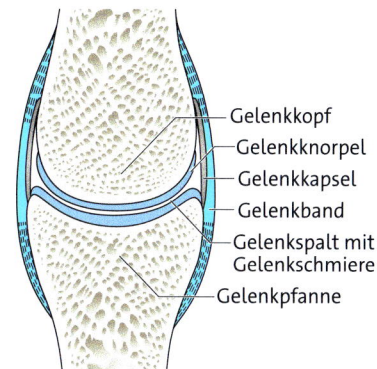

Gelenkkopf
Gelenkknorpel
Gelenkkapsel
Gelenkband
Gelenkspalt mit
Gelenkschmiere
Gelenkpfanne

4 Aufbau eines Gelenks

Energie aus der Nahrung • Nährstoffe enthalten unterschiedlich viel chemische Energie. Unser Körper wandelt diese in Bewegungsenergie oder Wärmeenergie um oder speichert sie als Fett. Der Nährwert von Lebensmitteln wird in Kilojoule (kJ) oder Kilokalorie (kcal) angegeben.

Muskeln und Gelenke • Gelenke verbinden die Knochen beweglich miteinander. Muskeln bewegen die Knochen, indem sie sich zusammenziehen. Da Muskeln sich nicht strecken können, arbeiten immer zwei Muskeln nach dem Gegenspielerprinzip zusammen. Sehnen übertragen die Muskelbewegung auf die Knochen.

Das Skelett • Das Skelett ist das bewegliche Gerüst unseres Körpers. Arm- und Beinknochen bilden das Gliedmaßenskelett. Zum Rumpfskelett gehören Wirbelsäule, Brustkorb, Schultergürtel und Beckengürtel.

Gesunderhaltung des Körpers • Durch regelmäßige Bewegung werden die Muskeln kräftiger, sie entlasten Knochen und Gelenke. Bewegung fördert die Leistungsfähigkeit und die Gesundheit des Körpers.

Die Knochen • Knochen bestehen aus Knochenkalk und Knorpel. Röhrenknochen stützen den Körper, man findet sie z. B. im Gliedmaßenskelett. Plattenknochen wie Schädel und Becken schützen die inneren Organe.

Die Wirbelsäule • Hals-, Brust- und Lendenwirbel sowie Kreuz- und Steißbein bilden die S-förmig gebogene Wirbelsäule. Zwischen den Wirbelknochen liegen Bandscheiben aus Knorpel.

5

Teste dich! (Lösungen auf Seite 195)

Verschiedene Arten der Fortbewegung

1 Vierbeinige Säugetiere zeigen 2 Gangarten.
a ○ Nenne und beschreibe die Gangarten.
b ◗ Begründe, warum Menschen nicht auf diese Weise laufen können.

2 ◗ Erläutere, warum Pferde schneller laufen können als Eidechsen. → 1

1 Pferd und Eidechse

3 Fische leben im Wasser.
a ○ Nenne die Körperteile, mit denen sich Fische im Wasser vorwärtsbewegen, aufsteigen oder absinken und schweben können.
b ◗ Beschreibe, wie Fische im Wasser aufsteigen oder absinken können.
c ● Stelle Vermutungen an, wann Fische im Wasser schweben können.

4 Der Körperbau von Fischen und Vögeln zeigt eine Gemeinsamkeit.
a ◗ Nenne sie.
b ● Beschreibe, wie dieses gemeinsame Merkmal beim Schwimmen oder Fliegen hilft.

5 ○ Nenne drei weitere Körpermerkmale von Vögeln, die ihnen das Fliegen ermöglichen.

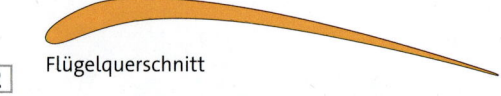

2 Flügelquerschnitt

6 ○ Beschreibe, wie die Luft an einem Vogelflügel vorbeistreicht und wodurch der Vogel in die Luft gehoben wird. → 2

Bewegung, Kraft und Energie

7 ○ Nenne die drei Bewegungsarten, die man nach ihren Bahnen unterscheiden kann.

8 Wenn Körper sich bewegen, haben sie eine Geschwindigkeit.
a ◗ Nenne die Formel zur Ermittlung der Geschwindigkeit.
b ◗ Berechne die Durchschnittsgeschwindigkeit eines Marathonläufers, der 3 Stunden benötigt, um 42 km zu laufen.

9 ◗ Nenne drei verschiedene physikalische Kräfte.

10 Betrachte die Situationen in Bild 3.
a ● Nenne die drei dargestellten Energieformen.
b ◗ Beschreibe, was mit der Bewegungsenergie geschieht, wenn der Stein zu Boden fällt.

3 Drei verschiedene Formen von Energie

11 ● Erläutere, wann der Körper Energie aus der Nahrung als Fett speichert. Verwende dazu die Begriffe Energieaufnahme, Grundumsatz und Leistungsumsatz.

Der Körper des Menschen

12 ○ Nenne drei Plattenknochen und drei Röhrenknochen im menschlichen Körper.

13 ◓ Übertrage die Nummern aus Bild 4 in dein Heft und notiere daneben die jeweiligen Skelettbestandteile.

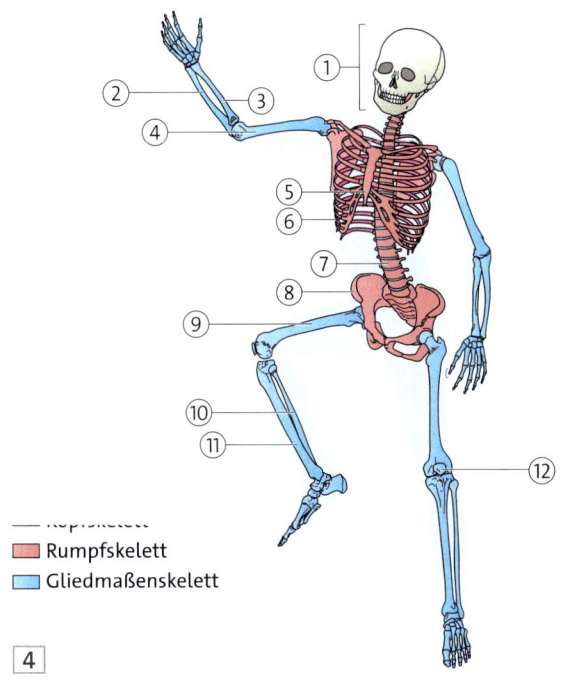

- Kopfskelett
- Rumpfskelett
- Gliedmaßenskelett

4

14 Die Wirbelsäule ist die bewegliche Stütze des Körpers.
a ◓ Beschreibe den Aufbau der Wirbelsäule.
b ● Begründe, warum die Wirbelsäule des Menschen doppelt S-förmig gebogen ist.

5

15 Die Füße des Menschen tragen sein gesamtes Gewicht.
a ◓ Beschreibe, was mit dem Begriff Fußgewölbe gemeint ist.
b ● Erläutere, welche Aufgabe das Fußgewölbe beim Gehen, Laufen und Springen hat.

16 Muskeln bewegen die Knochen.
a ◓ Beschreibe mithilfe von Bild 6 den Aufbau eines Muskels.
b ● Erläutere, weshalb für eine Bewegung immer zwei Muskeln nötig sind.

17 ◓ Beschreibe zwei positive Auswirkungen von Bewegung auf den menschlichen Körper.

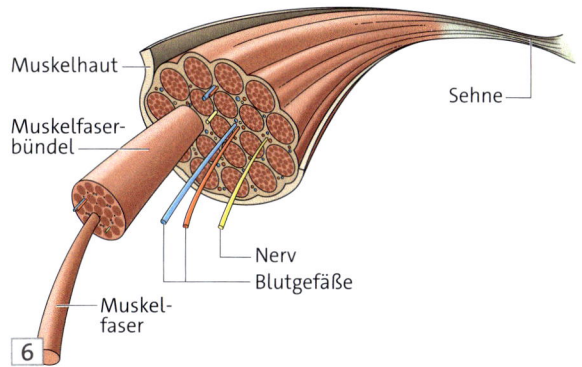

Muskelhaut
Muskelfaserbündel
Sehne
Nerv
Blutgefäße
Muskelfaser

6

Tiere – Pflanzen – Lebensräume

Wir leben gerne mit Tieren zusammen. Wie kommt es, dass der Hund der beste Freund des Menschen ist?

Viele Pflanzen tragen Blüten.
Die Blüten können verschiedene
Farben und Formen haben. Oft
werden sie von Insekten besucht.
Welchen Nutzen haben Blüten?

Es gibt Wiesen, Parks, Wälder,
Flüsse und Seen. Was macht einen
Lebensraum aus? Und welche
Tiere und Pflanzen leben dort?

Kennzeichen des Lebendigen

1 Es bewegt sich! Aber ist es lebendig?

Die Katze beobachtet aufmerksam eine Spielzeugmaus, die sich vor ihr hin und her bewegt. Der Katze erscheint das Spielzeug als lebendiges Beutetier, aber
5 wir wissen, dass dies keine echte Maus ist. Woran erkennen wir Lebewesen?

Lebewesen bewegen sich aktiv • Lebewesen können rennen, laufen, springen oder kriechen. → **2**
10 Manchmal ist die Bewegung so schnell oder langsam, dass sie mit bloßem

2 Eine Maus bewegt sich mithilfe ihrer Muskelkraft.

Auge nicht zu erkennen ist. Einige Bewegungen bleiben uns verborgen, da sie sich im Innern der Lebewesen
15 abspielen. Die Spielzeugmaus dagegen bewegt sich nicht von allein, man muss das Federwerk im Innern des Gehäuses aufziehen.

Lebewesen reagieren auf Reize • Men-
20 schen und Tiere sehen, hören, riechen, schmecken und fühlen. Sie können also Veränderungen in der Umwelt als Reize wahrnehmen. Um zu überleben, müssen insbesondere Tiere mit ihren
25 Sinnesorganen Informationen über ihre Umwelt aufnehmen, diese verarbeiten und sich entsprechend verhalten. Die Spielzeugmaus kann man ohne Probleme fangen, eine lebendige
30 Maus würde dagegen sofort die Flucht ergreifen.

Lebewesen betreiben Stoffwechsel • Eine Maus frisst Getreidekörner und Beeren. → **3** Sie nimmt die darin ent-

35 haltenen Nährstoffe auf und scheidet
Nichtverwertbares als Kot wieder aus.
Auch beim Atmen wandelt die Maus
Stoffe um, sie nimmt Sauerstoff auf
und gibt Kohlenstoffdioxid ab. Sie
40 nimmt also Stoffe aus ihrer Umgebung auf, um sie zu verarbeiten. Dies
nennt man Stoffwechsel.

Lebewesen wachsen • Neugeborene
Mäuse sehen ihren Eltern nicht ähn-
45 lich. Sie sind winzig, nackt und ihre
Augen sind noch geschlossen. Im
Laufe der Zeit werden sie größer und
schwerer, bekommen ein Fell und öffnen ihre Augen. Wenn sich die Größe
50 eines Lebewesens oder eines seiner
Körperteile verändert, spricht man von
Wachstum.
Spielzeugmäuse werden in einer Fa-
brik hergestellt und besitzen von An-
55 fang an eine bestimmte Größe. Sie
wachsen nicht.

Lebewesen pflanzen sich fort • Lebewesen, die zu einer Art gehören, können
miteinander fruchtbare Nachkommen
60 zeugen. Eine Maus stammt also von
anderen Mäusen ab. ⮕ 4
Eine Spielzeugmaus wird in einer Fa-
brik aus Einzelteilen zusammenge-
baut und kann sich nicht vermehren.

> Alle Lebewesen haben die gleichen
> Kennzeichen. Sie bewegen sich,
> reagieren auf Reize, verarbeiten
> Stoffe, wachsen und pflanzen sich
> fort.

3 Um zu leben, muss die Maus fressen,
trinken und atmen.

4 Eine Maus versorgt ihre Jungen.

Aufgaben

1 ○ Nenne die fünf Kennzeichen des
Lebendigen.

2 ◗ Vergleiche anhand der Kennzeichen eine lebendige Maus mit einer
Spielzeugmaus.

3 ◗ Beurteile, ob folgende Dinge
lebendig sind, und begründe deine
Antwort: ein Smartphone, eine
Schnecke, ein Stein, eine Wolke.

Kennzeichen des Lebendigen

Material A

Lebt die Ente?

Die 2CV-Ente von Citroën ist ein Auto. Es wird mit Treibstoff angetrieben, der im Motor verbrannt wird. Abgase werden durch den Auspuff ausgestoßen.
Die Stockente ist ein guter Schwimmer. Vor Fressfeinden kann sie wegfliegen. Weibliche Stockenten legen bis zu 16 Eier in ein Gelege, aus denen die Küken schlüpfen.

1 ○ Beschreibe die Kennzeichen des Lebendigen für die „Enten". Ergänze die Tabelle. → 1

2 ◔ Begründe, welche der beiden Enten ein Lebewesen ist.

Bewegung	passiv (wird gesteuert) und benötigt Treibstoff zum Fahren	...
Reizbarkeit	...	...
Stoffwechsel	...	...
Wachstum/Entwicklung	...	Küken schlüpfen aus Eiern
Fortpflanzung	...	...

1 Vergleich von 2CV-Ente und Stockente

Material B

Ist die Kerze ein Lebewesen?

Wenn du schon einmal eine Kerze beobachtet hast, ist dir sicherlich aufgefallen, dass ihre Flamme im Wind flackert. → 2
Die Flamme verbrennt das Kerzenwachs und gibt Ruß ab. → 3
Um zu brennen, benötigt die Kerze Sauerstoff aus der Luft. Fehlt dieser, erlischt sie. → 4 Dies geschieht ebenfalls, wenn das Wachs aufgebraucht ist. Die Kerze ist dann heruntergebrannt.

Materialliste: Kerze, Feuerzeug, Becherglas (500 mL)

1 Führe Versuche durch, um die Kennzeichen des Lebendigen an der Kerze zu überprüfen. → 2 − 4
◔ Erläutere die Versuchsergebnisse: Lebt die Kerze?

2 Die Kerze flackert.

3 Die Kerze rußt.

4 Die Kerze erlischt.

Vergleichen und ordnen

Die Lebewesen auf der Erde sind zahlreich und unterschiedlich. Das Zuordnen von Lebewesen in Gruppen hilft, die große Vielfalt der Tiere überschaubarer zu machen.

1. Vergleichen Überlege, welche Merkmale oder Kriterien du vergleichen willst. Du kannst z. B. das Verhalten, das Aussehen, die Körpergröße oder andere Merkmale vergleichen. Dazu suchst du nach Gemeinsamkeiten und Unterschieden.

2. Ordnen Sortiere die Tiere nach ihren Gemeinsamkeiten in Gruppen.
Beispiel: In einem Zoogehege befinden sich meist nur Tiere einer Art, z. B. Steppengiraffen. Sie gehören zur Familie der Giraffenartigen. Da die Giraffen Hufe an den Füßen haben, werden sie zur Ordnung der Paarhufer gezählt. Schweine und Kamele sind ebenfalls Paarhufer. Sie gehören mit vielen weiteren Familien zur Klasse der Säugetiere.

5 Ausschnitt aus einem Zoo-Übersichtsplan

Aufgaben

1 ○ Beurteile, nach welchem Kriterium die Tiere im Zoo geordnet wurden. ► 5

2 ◑ Diskutiere mit deinen Mitschülern, nach welchen Merkmalen man die Zootiere außerdem hätte ordnen können.

3 ◑ Sammelt Abbildungen von Tieren. Ordnet sie nach Gruppen und klebt sie auf ein Plakat. Präsentiert und begründet eure Ordnung.

4 ● Um Lebewesen zu bestimmen, nutzen Forscher Bestimmungsschlüssel. ► 6 Schrittweise wird jeweils nur ein Unterscheidungsmerkmal geprüft. Entwickelt gemeinsam einen Bestimmungsschlüssel für die Tiere auf eurem Plakat.

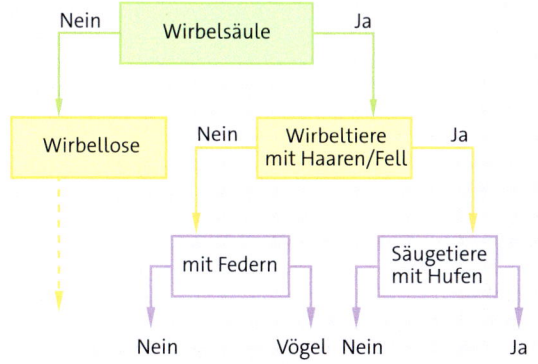

6 Muster für einen Bestimmungsschlüssel

Der Mensch lebt mit Tieren

1 Tiere als Familienmitglieder

**Tiere sind verlässliche Familienmit-
glieder. Sie leben mit den Menschen
in der Wohnung, dem Haus oder auf
dem Hof zusammen. Wie kam es zu
5 diesem Zusammenleben? Welche Tiere
bindet der Mensch so fest an sich?**

2 Ein Schaf wird geschoren.

Menschen und Tiere • Die meisten
unserer Haustiere waren ursprünglich
Beutetiere des Menschen. Er jagte sie
10 wegen ihres Fleischs und Fells. Später
setzte der Mensch Pferde und Ochsen
ein, denn Feldarbeit ohne Hilfsmittel
oder Maschinen war Schwerstarbeit.
Heute leben wir mit unseren Tieren oft
15 in der Wohnung zusammen.

Nutztiere • In der Steinzeit wurde der
Mensch sesshaft. Er bearbeitete das
Land und erntete die Früchte. Indem
er seine wilden Beutetiere in Gehegen
20 hielt, konnte er seinen Fleischbedarf
decken, ohne weite Jagdausflüge zu
unternehmen. Aus den wilden Beute-
tieren wurden die Nutztiere, die dem
Menschen Fleisch, Milch, Wolle und
25 Eier liefern. → 2

Haustiere • Auf einem Bauernhof leben Menschen mit Rindern, Hühnern,
Schafen, Schweinen und Ziegen zusammen. → 3 Wir nutzen diese Tiere
30 als Nahrungslieferanten. Auf Bauern-
höfen leben auch Hofhunde und
Hofkatzen. Hunde und Katzen leben
häufig, wie auch viele andere Tiere,
mit uns in unseren Wohnungen. Alle
35 diese Tiere nennt man Haustiere.

Heimtiere • Manche Tiere sind wie
Familienmitglieder. Haustiere, mit
denen wir so eng zusammenleben,
heißen Heimtiere. → 4 Sie binden
40 sich eng an den Menschen und geben
ihm Nähe, Wärme und Trost. Deshalb
kuscheln Kinder besonders gern mit
ihnen.

Ein Heimtier zieht ein • Viele Men-
45 schen wünschen sich ein Heimtier.
Kinder und Jugendliche erfreuen sich
am Miteinander. Alleinstehende oder
alte Menschen fühlen sich mit lebenden Hausgenossen weniger einsam.
50 Wir übernehmen die lebenslange Verantwortung für dieses Tier, da es sich
nicht selbst versorgen kann. Vor der
Anschaffung eines Heimtiers solltest
du dich genau über die Bedürfnisse
55 und Ansprüche deines ausgewählten
Tiers informieren. Heimtiere, die wir
unter falschen Bedingungen halten,
können krank werden und sterben.

> Der Mensch hält Haustiere. Nutz-
> tiere dienen vor allem der Gewin-
> nung von Lebensmitteln. Heimtiere
> werden zur Freude gehalten.

3 Fütterung von Milchkühen

4 Verschiedene Heimtiere

Aufgaben

1 ○ Erkläre die Begriffe Haustier,
Nutztier und Heimtier.

2 ◗ Begründe jeweils, ob folgende
Haustiere zu den Nutztieren oder
Heimtieren gehören:
Wellensittich, Hamster, Pferd, Schaf,
Schwein, Huhn, Kanarienvogel und
Ziege.

3 ◗ Beschreibe an einem Beispiel, was
es genau bedeutet, „lebenslange
Verantwortung" für ein Heimtier zu
übernehmen.

Der Mensch lebt mit Tieren

Ich wünsche mir ein Tier

Dir geht es sicher wie so vielen deiner Freunde: Du wünschst dir ein eigenes Heimtier. Bedenke bei deinem Wunsch, dass du damit Verantwortung über mehrere Jahre für ein Tier übernimmst.
Vor der Anschaffung eines Heimtiers ist es am besten, sich zunächst ausführlich zu informieren.

1 ○ Bildet Vierergruppen. Sucht euch ein Heimtier aus. Erarbeitet seine Ansprüche möglichst genau.

Informiert euch dafür in Büchern oder im Internet. Notiert anschließend, was euer Tier beim Einzug in eure Wohnung alles benötigt.

2 ◐ Schätzt den Zeitaufwand für die Pflege und Beschäftigung des Heimtiers in einer Woche.

3 ◐ Erstellt in der Gruppe ein Plakat. Haltet darauf die Ansprüche eures Heimtiers an Unterbringung und Zeit für Pflege und Beschäftigung fest.

4 ● Befragt Mitarbeiter des Tierheims, warum so viele Heimtiere ausgesetzt und im Tierheim aufgenommen werden müssen.

1 Welches Tier passt zu mir?

Beliebte Heimtiere

Führt eine Umfrage in eurer Jahrgangsstufe durch, welche Heimtiere gehalten werden.

1 ○ Zeichnet die Tabelle ab. Tragt die Ergebnisse eurer Umfrage ein. → 2

2 ◐ Wertet eure Umfrage aus, indem ihr aus den Ergebnissen der Tabelle ein Säulendiagramm erstellt (y-Achse: Anzahl, x-Achse: Tiere).

3 ○ Stellt Vermutungen auf, warum manchmal keine Tiere gehalten werden.

4 ● Bereitet eine Ausstellung zur Heimtierhaltung vor. Das Umfrageergebnis könnt ihr vergrößert auf einem Plakat festhalten.

	Hund	Katze	Vogel	Reptil	Fisch	andere Tiere	keine Tiere
Strichliste	᚛᚛᚛ ᚛᚛᚛	...	...	...	...	...	...
Anzahl	10	...	...	...	...	...	...

2 Sammlung der Umfrageergebnisse

Eine Präsentation erstellen

Informationen zu einem Thema kannst du in einer Präsentation vorstellen. Dazu kannst du folgendermaßen vorgehen:

1. Fragen überlegen Überlege, was dich und deine Zuhörer am Thema interessieren könnte. Beispiel: Was braucht ein Heimtier?

2. Informationen sammeln, bearbeiten und ordnen Fachwörter solltest du erklären können. Sortiere deine Informationen, indem du Zwischenüberschriften formulierst.

3. Präsentation erstellen Wähle ein Präsentationsmedium. Erstelle alle Materialien, auch eine Gliederung und eine Liste deiner Quellen.

4. Präsentation vorbereiten Notiere Stichpunkte auf Karteikarten. Überlege dir einen überraschenden oder fesselnden Einstieg. Beispiel: Foto eines Hundes, der auf einem Hausschuh herum kaut
Übe allein, vor Freunden oder deiner Familie. Bitte deine Zuhörer um Rückmeldung und überarbeite deine Präsentation eventuell.

5. Handout erstellen Gestalte den Inhalt übersichtlich, mit einem Lückentext oder einer Quizaufgabe am Ende. Lass Platz für Notizen.

6. Vortrag Lege deine Materialien, Anschauungsobjekte und Karteikarten bereit. Lies beim Vortrag möglichst wenig ab. Nach der Präsentation stehst du für Fragen bereit. Bedanke dich für die Aufmerksamkeit.

3

Tipps für eine Präsentation mit digitalen Folien
- Wähle ein Layout für alle Folien.
- Entscheide dich für eine Animation.
- Schriftfarbe und Hintergrund müssen sich deutlich voneinander abheben.
- Schreibe wenig Text, wähle eine gut lesbare Schriftgröße (mindestens 24 pt).
- Bilder, Zeichnungen oder Videos unterstützen den Vortrag.

Tipps für eine Präsentation mit Plakat
- Gestalte eine gute Überschrift.
- Gliedere dein Plakat in verschiedene Bereiche.
- Verbinde wenig Text und gute Abbildungen mit Linien oder Pfeilen.
- Lege alle Teile vorher auf, um die Wirkung zu überprüfen, lass Freiflächen.
- Schreibe sauber und klebe ordentlich auf.
- Wähle eine angemessene Schriftgröße, sodass das Plakat auch aus einem Abstand von drei Metern gut lesbar ist.

Der Hund – ein treuer Begleiter

1 Der Hund – ein Freund, der vieles mitmacht

Dein Hund ist ein guter Freund beim Spielen oder wenn du Kummer hast. Er besitzt noch weitere erstaunliche Fähigkeiten, die der Mensch für sich
5 nutzt. Der Hund ist das älteste und treueste Haustier des Menschen.

2 Höhlenmalerei einer Jagdszene mit Wölfen

Wolf und Mensch • Vor etwa 15 000 Jahren schlossen sich erstmals Wölfe dem Menschen an. Vermutlich fraßen sie
10 essbare Abfälle. Der Mensch erkannte, dass Wölfe Fähigkeiten besitzen, die ihm nützen können. Wölfe sind erfolgreiche Jäger. → 2 Sie spüren mit ihrer Nase weit entfernte Beute auf und
15 hören auch sehr leise Geräusche.

Zahme Wölfe? • Der Mensch begann junge Wölfe an sich zu gewöhnen. Er zog sie auf und nahm ihnen dadurch die Angst vor Menschen. Diese gezähm-
20 ten Tiere nutzte er zum Jagen, Hüten und Bewachen. Die Nachkommen dieser zahmen Wölfe wurden im Laufe der Jahrtausende treue Gefährten des Menschen. Scheue wilde Wölfe leben
25 heute wie damals weit entfernt vom Menschen in Rudeln in den Wäldern.

Züchtung • Im engen Zusammenleben mit gezähmten Wölfen erkannte der Mensch, dass die Nachkommen der
30 Tiere unterschiedliche Fähigkeiten und Merkmale besaßen. Für die Vermehrung wählte der Mensch nur die Tiere aus, die für ihn nützliche Fähigkeiten und Merkmale aufwiesen. Durch diese
35 Züchtung entstanden unsere heutigen Hunderassen. → 3

Gute Sinne • Du hast sicher schon beobachtet, dass Hunde immerzu herumschnüffeln. → 4 Sie nehmen mit ihrer
40 Nase Gerüche viel besser wahr als wir. Die Riechschleimhaut in der Nase des Hundes enthält etwa 230 Millionen Riechzellen. In unserer Nase befinden sich dagegen nur 25 Millionen Riech-
45 zellen. Der Hund orientiert sich als Nasentier in seiner Umwelt. Auch sein Gehör ist sehr viel empfindlicher als unseres. Der Hund kann damit Töne und Geräusche wahrnehmen, die wir
50 nicht hören können.

Jagen und Hetzen • Das Jagdverhalten haben unsere Hunde vom Wolf geerbt. Hunde jagen nicht, um Beute zu machen. Sie folgen dem Jagdtrieb. Das
55 Jagen und Hetzen wird durch schnelle Bewegungen der möglichen Beute ausgelöst.

> Der Mensch zähmte schon früh den Wolf. Durch Züchtung entstanden verschiedene Hunderassen. Hunde haben den Jagdtrieb von den Wölfen geerbt.

3 Verschiedene Hunderassen

4 Die feine Nase eines Spürhunds

Aufgaben

1 ○ Beschreibe ausführlich, wie der Hund zum Menschen kam.

2 ○ Nenne Fähigkeiten des Hunds, die der Mensch nutzt.

3 ◗ Beschreibe, wie sich der Hund in seiner Umwelt orientiert.

4 ● Erkläre, warum Hunde im Wald angeleint sein müssen.

Der Hund – ein treuer Begleiter

Material A

Viele Hunderassen

Durch Züchtung entstanden bis heute etwa 330 verschiedene Hunderassen. Sie unterscheiden sich im Aussehen, im Wesen und in der Verwendung.

1 Vergleiche die Hunderassen miteinander. → 1 – 3
   a ○ Nenne die Hunderasse, die am größten ist.
   b ○ Nenne die Hunderasse, die am wenigsten wiegt.
   c ◗ Erkläre, warum der Rauhaardackel als Jagdhund eingesetzt wird.

2 ◗ Erstelle einen Steckbrief für eine weitere Hunderasse.

Größe: etwa 60 Zentimeter
Gewicht: etwa 30 Kilogramm
Wesen: aufmerksam
Verwendung: Spürhund

1 Der Deutsche Schäferhund

Größe: etwa 70 Zentimeter
Gewicht: etwa 80 Kilogramm
Wesen: ruhig, gutmütig
Verwendung: Rettungshund

2 Der Bernhardiner

Größe: etwa 30 Zentimeter
Gewicht: etwa 7 Kilogramm
Wesen: mutig
Verwendung: Jagdhund

3 Der Rauhaardackel

Material B

Hunde haben Berufe

1 ○ Nenne die Berufe der Hunde und die Eigenschaften die sie dafür benötigen. → 4 – 8

4

5

6

7

8

Material C

Der Hund – ein Hetzjäger

9

10

Beim Verfolgen fliehender Beute erreicht der Hund eine enorme Schnelligkeit. → 9 10 Dabei graben sich die Krallen der Pfoten in den Untergrund und geben Halt.

1 ◖ Betrachte und beschreibe die Hundepfote. → 11

2 ◖ Erkläre die Aufgabe der Krallen beim schnellen Laufen.

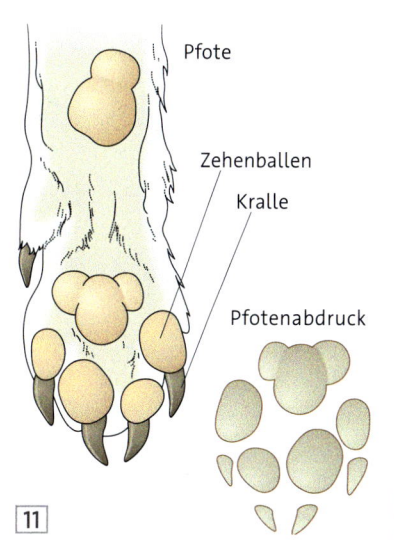

Pfote

Zehenballen

Kralle

Pfotenabdruck

11

Material D

Hundenase und Menschennase im Vergleich

Nasen sind innen mit einer Schleimhaut überzogen, die Riechzellen enthält. → 12 Beim Hund beträgt die Oberfläche dieser Schleimhaut 85 cm^2

(230 Millionen Riechzellen), beim Menschen nur 4 cm^2 (25 Millionen Riechzellen).

1 ● Zeichne für die Größen der Riechschleimhaut ein Säulendiagramm (Hochachse: Fläche in cm^2, Längsachse: Hund, Mensch).

2 ● Werte das Diagramm aus. Erkläre nun, wieso der Hund besser riechen kann als der Mensch.

3 ● Erkläre, wie die 85 cm^2 in der Nase des Hunds Platz finden. → 12

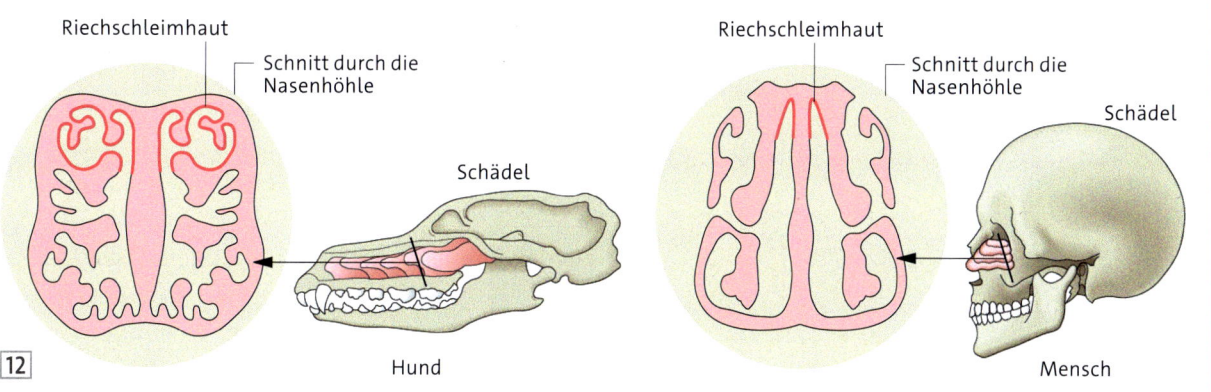

Riechschleimhaut

Schnitt durch die Nasenhöhle

Schädel

12

Hund

Riechschleimhaut

Schnitt durch die Nasenhöhle

Schädel

Mensch

Die Katze – ein Schleichjäger

Abb. prüfen

1 Katzen auf dem Heuboden

So friedlich und verträumt die Katze erscheint – sie hält einen Bauernhof frei von Mäusen. Wie schafft es die Katze, flinke Tiere wie Mäuse zu fangen?

2 Die Falbkatze

5 **„Stubentiger" aus Afrika** • Mit der beginnenden Landwirtschaft lagerten die Bauern Vorräte in Kornspeichern. Mäuse und Ratten fanden dort leicht Nahrung. Die Falbkatze, eine nord-
10 afrikanische Wildkatze, ernährte sich von diesen Nagern und gewöhnte sich so an die Nähe des Menschen. → **2** Von der Falbkatze stammen unsere heutigen zahmen Hauskatzen ab.
15 Aus den Hauskatzen züchtete der Mensch viele verschiedene Katzen-rassen. Sowohl die Hauskatzen als auch die anderen Katzenrassen haben sich ihre Wildheit bewahrt. Katzen
20 jagen im Gegensatz zu Hunden als Einzelgänger.

3 Das Jagdverhalten der Katze

Im Katzensprung auf Beutefang • Eine Katze schleicht sich langsam, in geduckter Haltung an ihre Beute heran.
25 → 3 Dabei tritt sie nur mit den Zehen auf. Sie ist ein Zehengänger. Auf weichen Fußballen mit eingezogenen Krallen nähert sich die Katze langsam und lautlos der Maus. Katzen sind Schleich-
30 jäger. In Sprungnähe lauert die Katze der Maus auf, ohne diese aus den Augen zu lassen. Plötzlich springt sie auf die Maus und schiebt dabei die scharfen Krallen aus den Zehenballen. Mit
35 den Krallen packt sie die Maus und tötet sie mit einem Biss in den Nacken.

Katzen jagen in der Dämmerung • Katzenaugen besitzen eine besondere Farbschicht im hinteren Teil des Auges,
40 die wie ein Spiegel wirkt. → 4 Dadurch wird das geringe Licht in der Dämmerung doppelt genutzt. Die Augen sind so besonders lichtempfindlich. Tagsüber sind die Pupillen zu
45 einem Schlitz verkleinert, um die Augen zu schützen. Bei wenig Licht sind die Pupillen groß und kreisrund. In völliger Dunkelheit sehen auch Katzen nichts. Sie orientieren sich
50 dann mithilfe der Schnurrhaare und des Gehörs. Die Ohren sind unabhängig voneinander in alle Richtungen drehbar. So orten Katzen ihre Beute.

4 Augen des Nachtjägers

> Katzen sind Schleichjäger. Sie greifen ihre Beute mit den Krallen. Im Dunkeln orientieren sie sich mithilfe ihrer empfindlichen Sinnesorgane.

Aufgaben

1 ○ Beschreibe mit eigenen Worten die Abstammung unserer Katzenrassen.

2 ◐ Beschreibe das Jagdverhalten eines Schleichjägers.

3 ● Erkläre, wie Katzen in der Dämmerung erfolgreich jagen.

Die Katze – ein Schleichjäger

Ein Körper für die Jagd

Katzen zeigen ein typisches Jagdverhalten. Geräuschlos schleichen sie sich in der Dämmerung oder beginnenden Nacht an ihre Beute an.

1 ◐ Betrachte die Bilder 1–4. Beschreibe die für das Jagdverhalten spezialisierten Körperteile.

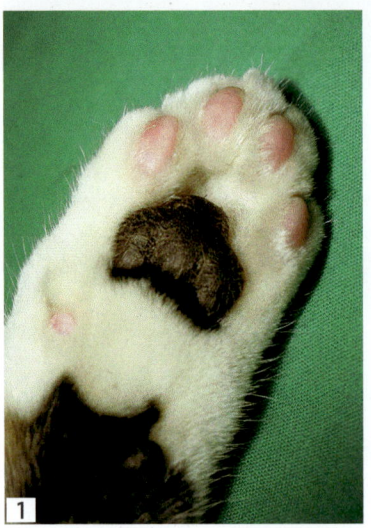

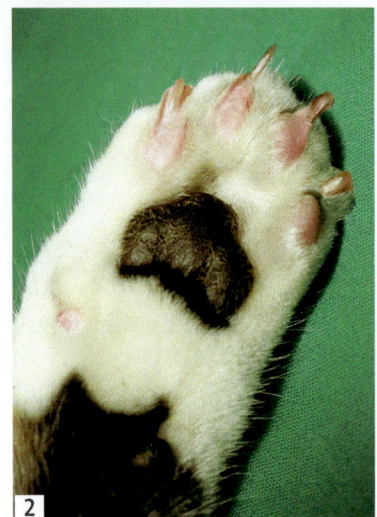

Menschenaugen – Katzenaugen

1 Betrachte die Augen deines Sitznachbarn im Hellen.
○ Beschreibe die Pupillen in den Augen deines Partners.

2 Dein Partner schließt ein Auge und schaut mit dem anderen für eine Minute ins Helle.

Nach einer Minute öffnet er das Auge und sieht dich an.
○ Beschreibe nun die Pupillen beider Augen.

3 ◐ Beschreibe die Augen der Katzen. → 5 6 Triff Aussagen zur Helligkeit.

4 ● Vergleiche die Pupillen von Mensch und Katze bei Helligkeit und Dunkelheit.

7

8

Überall Katzenaugen?

1 ◐ Betrachte Bild 7. Erkläre, warum die Augen der Katze leuchten.

2 ◐ Beschreibe die Gemeinsamkeit von Katzenaugen und Reflektoren. → 8

3 ● Achte auf deinem Schulweg auf alle Reflektoren, die dir im Straßenverkehr begegnen. Notiere in einer Tabelle, wo und wie die Reflektoren im Straßenverkehr eingesetzt werden. Erkläre ihre jeweilige Aufgabe.

Verständigung bei Katzen

1 ○ Ordne den Gesichtern der Katzen A–C Begriffe wie „ängstlich", „angriffslustig", oder „freundlich" zu.
→ 9 10

2 ◐ Ordne den Katzen 1–3 jeweils den passenden Gesichtsausdruck A–C zu.
→ 9 11

3 ● Stelle Vermutungen an, bei welchem Gesichtsausdruck die Katze schnurren oder fauchen wird.

Katzen verständigen sich durch ihre Körperhaltung und ihren Gesichtsausdruck. Eine Katze, die Kontakt aufnehmen will, streicht mit aufrecht wedelndem Schwanz, nach vorn gerichteten Ohren und großen Augen herum. Hat sie Angst, drückt sie sich an den Boden, legt den Schwanz an und die Ohren zurück. Wenn die Katze angreifen will, sträubt sie das Fell, macht einen Buckel und zeigt ihren buschig aufgestellten Schwanz.

9 Verständigung bei Katzen

A

B

C

10

1

2

3

11

Merkmale der Säugetiere

1 Säugende Katze mit Jungtieren

Entspannt liegt die Katze auf der Seite und säugt ihre Jungen. Dabei beobachtet sie aufmerksam ihre Umgebung. Bei Gefahr packt sie die Jungtiere
5 am Nackenfell und bringt sie in ein Versteck.

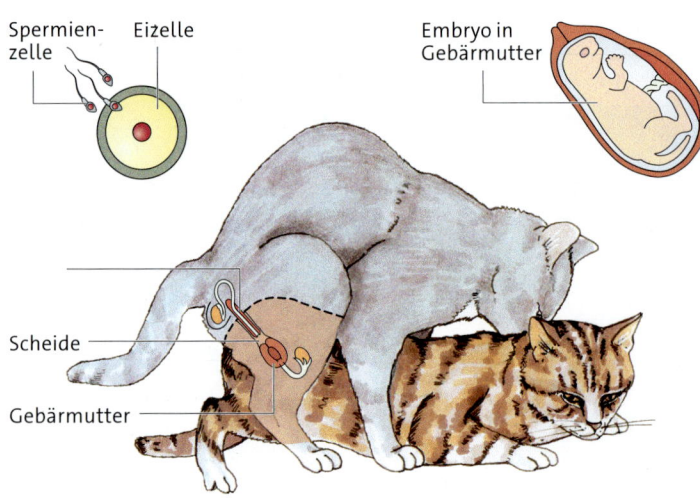

Spermien-
zelle Eizelle

Embryo in
Gebärmutter

Scheide

Gebärmutter

2 Paarung von Katze und Kater

Fortpflanzung und Entwicklung • Säugetiere bringen lebende Jungtiere zur Welt. Diese entwickeln sich nach der
10 Befruchtung einer Eizelle durch eine Spermienzelle im Körper der Mutter.
→ **2** Nach der Geburt werden Säugetiere von ihrer Mutter mit Milch aus den Milchdrüsen gesäugt. → **1**
15 Katzen und Hunde sind nach der Geburt noch sehr unselbstständig. Sie sind blind und taub, die Milchdrüsen finden sie mithilfe ihres Tast- und Geruchssinns. Solche Jungtiere werden Nest-
20 hocker genannt und müssen intensiv von den Eltern versorgt werden. Pferde und Rinder sind Nestflüchter. Sie werden mit offenen Augen geboren und finden sich sofort in ihrer Umwelt
25 zurecht. Schon wenige Minuten nach der Geburt können sie stehen und laufen. Auch Nestflüchter werden gesäugt.

Körperbau • Säugetiere besitzen ein innenliegendes Skelett mit einer stützenden Wirbelsäule. ➞ 3 Abhängig von ihrer Lebensweise können Säugetiere mit ihren vier Gliedmaßen laufen, klettern, graben, schwimmen oder fliegen. Das Gebiss ist an die Ernährung angepasst. Hunde und Katzen sind Fleischfresser. Kühe und Pferde dagegen gehören zu den Pflanzenfressern. Schweine, Ratten und auch der Mensch sind Allesfresser.

Körperbedeckung • Die Haut der meisten Säugetiere ist behaart. Zwischen den Fellhaaren entsteht ein Luftpolster, dadurch wird der Wärmeverlust verringert. Empfindliche Tasthaare dienen zur Orientierung. ➞ 4 Säugetiere haben eine gleichbleibend hohe Körpertemperatur, daher werden sie als gleichwarm bezeichnet.

Atmung • Säugetiere atmen mithilfe von Lungen. Hier erfolgt der Gasaustausch: Das Blut nimmt Sauerstoff auf und gibt Kohlenstoffdioxid ab.

Merkmale der Säugetiere • Einige der genannten Merkmale finden sich auch bei anderen Tieren. Allerdings haben nur Säugetiere eine behaarte Haut und säugen ihre Jungtiere mit Milch.

> Säugetiere bringen lebende Jungtiere zur Welt. Diese säugen sie mit Milch aus ihren Milchdrüsen. Säugetiere sind gleichwarm. Sie haben behaarte Haut und atmen mithilfe von Lungen.

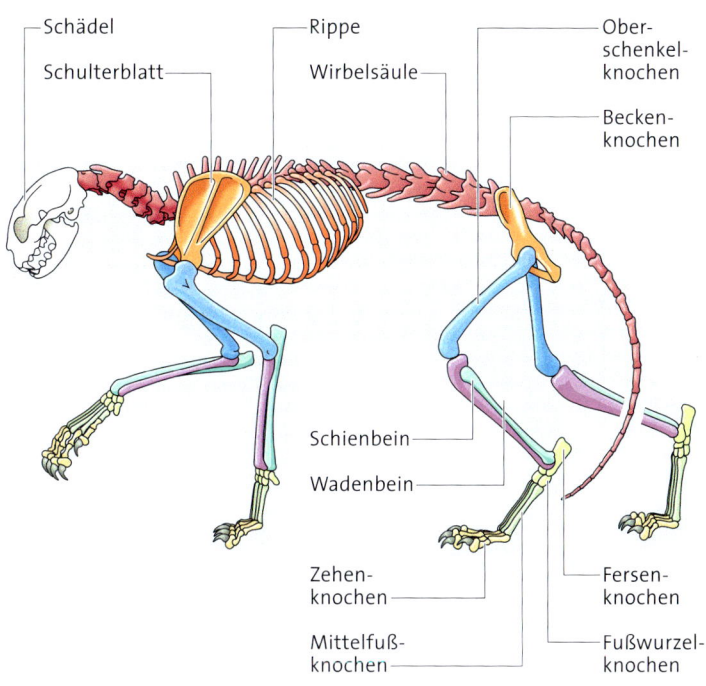

3 Skelett der Katze

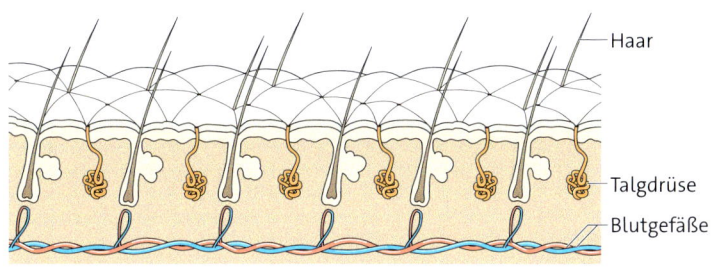

4 Hautquerschnitt

Aufgaben

1 ○ Nenne die Kennzeichen der Säugetiere.

2 ◗ Vergleiche Nesthocker und Nestflüchter.

3 ● Begründe, warum Meerschweinchen zu den Säugetieren gehören.

143

Merkmale der Säugetiere

Material A

Tragzeiten von Säugetieren

Die Zeit von der Befruchtung bis zur Geburt eines Säugetieres wird als Tragzeit bezeichnet. Sie ist bei verschiedenen Säugetieren unterschiedlich lang. ➜ 1

	Tragzeit (Tage)	Länge (cm)
Rind	ca. 285	ca. 200
Schwein	ca. 115	ca. 150
Katze	ca. 60	ca. 50
Igel	ca. 35	ca. 25
Maus	ca. 20	ca. 10

1 Tragzeiten und Körpergrößen

1 ○ Stelle die Tragzeit in Abhängigkeit von der Körperlänge in einem Punktdiagramm dar. ➜ 1

2 ◖ Beschreibe den Zusammenhang zwischen Tragzeit und Körperlänge.

Material B

Ernährung und Darmlänge

Säugetiere sind je nach Art Pflanzen-, Fleisch- oder Allesfresser. Pflanzliche Nahrung ist schwerer zu verdauen als tierische. Sie muss daher länger im Darm der Pflanzenfresser verbleiben als tierische Nahrung im Darm der Fleischfresser.

1 ○ Ordne den Tieren in Bild 2 den jeweils richtigen Wert D der Tabelle zu. Begründe deine Zuordnung.

2 ◖ Stelle deine Zuordnung mithilfe eines Säulendiagramms dar.

3 ◖ Werte das Säulendiagramm aus. Formuliere einen Merksatz, der den Zusammenhang zwischen Nahrung und Darmlänge beschreibt.

4 ● Diskutiert in der Gruppe, ob der Mensch eurer Meinung nach zu den Fleisch-, Pflanzen- oder Allesfressern gehört.

Werte für D
27 mal Körperlänge
21 mal Körperlänge
14 mal Körperlänge
5 mal Körperlänge
4 mal Körperlänge

Schaf
Darmlänge = D mal Körperlänge
(Körperlänge: 1,50 Meter)

Mensch
Darmlänge = 5 mal Körperlänge
(Körperlänge: 1,70 Meter)

Schwein
Darmlänge = D mal Körperlänge
(Körperlänge: 1,50 Meter)

Rind
Darmlänge = 21 mal Körperlänge
(Körperlänge: 2,00 Meter)

Katze
Darmlänge = D mal Körperlänge
(Körperlänge: 0,50 Meter)

2 Darmlängen verschiedener Lebewesen

Erweitern und Vertiefen

Nesthocker und Nestflüchter

3 | Das Wildkaninchen

4 | Der Feldhase

Das Wildkaninchen • Das Wildkaninchen gräbt einen unterirdischen Erdbau mit einem Wohnkessel und einem verzweigten Gangsystem. Bei Gefahr findet es hier Schutz. Für
5 die Geburt der Jungtiere legt das Weibchen im Bau ein Nest an. Dieses polstert es mit Gras und ausgerupften Haaren aus seinem Fell aus. Nach einer Tragzeit von ungefähr 32 Tagen bringt das Weibchen hier bis zu
10 siebenmal im Jahr fünf bis neun Jungtiere zur Welt. Bei der Geburt wiegen sie 40 bis 50 Gramm. Sie sind noch nackt und blind. Erst nach 10 Tagen öffnen sie die Augen. Mit drei Wochen verlassen sie das erste Mal
15 den Bau. Die jungen Kaninchen werden vier Wochen lang von dem Muttertier gesäugt. Alle Wirbeltiere, die wie die Kaninchen noch lange Zeit nach der Geburt von den Eltern versorgt werden, nennt man Nesthocker.

20 **Der Feldhase •** Der Feldhase scharrt sich eine flache Mulde. Bei Gefahr duckt er sich hier

reglos hinein. Er kann aber im Notfall auch mit einer Höchstgeschwindigkeit von 70 Kilometer pro Stunde flüchten. In der Mulde bringt die
25 Häsin nach 42 Tagen Tragzeit bis zu viermal im Jahr ein bis fünf Jungtiere zur Welt. Die Junghasen wiegen 100 bis 150 Gramm. Sie haben bereits ein Fell und ihre Augen sind geöffnet. Die Junghasen leben allein, aber zweimal am
30 Tag kommt die Häsin zu ihnen und säugt sie. Feldhasen sind Nestflüchter.

> Nesthocker kommen oft nackt und blind zur Welt und werden von den Eltern noch lange versorgt. Nestflüchter kommen sehr weit entwickelt zur Welt und finden sich sofort in ihrer Umwelt zurecht.

Aufgabe

1 ◐ Vergleiche Wildkaninchen und Feldhase miteinander. Lege dazu eine Tabelle an.

Das Rind – ein Nutztier

1 Kühe werden gemolken.

Kühe fressen Gras und geben Milch. Was nutzen wir sonst noch von der Kuh? Wie wird aus Gras Milch?

Kuh = weibliches Rind

Kalb = junges Rind

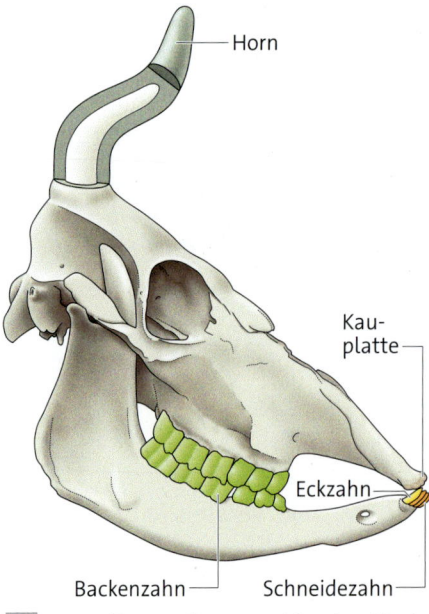

Horn

Kau-platte

Eckzahn

Backenzahn

Schneidezahn

2 Das Pflanzenfressergebiss des Rinds

Rinder sind Pflanzenfresser • Rinder
5 ernähren sich von schwer verdaulichen Gräsern, Kräutern und Klee. Sie
umschlingen die Grasbüschel mit der
rauen Zunge. Die Schneidezähne des
Unterkiefers pressen das Gras gegen
10 die Kauplatte im Oberkiefer. → **2**
Dann werden die Grasbüschel durch
Heben des Kopfs abgerissen. Die
Nahrung wird unzerkaut hinunterge-
schluckt. So nehmen Rinder in kurzer
15 Zeit viel Nahrung auf.

Kauen, kauen, kauen • Das Gras gelangt über die Speiseröhre in einen
Vorratsmagen, den Pansen. → **3** Erst
wenn der Pansen gefüllt ist, stellt das
20 Rind das Fressen ein. Im Pansen wird
das Gras eingeweicht und vorverdaut.
Kleinste Lebewesen unterstützen das
Zersetzen der schwer verdaulichen

pflanzlichen Nahrung. Portionsweise
25 werden die vorverdauten Grasballen
vom Pansen in den Netzmagen ge-
drückt. ➝ 3 Von dort werden die
Nahrungsportionen durch Aufstoßen
wieder in das Maul zurückbefördert.
30 Während des Ruhens werden sie im
Maul zwischen den dicken, flachen
Backenzähnen des Pflanzenfresser-
gebisses zerrieben. ➝ 2 Rinder kauen
die hochgewürgten Nahrungsportio-
35 nen mehrmals. Sie werden deshalb
Wiederkäuer genannt. Das wiederge-
käute Gras rutscht dann über den Pansen in den Netzmagen. Von dort gelangt das zerkaute Futter weiter in den
40 Blättermagen. Hier wird dem Nahrungsbrei überschüssiges Wasser ent-
zogen. Im anschließenden Labmagen
werden die Nährstoffe in ihre Baustei-
ne zerlegt. ➝ 3 Der Labmagen beför-
45 dert den Nahrungsbrei in den Darm,
dort werden die Nährstoffbausteine
aufgenommen.

Die Milch entsteht • Die Nährstoffe aus
der Nahrung werden über das Blut im
50 ganzen Körper verteilt. Im Euter befinden sich Milchdrüsen, hier entsteht
Milch durch die Vermischung von Wasser mit Fett, Eiweißstoffen und Zucker.

Nutzung des Rinds • Kühe liefern erst
55 Milch, nachdem sie ein Kalb zur Welt
gebracht haben. Das Melken erfolgt
heute mit Maschinen. ➝ 1 Rinderras-
sen, die wenig Milch geben, liefern als
Schlachttiere Fleisch. Der Mensch nutzt
60 das Rind vielfältig. Er verarbeitet nahe-
zu jedes Körperteil des Rinds. ➝ 4

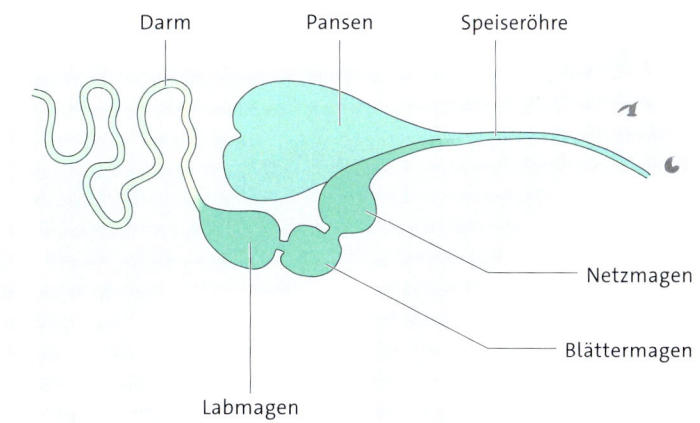

3 Der Weg der Nahrung

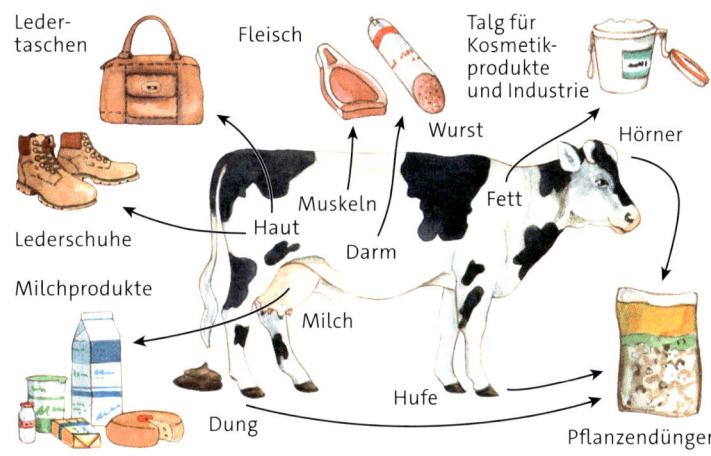

4 Nutzen des Rindes

Rinder sind Wiederkäuer mit Pflanzenfressergebiss. Sie werden in vielfältiger
Form vom Menschen genutzt.

Aufgaben

1 🖐 Nenne die verschiedenen Mägen
und ihre Aufgaben.

2 ○ Erkläre an zwei Beispielen, welche
Teile vom Rind genutzt werden.

Das Rind – ein Nutztier

Material A

Enthält Milch Eiweiß und Fett?

Materialliste:
2 Reagenzgläser mit Stopfen, 4 Pipetten, Ei, Milch, Zitronensaft, Öl, Löschblatt

1 Zitronensaft lässt Eiweiß ausflocken. Führe folgenden Versuch durch. Trenne das Eiklar (Eiweiß) vom Eigelb. Fülle etwas Eiklar (Eiweiß) in das erste Reagenzglas. Gib mit einer Pipette Zitronensaft dazu. Schüttle die Mischung. ○ Beschreibe deine Beobachtungen.

2 Fülle Milch in das zweite Reagenzglas. Gib Zitronensaft dazu und schüttle. ◐ Beschreibe und erkläre deine Beobachtungen.

3 Tropfe jeweils mit einer sauberen Pipette Öl, Wasser und Milch nebeneinander auf das Löschblatt. Umrande und beschrifte die Tropfen. Trockne das Löschblatt. ◐ Beschreibe und erkläre deine Beobachtungen.

Material B

Käse selbst hergestellt

Materialliste: 2 L Milch, Becherglas (2 L), Zitronensaft, Heizrührgerät, flaches Sieb, sauberes Tuch, 2 Glasschalen, Gewichte, 50 g Salz, Kochtopf, Messer, 500 mL Wasser

1 Schüttet die Milch in das Becherglas und erwärmt sie auf dem Heizrührgerät auf 30 Grad Celsius. Gebt so viel Zitronensaft hinzu, dass die Milch flockig wird. → 1

2 Legt nun das Sieb mit dem Tuch aus und stellt es auf die Glasschale. Schüttet die Milch aus dem Becherglas in das Sieb und lasst die Flüssigkeit einen Tag abtropfen. → 1

3 Nehmt das Tuch aus dem Sieb und legt es flach aus. Stellt dann die zweite Glasschale mit Gewichten etwa 3 Stunden auf den Käse. → 1

4 Kocht 50 Gramm Salz in einem halben Liter Wasser auf. Lasst die Salzlösung danach abkühlen.

5 Schneidet den gepressten Käse in große Würfel. Legt diese für 30 Minuten in die Salzlösung. → 1

6 Nach dem Abspülen ist der Käse fertig. Ihr könnt ihn wie Mozzarella mit Tomaten verzehren.

1 Herstellung von Käse

Material C

Herstellung von Joghurt

Materialliste:
150 g Naturjoghurt (nicht wärmebehandelt), 1 L H-Milch (3,5 % Fett), 2 Schüsseln (eine mit Deckel), Schneebesen, 3 Marmeladengläser mit Deckel, 1 L Wasser (kochend), 1 dickes Handtuch

1 Beachtet, dass eure Zutaten Zimmertemperatur haben. Gießt die Milch und den Joghurt in eine Schüssel. Verrührt beides gut mit dem Schneebesen. ➔ 2

2 Füllt die Mischung in die Marmeladengläser. ➔ 2 Verschließt die Gläser und stellt sie in die zweite Schüssel.

3 Gießt das kochende Wasser in die Schüssel. Beachtet, dass das Wasser so hoch steht wie der Joghurt in den Gläsern. ➔ 2

4 Schließt den Deckel der Schüssel und schlagt sie in das Handtuch ein. ➔ 2

5 Nach 12 Stunden stellt ihr die Gläser kühl. Der Joghurt ist fünf Tage haltbar.

2 Herstellung von Joghurt

Material D

Milchprodukte erkennen

Materialliste:
frische Vollmilch, Naturjoghurt, Quark, Käse, saubere Petrischalen, Augenbinde, Teelöffel

1 Bildet Vierergruppen. Wählt je Gruppe eine Versuchsperson, die zunächst den Raum verlässt. Verteilt die Milchprodukte auf nummerierte Petrischalen. Verbindet der Versuchsperson die Augen.

a ○ Stellt der Versuchsperson diese Aufgaben: Bestimme Geruch, Geschmack und Festigkeit der Produkte. Benenne sie.

b ○ Haltet die Ergebnisse in einer Tabelle fest. ➔ 3

	Milch	Joghurt	Quark	Käse
Geruch	…	…	…	…
Geschmack	…	…	…	…
Festigkeit	…	…	…	…
Name	…	…	…	…

3 Tabelle zur Verkostung von Milchprodukten

Haltung von Nutztieren

1 Das Hausschwein

Auch Schweine gehören zu den Nutztieren.

So ein Schwein? • Schweine, die im Freien gehalten werden, wühlen im
5 Boden nach Nahrung und wälzen sich im Schlamm. → **1** Das Schlammbad dient der Hygiene. Es bietet Schutz gegen Krankheiten, zudem kühlt es im Sommer.

10 **Das Schwein – ein Allesfresser** •
Schweine haben ein Gebiss mit scharfen Eckzähnen und kräftigen Backenzähnen. Damit weist es sowohl Merkmale der Pflanzenfresser als auch der
15 Fleischfresser auf. Schweine besitzen ein Allesfressergebiss. → **2**
Hausschweine werden vor allem mit Getreide, Mais und Kartoffeln gefüttert.

20 **Nutzen des Hausschweins** • Schweine werden gezüchtet, um die hohe Nachfrage nach Schweinefleisch zu decken. Die Haltung erfolgt oft in Mastbetrieben, in denen Schweine schon nach
25 sechs bis zehn Monaten schlachtreif sind. Neben dem Fleisch wird vom Schwein fast alles verwertet: Borsten für Pinsel und Bürsten, die Haut als Leder und der Kot als Dünger.
30 Schweine besitzen einen guten Geruchssinn. Deshalb werden sie zur Suche von Trüffeln, einer besonders seltenen Pilzart, eingesetzt. Schweine können sogar Drogen aufspüren.

> Schweine haben ein Allesfressergebiss. Der Mensch hält sie vorwiegend, um ihr Fleisch zu nutzen.

Aufgabe

1 ◔ Nenne die Besonderheiten eines Allesfressergebisses. → **2**

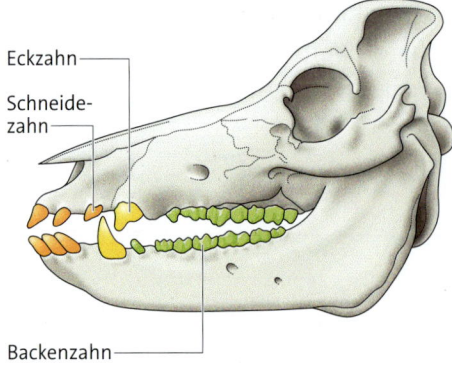

Eckzahn

Schneidezahn

Backenzahn

2 Das Allesfressergebiss des Schweins

Material A

Die wild lebenden Verwandten

1 ◐ Vergleiche Hausschweine und Wildschweine im Hinblick auf Körperbehaarung und Nahrung. → ☐1☐ ☐3☐

2 ◐ Beschreibe den Nutzen des Borstenfells für Wildschweine.

Wildschweine leben im Familienverband, der Rotte. Sie wühlen im Waldboden nach Nahrung wie Wurzeln, Eicheln oder Würmern. Schlammtümpel werden zum Wälzen genutzt.
Wildschweine besitzen ein Fell mit sichtbaren Borsten und kurzer, wollartiger Behaarung. Das Fell dient der Tarnung. Zudem bietet es Schutz vor Kälte und vor Verletzung im Unterholz.

☐3☐ Wildschweine im Wald

Material B

Intensivtierhaltung

1 ◐ Vergleiche die Lebensbedingungen für das Hausschwein bei Intensivtierhaltung und Freilandhaltung. → ☐4☐ – ☐6☐

In der Intensivtierhaltung leben viele Schweine auf einem Gitterboden in einer engen Schweinebox. Sie können sich weder im Freien bewegen noch wälzen.
Bei der artgerechten Tierhaltung von Nutztieren ist die Haltung den typischen Lebensbedingungen der Tierart ähnlich. Die Freilandhaltung ist eine Form der artgerechten Tierhaltung, weil die Tiere ins Freie können und einen Stall mit Stroh haben.

☐4☐ Tierhaltungsformen

☐5☐ Intensivtierhaltung

☐6☐ Freilandhaltung

Haltung von Nutztieren

Haltung des Haushuhns

1 Das Bankivahuhn

2 Die Kleingruppenhaltung

Bankivahuhn • Der Mensch hält seit etwa 5000 Jahren Hühner als Nutztiere. Alle heutigen Hühnerrassen stammen vom Bankivahuhn ab. → 1 Es lebt wild in den Wäldern Indiens und
5 Südostasiens. Bankivahühner werden etwa ein Kilogramm schwer und sind erheblich kleiner als die meisten Haushühner. Die Tiere leben in Gruppen aus mehreren Hennen und einem Hahn. Sie ernähren sich von den Knospen und
10 Samen der Waldkräuter. Außerdem scharren sie im Waldboden nach Würmern und Larven. Sie baden im Sand, um ihr Gefieder zu pflegen. Zum Übernachten fliegen sie auf Schlafbäume. Einmal im Jahr brütet die Henne vier bis sechs
15 Eier aus.

Hühnerrassen • Leistungsfähige Haushühner legen etwa 300 Eier pro Jahr. In Deutschland isst jeder Mensch etwa 220 Eier im Jahr. Das sind insgesamt etwa 18 Milliarden Eier. Dieser
20 Bedarf kann nicht gedeckt werden, wenn die Hühner frei auf einem Bauernhof laufen. Deshalb gibt es verschiedene Haltungsformen.

Kleingruppenhaltung • In einem Käfig leben Kleingruppen von bis zu fünf Tieren. Jedem
25 Huhn stehen gesetzlich 800 Quadratzentimeter Fläche zu. Das ist etwas mehr als diese Buchseite. Die Käfige sind übereinandergestapelt. → 2 Kleine Käfigbereiche besitzen einen festen Untergrund zum Scharren. Die Hühner stehen
30 auf Drahtgittern, Kot und Futterreste fallen hindurch. Die Tiere haben keinen Auslauf, aufgrund der Enge verletzen sie sich oft gegenseitig. Tierschützer meinen, dass die Tiere durch diese Haltung gequält werden. Sie berufen sich auf
35 das Tierschutzgesetz, wonach ein Tier entsprechend seinen Bedürfnissen gehalten, ernährt und gepflegt werden muss. Dies wird artgerechte Tierhaltung genannt.

Bodenhaltung • Die Hühner können sich im Stall
40 frei bewegen, scharren und picken. Futter und Wasser werden durch Automaten bereitgestellt. → 3 An den Stallseiten befinden sich Legenester. Auf einem Quadratmeter Boden dürfen maximal sieben Tiere gehalten werden.

3 Die Bodenhaltung

4 Die Freilandhaltung

45 **Freilandhaltung** • Die Hühner leben ähnlich wie bei der Bodenhaltung, haben aber tagsüber Auslauf im Freien. ▸ 4 Die Auslauffläche beträgt pro Huhn vier Quadratmeter. Es ist viel Personal nötig, um die versteckten Nester und
50 Eier im Freien zu finden. Von ökologischer Haltung spricht man, wenn zusätzlich Futter aus ökologischer Produktion verwendet wird.

Der Eiercode • Hühnereier werden mit einem Code gekennzeichnet. ▸ 5 Die erste Zahl gibt
55 die Haltungsform an: 1 für Freilandhaltung, 2 für Bodenhaltung, 3 für Kleingruppenhaltung und 4 für ökologische Haltung. Die beiden Buchstaben bezeichnen das Herkunftsland, DE steht für Deutschland, AT für Österreich. Die
60 Zahlenfolge danach ist die Nummer des Erzeugerbetriebs.

> Bei der Haltung von Hühnern unterscheidet man Kleingruppenhaltung, Bodenhaltung, Freilandhaltung und ökologische Haltung.

Aufgaben

1 ● Nimm Stellung zu den verschiedenen Haltungsformen.

2 ● In einem Supermarkt werden gleich große Eier zu 15 Cent pro Stück und zu 30 Cent pro Stück angeboten. Erkläre, warum das so ist.

3 ● Deutsche Eier stammen zum größten Teil aus der Bodenhaltung. Stelle Vermutungen über die Gründe dafür an.

5 Hühnerei mit Code

Merkmale der Wirbeltiere

1 Verschiedene Wirbeltiere

Die abgebildeten Tiere sehen sehr verschieden aus, sind aber trotzdem miteinander verwandt. Woran kann man das erkennen?

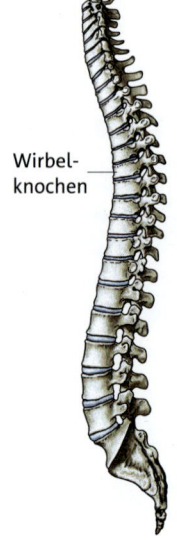

Wirbel-
knochen

2 Wirbelsäule
des Menschen

5 **Wirbelsäule** • Alle diese Tiere haben eine Gemeinsamkeit: ein innen liegendes Skelett mit einer Wirbelsäule. Auch der Mensch besitzt eine Wirbelsäule. → 2 Sie besteht aus vielen Wirbelkno-
10 chen, die durch Gelenke miteinander verbunden sind. So verleiht sie dem Körper eine große Stabilität und eine hohe Beweglichkeit. Nach diesem gemeinsamen Merkmal ist die Gruppe der
15 Wirbeltiere benannt. Sie besteht aus den fünf Klassen: Säugetiere, Vögel, Reptilien, Amphibien und Fische.

Stammbaum der Wirbeltiere • Die Entstehung der Wirbeltiere kann man
20 anhand von Versteinerungen nachvollziehen. Sie zeigen, dass alle Wirbeltiere von einem gemeinsamen Vorfahren abstammen. → 3

Skelett und Fortbewegung • Der Kno-
25 chenbau der Gliedmaßen bestimmt die Fortbewegungsmöglichkeiten eines Tieres. Flossen ermöglichen den Fischen das Schwimmen, während viele Amphibien und Reptilien durch
30 die seitlich vom Körper abstehenden Gliedmaßen langsam kriechen können. Unterhalb des Körpers ansetzende Beine ermöglichen den Säugetieren

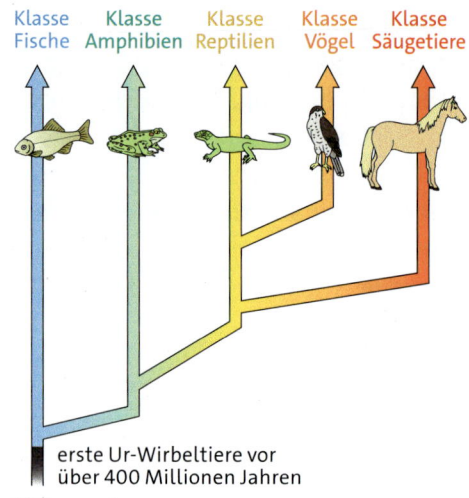

Klasse Fische Klasse Amphibien Klasse Reptilien Klasse Vögel Klasse Säugetiere

erste Ur-Wirbeltiere vor
über 400 Millionen Jahren

3 Stammbaum der Wirbeltiere

dagegen ein schnelles Laufen. Vögel
35 bewegen sich mithilfe ihrer Flügel vor
allem fliegend fort.
Der Körper aller Wirbeltiere ist in Kopf,
Körper und zwei Paar Gliedmaßen
oder Flossen gegliedert. → 4

40 **Fortpflanzung und Entwicklung** • Aus
den befruchteten Eizellen von Fischen
und Amphibien entwickeln sich im
Wasser zunächst Larven, die sich von
den erwachsenen Tieren unterschei-
45 den. Aus den Larven entwickeln sich
durch Metamorphose die Jungtiere.
Das Larvenstadium fehlt bei der Entwicklung der auf dem Land lebenden
Wirbeltiere. Die Eier von Reptilien be-
50 sitzen eine dünne, pergamentartige
Schale, die sie vor dem Austrocknen
schützt. Die feste Kalkschale der Vogeleier bietet zusätzlich einen Schutz
vor Beschädigungen. Die Nachkom-
55 men der Säugetiere entwickeln sich
geschützt im Körper des Muttertiers.

Haut und Atmung • Fische atmen mithilfe von Kiemen, ihre Haut ist von
Schuppen bedeckt. Amphibien atmen
60 als Larven mithilfe von Kiemen, als
erwachsene Tiere über Lungen und
ihre feuchte Haut. Reptilien, Vögel und
Säugetiere atmen mithilfe von Lungen.
Die Haut von Reptilien ist mit Schup-
65 pen bedeckt. Vögel besitzen Federn,
Säugetiere haben meist ein Fell.

> Wirbeltiere besitzen ein Innen-
> skelett mit Wirbelsäule. Sie sind
> miteinander verwandt. Wirbeltiere
> werden in fünf Klassen eingeteilt.

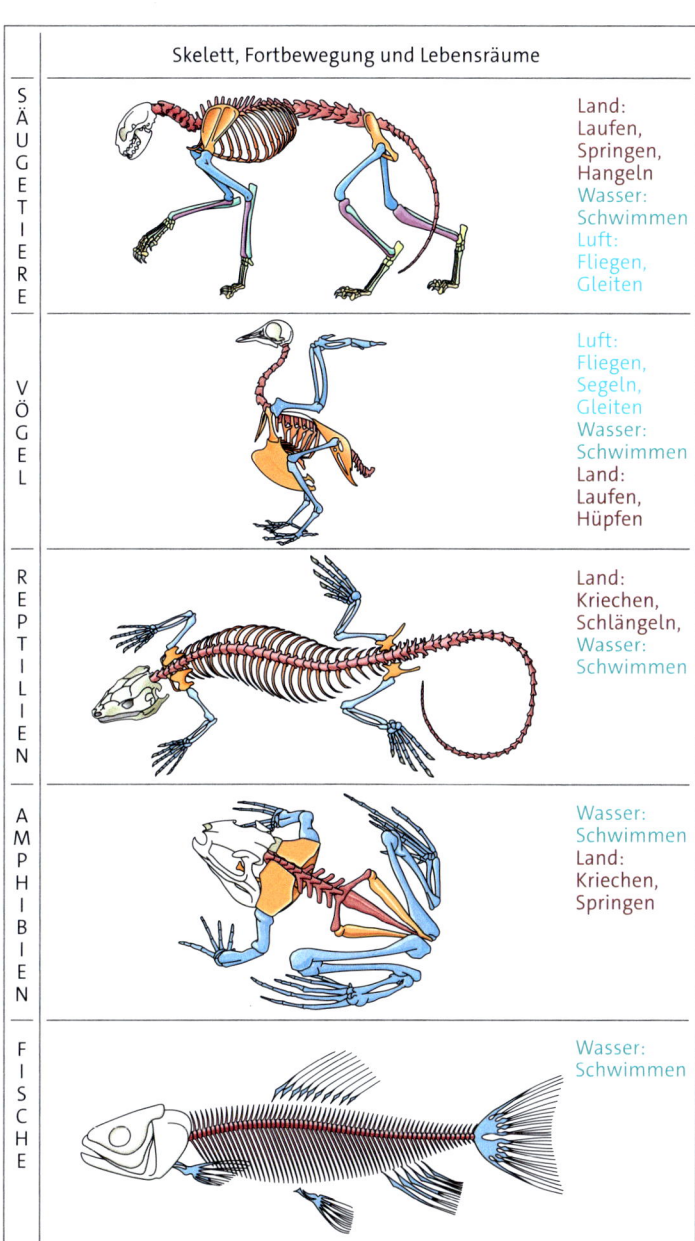

Skelett, Fortbewegung und Lebensräume

SÄUGETIERE
Land:
Laufen,
Springen,
Hangeln
Wasser:
Schwimmen
Luft:
Fliegen,
Gleiten

VÖGEL
Luft:
Fliegen,
Segeln,
Gleiten
Wasser:
Schwimmen
Land:
Laufen,
Hüpfen

REPTILIEN
Land:
Kriechen,
Schlängeln,
Wasser:
Schwimmen

AMPHIBIEN
Wasser:
Schwimmen
Land:
Kriechen,
Springen

FISCHE
Wasser:
Schwimmen

4 | Merkmale der Wirbeltiergruppen im Vergleich

Aufgabe

1 ○ Beschreibe die Merkmale der fünf
Wirbeltierklassen.

Merkmale der Wirbeltiere

Material A

Die Wirbeltiere

1 ○ Vervollständige den Bestimmungsschlüssel. → 1 Schreibe dazu die Zahlen 1 bis 5 zusammen mit den Namen der Wirbeltierklassen in dein Heft.

2 ◐ Gib für jede Wirbeltierklasse zwei Tiere als Beispiel an. Benutze dazu dieses Buch.

1 Bestimmungsschlüssel für Wirbeltiere

Material B

Das Schnabeltier

Das Schnabeltier lebt in Australien im Wasser und an Land. Es atmet mit Lungen und wird bis 40 Zentimeter lang. Es besitzt einen Hornschnabel. Zur Fortpflanzung legt das Weibchen in einer Höhle große Eier. Die geschlüpften Jungtiere ernähren sich von Milch. Die Milchdrüsen enden beim Weibchen in einem Drüsenfeld im Brustbereich. Die Jungtiere lecken die austretende Milch auf. Das Schnabeltier besitzt wasserabweisende Haare.

2 Das Schnabeltier

1 ○ Beschreibe die Merkmale des Schnabeltiers.

2 ● Entscheide, zu welcher Wirbeltierklasse das Schnabeltier gehört. Begründe deine Entscheidung.

Material C

Knochenbau vergleichen

1 ⃝ Beschreibe den Knochen-
bau beim Armskelett von
Vogel und Mensch. → 3

2 ◐ Nenne Ähnlichkeiten
und Unterschiede zwischen
den beiden Armskeletten.
Erstelle eine Tabelle.

3 ● Begründe, warum die
Armskelette von Vogel und
Mensch ähnlich gebaut
sind.

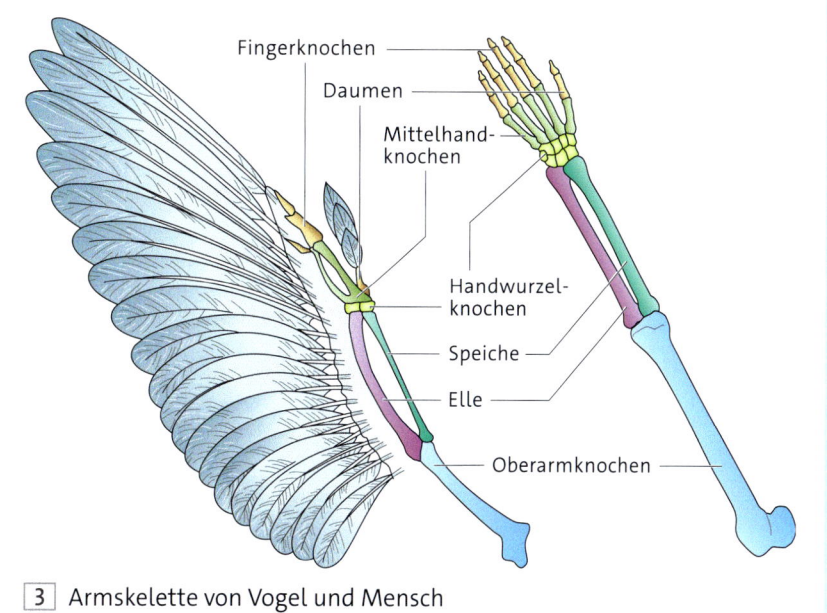

3 Armskelette von Vogel und Mensch

Material D

Körpertemperatur

In einem Versuch haben Forscher an einem Sommertag
zu bestimmten Uhrzeiten die
Lufttemperatur gemessen.
Gleichzeitig haben sie auch die
Körpertemperatur von zwei verschiedenen Tieren gemessen.

1 ◐ Erstelle aus den Werten
der Tabelle ein Diagramm
(y-Achse: Temperatur in °C,
x-Achse: Uhrzeit).

2 ● Ordne den Tieren die Begriffe wechselwarm oder
gleichwarm zu. Begründe
deine Zuordnung.

3 ● Notiere Vermutungen
über die Fortbewegungs-
fähigkeit von gleichwarmen
und wechselwarmen Wir-
beltieren zu verschiedenen
Tages- und Jahreszeiten.

4 Ein gleichwarmes und ein
wechselwarmes Wirbeltier

Zeit	Temperatur		
Sommertag	Luft	Tier 1	Tier 2
8 Uhr	16,0 °C	38,8 °C	16,0 °C
10 Uhr	22,0 °C	38,8 °C	21,5 °C
14 Uhr	35,0 °C	38,8 °C	34,7 °C
18 Uhr	26,0 °C	38,8 °C	26,0 °C
20 Uhr	20,0 °C	38,8 °C	20,0 °C

Sind Pflanzen lebendig?

1 Eine Gelbhalsmaus knabbert an einem Lerchensporn.

Die Maus muss Nahrung aufnehmen, um zu überleben. Ernährt sich die Pflanze ebenfalls und kann sie sich bewegen? Besitzt sie alle Kennzeichen 5 **des Lebendigen?**

Pflanzen bewegen sich • Pflanzen sind meist fest in der Erde verwurzelt, dennoch bewegen sie sich. Blütenpflanzen öffnen und schließen ihre 10 Blüten je nach Tageszeit oder bei Temperaturveränderungen.

Einige fleischfressende Pflanzen wie die Venusfliegenfalle bewegen sich sogar so schnell, dass sie Insekten fan 15 gen können. → 2

Pflanzen reagieren auf Reize • Pflanzen können Reize wahrnehmen und darauf reagieren. Zimmerpflanzen wachsen immer zum Sonnenlicht hin. 20 Die Mimose kann Berührungen wahrnehmen und innerhalb von Sekunden ihre Blätter zusammenklappen. → 2

Pflanzen wandeln Stoffe um • Mit ihren Wurzeln nehmen Pflanzen aus dem 25 Boden Wasser und Mineralstoffe auf. Über ihre Blätter können sie Kohlenstoffdioxid aufnehmen und Sauerstoff abgeben. Im Innern der Pflanzen werden diese Stoffe durch Leitungsbahnen 30 transportiert.

2 Venusfliegenfalle und Mimose

Aus Kohlenstoffdioxid und Wasser wird mithilfe des Sonnenlichts Traubenzucker und Sauerstoff gebildet. Diesen Vorgang nennt man Fotosyn-
35 these. → 3
Der Zucker wird für das Wachstum der Pflanze benötigt und in den Früchten gespeichert.

Pflanzen wachsen • Aus einem winzigen
40 Samen entsteht unter den richtigen Bedingungen eine große Pflanze. Dafür werden ausreichend Wasser, Wärme, Licht und Kohlenstoffdioxid benötigt. Einige Pflanzen wie zum Beispiel der
45 Bambus wachsen viele Zentimeter pro Tag. An Früchten kann man ebenfalls das Wachstum erkennen, da sie sich aus befruchteten Blüten entwickeln. → 4

50 **Fortpflanzung bei Pflanzen** • Nach Bestäubung und Befruchtung von Blüten bildet die Pflanze Früchte mit Samen. Die Bestäubung kann durch Insekten oder den Wind erfolgen. Aus
55 den Samen entwickeln sich wieder neue Pflanzen.
Manche Arten pflanzen sich auch ohne Samen fort, indem sie Knollen, Zwiebeln oder Ableger bilden.

> Pflanzen zeigen alle Kennzeichen des Lebendigen:
> Sie können sich bewegen und auf Reize aus der Umwelt reagieren.
> Sie wandeln Stoffe um, die sie für ihre Entwicklung, ihr Wachstum und ihre Fortpflanzung brauchen.
> Pflanzen sind Lebewesen.

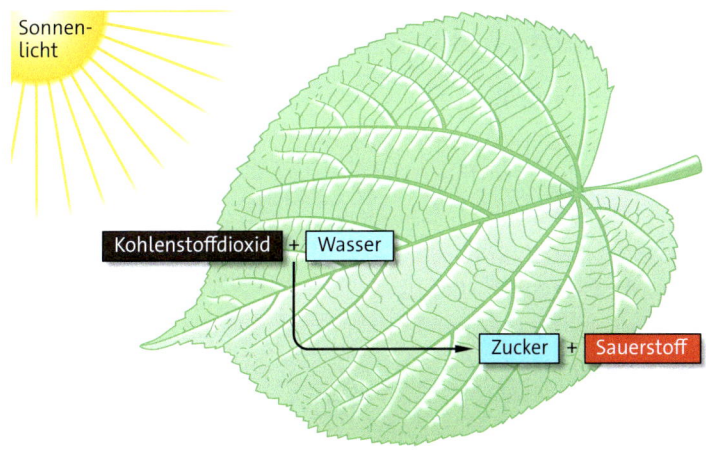

Sonnenlicht

Kohlenstoffdioxid + Wasser

Zucker + Sauerstoff

3 Fotosynthese

4 Äpfel

Aufgaben

1 ○ Nenne zwei Umweltreize, die Pflanzen wahrnehmen und auf die sie reagieren können.

2 ◐ Erläutere anhand der fünf Kennzeichen des Lebendigen, dass die Sonnenblume ein Lebewesen ist.

3 ● Vergleiche die Ernährung einer fleischfressenden Pflanze mit der Ernährungsweise anderer Pflanzenarten.

Sind Pflanzen lebendig?

Bewegung der Blüte

Manche Pflanzen öffnen und schließen ihre Blüten als Reaktion auf einen Reiz aus der Umwelt. Diese Reize können zum Beispiel Licht- oder Temperaturveränderungen sein.

Materialliste: Tulpen

1 Blütenbewegung bei Tulpen

1 Stelle eine Tulpe in einen warmen Raum und anschließend in den Kühlschrank.
○ Beschreibe, was du beobachtest.

2 Stelle eine Tulpe zuerst in einen hellen und anschließend in einen dunklen Raum.
○ Beschreibe, was du beobachtest.

3 Berühre eine Tulpenblüte mit einem Bleistift.
◗ Vergleiche deine Beobachtungen mit der Bewegung der Fangblätter der Venusfliegenfalle.

Die Venusfliegenfalle ist eine fleischfressende Pflanze. Sie besitzt spezielle Fangblätter, die bei Berührung zusammenklappen. Damit fängt sie Insekten. Landet eine Fliege auf einem der Fangblätter, klappen diese zu und umschließen die Fliege.

2 Venusfliegenfalle mit Fliege

Pflanzen beim Wachsen beobachten

Du kannst Pflanzen beim Wachsen zuschauen, wenn du das Wachstum der Sprossachse einer Pflanze beobachtest. Dazu musst du die Länge der Sprossachse regelmäßig messen und protokollieren. Für diesen Versuch eignen sich Hyazinthen oder Tulpen.

Materialliste: Zwiebel einer Hyazinthe oder Tulpe

1 ○ Miss drei Wochen lang den Blütentrieb, der aus der Zwiebel wächst, und notiere die Werte in einer Tabelle.

2 ◗ Zeichne mithilfe der Tabellenwerte die Wachstumskurve des Zwiebelgewächses.

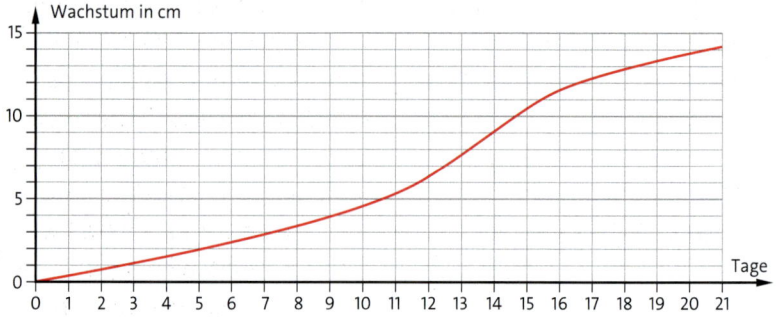

3 Muster für eine Wachstumskurve

Material C

Pflanzen suchen das Licht

Pflanzen brauchen Licht, um zu wachsen und um Fotosynthese betreiben zu können. Ist kein oder nur wenig Licht vorhanden, wird die Pflanze dennoch versuchen, an die nächste Lichtquelle zu gelangen. Winzige lichtempfindliche Zellen „lenken" die Pflanze auf ihrem Weg.

Materialliste: Schuhkarton mit Deckel, Blumenerde, Blumentopf, Samen (zum Beispiel Radieschensamen) oder eine keimende Kartoffel, Pappe, Klebeband, Schere

1 Pflanze die Kartoffel oder die Samen in einen Blumentopf mit feuchter Erde.

2 Schneide in eine Seitenwand des Schuhkartons ein Fenster. Klebe Zwischenwände hinein, die so hoch wie der Karton sind, aber noch einen Weg für die Pflanze frei lassen.

3 Stelle den Blumentopf an den Platz im Karton, der am weitesten vom ausgeschnittenen Fenster entfernt ist. Schließe den Deckel und stelle den Karton an einen hellen Ort.

4 ◐ Führe ein Beobachtungsprotokoll. Sieh dazu jeden Tag kurz in den Karton und notiere die Veränderungen. Halte die Erde während des Versuchs immer feucht.

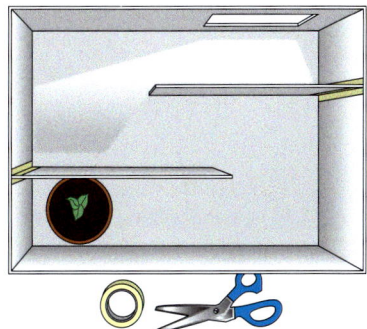

4 So kann das Labyrinth aussehen.

Material D

Oben und unten

Das Verhalten der Pflanze in Bild 5 wird Gravitropismus genannt.

1 ● Recherchiere, was damit gemeint sein könnte.

Versuchs-beginn

nach ein paar Tagen

5 Gravitropismus

Material E

Pflanze in der Tüte

Eine Vase wird mit Wasser gefüllt, dann wird etwas Öl auf das Wasser in der Vase gegeben. Anschließend wird der Ast eines Baums oder Strauchs ins Wasser gestellt. Über den Ast wird eine durchsichtige Plastiktüte gestülpt. Die Öffnung der Tüte wird mit Schnur gut zugebunden. → 6 Die Vase wird an einen hellen Ort gestellt. Nach einigen Stunden haben sich innen an der Tüte Wassertropfen gebildet.

1 ◐ Begründe, weshalb sich innen an der Tüte Wassertropfen gebildet haben.

2 ● Erläutere, warum auch Öl in die Vase gefüllt wird.

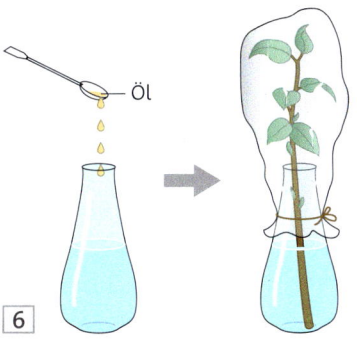

Öl

6

Lebensräume überall

1 Eine Wiese im Sommer

An einem sonnigen Sommertag kannst du auf einer Wiese viele blühende Pflanzen sehen. Du hörst das Summen von Bienen und siehst Schmetterlinge.
5 **In einem Wald dagegen findet man andere Lebewesen. Wie ist dieser Unterschied zu erklären?**

Die Wiese lebt • Die Pflanzen der Wiese wachsen unterschiedlich hoch.
10 Einige reichen dir bis zur Hüfte. Die meisten jedoch sind niedriger und bedecken den Boden der Wiese vollständig. Schmetterlinge und Bienen ernähren sich vom Nektar der Blüten.
15 Zwischen manchen Pflanzen der Wiese haben Spinnen Netze gespannt und warten auf Beute. Nebenan zirpt der Grashüpfer. → 2 Marienkäfer ernähren sich von Blattläusen und
20 anderen Insekten.

Lebensbedingungen in der Wiese • Beim Betreten einer Wiese spürst du die warme Luft über den Pflanzen. Zwischen den Pflanzen nimmt die
25 Temperatur deutlich ab. Am Boden der Wiese ist es kühl.
Die Pflanzen der Wiese wachsen so dicht, dass das Sonnenlicht und der Wind den Erdboden nicht erreichen
30 können. Die Feuchtigkeit am Boden ist für Schnecken und Regenwürmer überlebenswichtig.

2 Der Gemeine Grashüpfer

Lebensraum Wald • Ein kurzes Stück neben der Wiese beginnt ein kleiner
35 Kiefernwald. → 3 Wenn du hineingehst, fällt dir sofort ein Unterschied auf: Im Wald ist es auch im Sommer kühl. Die Bäume sorgen für Schatten. Nur wenig Sonnenlicht gelangt zum
40 Erdboden. Der Boden ist im Gegensatz zur Wiese deutlich feuchter und nicht vollständig bewachsen. Hier wachsen auch weniger verschiedene Pflanzenarten. Im Wald leben andere Tiere als
45 auf der Wiese. Man findet im Wald z. B. Wildschweine und Spechte, auf der Wiese dagegen Tagpfauenaugen und Grashüpfer.

Lebensraum See • Am Waldrand ent-
50 deckst du einen kleinen See. → 4 Dort ist es wärmer als im schattigen Wald, aber kühler als auf der Wiese. Seerosenblätter treiben auf der Wasseroberfläche, sie nutzen die direkte Sonnen-
55 einstrahlung zur Fotosynthese. Die Sonnenenergie durchdringt den See nicht bis zum Grund, die oberen Wasserschichten sind deshalb wärmer als die tieferen Schichten. Die meisten Fi-
60 sche bevorzugen das kühlere tiefe Wasser. Am feuchten Seeufer wächst Schilfrohr, in dem Enten und andere Vögel Schutz finden und ihre Jungen aufziehen. Auch Zugvögel wie Kraniche und
65 Störche nutzen den See für eine kurze Rast und zur Nahrungsaufnahme.

Viele Lebensräume • Es gibt noch viele weitere Lebensräume, zum Beispiel die Hecke, den Garten, das Wattenmeer
70 oder auch euren Schulhof.

3 | Ein Kiefernwald

4 | Ein See

In den verschiedenen Lebensräumen herrschen unterschiedliche Lebensbedingungen. Pflanzen und Tiere sind an diese Lebensbedingungen angepasst.

Aufgaben

1 ◗ Nenne jeweils zwei Tier- und Pflanzenarten, die auf der Wiese, im Wald oder im und am See leben.

2 ◗ Beschreibe drei Angepasstheiten von Tieren oder Pflanzen an ihren Lebensraum.

Lebensräume überall

Ein Herbar anlegen

Viele Menschen sammeln Dinge aus der Natur, um sie besser erforschen zu können. Eine Sammlung von Pflanzen oder ihren Blättern nennt man Herbar.

1. Sammeln Sammle Blätter von Bäumen, Sträuchern und Kräutern in einzelnen Plastiktüten. → 1 Schreibe den Fundort von jedem Pflanzenteil auf einen Notizzettel.

2. Bestimmen Bestimme die gesammelten Blätter und notiere die Namen auf den Notizzetteln.

3. Trocknen und Pressen Lege ein Pflanzenblatt zwischen zwei Löschblätter und mit dem zugehörigen Notizzettel in eine Zeitung. → 2 Nach mehreren Lagen Zeitungspapier folgt das nächste Blatt. Beschwere den Stapel Zeitungspapier mit Büchern. Lass die Blätter eine Woche lang trocknen.

4. Aufbewahren Klebe die getrockneten Blätter auf festes Papier. → 3 Übertrage die Informationen des Notizzettels darauf. Hefte die Bögen in Klarsichthüllen in einem Ordner ab.

Aufgaben

1 ○ Beschreibe die Schritte beim Anlegen eines Herbars.

2 ● Lege ein Herbar aus mindestens zehn verschiedenen Pflanzenblättern an.

1 Blätter sammeln

2 Pressen und Trocknen

3 Anlegen eines Herbars

Die Streuobstwiese

4 Die Streuobstwiese

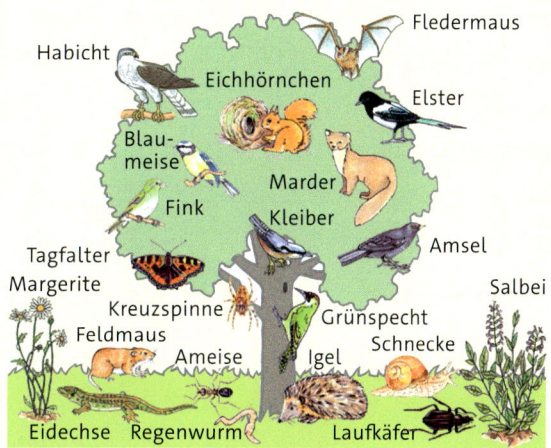

5 Lebensraum Streuobstwiese

Obst und Wiese • Birnen, Äpfel oder Kirschen werden heute meist in Obstplantagen angebaut. Hier stehen niedrig wachsende Bäume einer einzigen Art sehr dicht neben-
5 einander.
Bei einer anderen, früher häufigen Art des Obstanbaus werden hoch wachsende Bäume unterschiedlicher Arten genutzt. Sie wachsen in größerem Abstand voneinander auf einer
10 Wiese. Neben der Obsterzeugung kann diese Wiese als Tierweide oder zur Heugewinnung genutzt werden. → 4 Diese Art des Obstanbaus wird Streuobstwiese genannt, weil die Obstbäume verstreut stehen. Die Bäume
15 sind unempfindlicher gegenüber Krankheiten und Wetterschwankungen. Auf Pflanzenschutzmittel und Düngemittel kann, im Gegensatz zu den Obstplantagen, so gut wie verzichtet werden. Auch der Ertrag an Obst ist
20 insgesamt gesehen höher.

Lebensraum • Streuobstwiesen gehören zu den artenreichsten Lebensräumen in Mitteleuropa. Die Wiese, aber auch Stämme und Kronen der Bäume stellen verschiedene Lebensräume dar.
25 Vögel beispielsweise jagen Insekten auf der Wiese und bauen ihre Nester in Baumkronen. Streuobstwiesen sind aufgrund ihrer Artenvielfalt ein wichtiger Bestandteil der Landschaft. Ihre Anpflanzung wird vom Staat gefördert.

Aufgaben

1 ◐ Vergleiche in einer Tabelle Obstbaumplantagen und Streuobstwiesen.

Plantage	Streuobstwiese
viele kleine Bäume	wenige große Bäume
...	...

2 ● Erkläre, warum Streuobstwiesen geschützt werden sollten.

Lebensräume auf dem Schulgelände

1 Auf dem Schulgelände gibt es viel zu entdecken.

In der Pause entdeckt Malina in einem Strauch eine Kreuzspinne. Sie ruft ihre Freunde, alle rennen zu ihr und wollen die Spinne betrachten.

5 **Auf den zweiten Blick** • Auf dem Schulgelände leben viele verschiedene Tiere und Pflanzen. Die meisten bemerkst du erst, wenn du die unterschiedlichen Lebensräume genauer betrachtest.

2 Eine Kreuzspinne in ihrem Netz

10 **Lebensräume** • Wiesen oder Wälder, aber auch ein einzelner Strauch am Wegrand können ein Lebensraum sein. Pflanzen und Tiere haben unterschiedliche Ansprüche an ihre Lebensräume 15 und stehen mit diesen in Wechselbeziehung. Eine Gemeinschaft aus Lebewesen und ihrer Umwelt bezeichnen wir als Ökosystem.

Umweltfaktoren • Jeder Lebensraum 20 ist von den dort herrschenden Umweltbedingungen geprägt. Das Wachstum einer Pflanze wird z. B. von den nicht lebenden Umweltfaktoren Temperatur, Bodenfeuchtigkeit und 25 Sonnenlicht beeinflusst. Aber auch benachbarte Pflanzen sowie Käfer und Raupen beeinflussen das Pflanzenwachstum. Sie werden lebende Umweltfaktoren genannt. Der Mensch ist 30 ebenfalls ein Umweltfaktor. Die Lebensbedingungen in einem Ökosystem bestimmen, welche Lebewesen sich dort ansiedeln.

Lebensräume auf dem Schulgelände •
35 Ein Schulgelände bietet verschiedene
Lebensräume mit unterschiedlichen
Lebensbedingungen für Tiere und
Pflanzen.
Auf der Wiese oder im Schulgarten
40 findet man z. B. Regenwürmer, Bienen,
Klee, Brennnesseln oder Schafgarbe.
Am Ufer des Schulteichs wächst Schilf,
auf der Wasseroberfläche kann man
die Wasserlinse finden. In diesem
45 Lebensraum tummeln sich Fische, Frösche, Wasserläufer und Libellen. → 3
Auf Bäumen wie Birken und Eichen leben Vögel, Käfer und Ameisen. Sogar
die Pflasterritze ist ein Lebensraum,
50 dort wachsen Spitzwegerich oder Lö-
wenzahn. → 4 Weitere Lebensräume
auf dem Schulgelände sind Sandkäs-
ten, Mauern oder das Schulgebäude.

Nahrungskette und Artenvielfalt • Das
55 Tagpfauenauge legt seine Eier auf
Brennnesseln ab. Die daraus schlüp-
fenden Raupen fressen die Blätter
und verpuppen sich, aus den Puppen
schlüpfen Schmetterlinge. Vögel
60 fressen die Raupen oder füttern ihre
Jungen damit. Brennnessel, Raupe und
Vogel bilden also eine Nahrungskette.
Auf einer Wiese leben mehr Arten als
auf einem Rasen. Die Artenvielfalt ist
65 daher auf Wiesen größer.

> Der Lebensraum Schulgelände ist
> ein Ökosystem, in dem Menschen,
> Tiere und Pflanzen in vielfältigen
> Wechselbeziehungen leben. Ein
> Ökosystem umfasst den belebten
> und den unbelebten Teil der Natur.

3 Eine blaugrüne Mosaikjungfer am Schulteich

4 Eine Löwenzahnpflanze in ihrem Lebensraum,
der Pflasterritze

Aufgaben

1 ◯ Nenne fünf Lebensräume auf
einem Schulgelände.

2 ◖ Erkläre den Begriff Ökosystem.

3 ● Erläutere den Einfluss des
Menschen auf die Lebensräume
des Schulgeländes.

Lebensräume auf dem Schulgelände

Material A

Wir kartieren unser Schulgelände

In verschiedenen Lebensräumen herrschen unterschiedliche Lebensbedingungen. Diese werden unter anderem von den Umweltfaktoren Temperatur, Feuchtigkeit und Sonnenlicht geprägt. In den unterschiedlichen Lebensräumen leben verschiedene Tiere und Pflanzen.

Materialliste: Klemmbrett, DIN-A4-Blatt, Lineal, Zirkel, Kompass, Buntstifte, Thermometer

1 Skizze eines Schulgeländes

1 Erstellt eine Skizze eures Schulgeländes aus der Vogelperspektive.

a 🖊 Zeichnet die Schulgebäude und den Schulhof, aber auch Mauern, Zäune, Wege, Rasenflächen und den Spielplatz ein. Größe und Lage sollten ungefähr mit der Wirklichkeit übereinstimmen.

b ○ Kennzeichnet Einzelheiten mit Buchstaben oder Symbolen und schreibt eine Erklärung dazu.

c 🖊 Bestimmt mit dem Kompass, in welcher Richtung Norden liegt, und notiert diese Himmelsrichtung mit einem Pfeil in eurem Plan.

d ○ Tragt nun alle Bäume und Sträucher als Kreise in die Karte ein. Verwendet dazu den Zirkel.

e ○ Färbt mit den Buntstiften die einzelnen Elemente eurer Karte. → 1

2 ○ Nennt die unterschiedlichen Lebensräume auf eurem Schulgelände: Wiese, Schulgarten, Wegränder, Bäume und Sträucher, Steinmauern, Sandflächen, Schulteich ...

3 Bildet für jeden Lebensraum eine Arbeitsgruppe. Untersucht dann die Umweltfaktoren in eurem Lebensraum.

a ○ Messt mit dem Thermometer die Temperatur etwa 1 Meter über dem Boden.

b ○ Beschreibt, ob euer Lebensraum sonnig, halbschattig oder schattig ist.

c 🖊 Begründet, warum euer Lebensraum feucht oder trocken ist.

d 🖊 Beschreibt die Beschaffenheit des Bodens.

Pflanzen auf unserem Schulgelände

Die Umweltfaktoren bestimmen, welche Pflanzen an einem Ort wachsen.

Materialliste: Bestimmungsbuch, Fotoapparat, Notizblätter, Buntstifte, kleine Schaufel, Lupe

1 Bildet wieder für jeden Lebensraum eine Gruppe, die diesen untersucht.

a ◐ Fotografiert die Bäume, Sträucher und Kräuter in eurem Lebensraum und bestimmt sie mithilfe eines Bestimmungsbuchs.

b ○ Notiert die Namen der Pflanzen, die ihr bestimmen konntet.

c ○ Zeichnet die Pflanzen in die Karte eures Lebensraums ein.

d ● Stellt Vermutungen an, warum diese Pflanzen in dem von euch untersuchten Lebensraum vorkommen.

2 Den Hahnenfuß kennst du auch als Butterblume.

3 Breitwegerich

2 Grabt mit der Schaufel eine Pflanze aus.
   ◐ Zeichnet den Bau der Pflanze aus Wurzel, Stängel und Blüte, evtl. auch Samen oder Früchte.

Achtung • Pflanzen sind Lebewesen. Wir gehen achtsam mit ihnen um!

Tiere auf unserem Schulgelände

4 Großes Tagpfauenauge

Materialliste: Fotoapparat, Fangglas, Lupe, Notizblätter, Bestimmungsbuch

1 Bildet wieder eine Gruppe für jeden Lebensraum.

a ○ Fotografiert die Tiere in eurem Lebensraum und bestimmt sie mithilfe eines Bestimmungsbuchs. Kleine Tiere könnt ihr in einem Glas fangen und mit der Lupe betrachten.

b ○ Notiert in einer Liste, welche Tiere ihr bestimmen konntet.

2 Beobachtet die Pflanzen in eurem Lebensraum.

a ○ Notiert, welche von Tieren besucht werden oder ob Fraßspuren vorhanden sind.

b ● Stellt Vermutungen an, welche Pflanzen und Tiere in dem von euch untersuchten Lebensraum eine Nahrungskette bilden.

Achtung • Behandelt alle Tiere vorsichtig und lasst sie nach der Beobachtung wieder frei!

Die Stockwerke des Waldes

1 Ein naturnaher Mischwald

Ein Wald besteht nicht nur aus Bäumen – und nicht alle Bäume sind gleich groß. Wer genau hinschaut, kann im Wald mehrere verschiedene
5 **Stockwerke erkennen. Diese bieten Lebensräume für unterschiedliche Tierarten.**

Wurzelschicht • Die Wurzeln der Bäume und anderer Pflanzen bilden die
10 Wurzelschicht. Sie halten das Erdreich fest und nehmen Wasser und Mineralstoffe daraus auf. Hier leben auch viele Kleinlebewesen, wie Bakterien und Einzeller, aber auch Regenwürmer,
15 Insekten und deren Larven.

Moosschicht • Die Moosschicht erhebt sich nur wenige Zentimeter über den Boden. Hier ist es am feuchtesten im Wald, da viele Moose Wasser spei-
20 chern. Außerdem ist es hier windgeschützt, weniger hell und kühler als in den anderen Schichten. In den Moospolstern leben Tiere wie Ameisen, Spinnen, Schnecken, Käfer, Asseln
25 und Tausendfüßer. Die Moosschicht ist nicht überall vorhanden.

2 Buschwindröschen

3 Eberesche

die Wurzelschicht
die Moosschicht
die Krautschicht
die Strauchschicht
die Baumschicht

Krautschicht • Etwa einen Meter hoch ist die Krautschicht, deren Bewuchs vom Lichteinfall abhängt. In lichten
30 Wäldern ist sie oft üppig, in dunklen Wäldern wachsen nur wenige Kräuter. Die Temperatur in der Krautschicht ist höher und es ist trockener als in der Moosschicht. Viele Kräuter werden
35 von Pflanzenfressern wie dem Reh gefressen und sind so eine wichtige Lebensgrundlage. Man findet hier die Pilze und Ameisennester. Zu den bekanntesten Pflanzen der Krautschicht
40 gehören Farne, Waldmeister und Buschwindröschen. → 2

Strauchschicht • Diese etwa fünf Meter hohe Schicht wird von Sträuchern und jüngeren Bäumen gebildet und ist oft
45 sehr dicht bewachsen. Hier ist es wärmer, heller und etwas windiger als in der Krautschicht. Wichtige Nahrungsquellen für Eichhörnchen und viele Vogel- und Insektenarten sind junge
50 Bäume und Sträucher wie Hasel, Roter Holunder oder Eberesche mit ihren Früchten. → 3

Baumschicht • Die Höhe der Baumschicht hängt von den Baumarten und
55 vom Boden und Klima ab. Die Baumkronen sind dem Wind und der Sonne ausgesetzt. Hier leben viele Insekten wie Wanzen und Käfer, sowie einige Vogelarten, die man am Boden fast nie
60 sieht. An den Baumstämmen suchen auf das Klettern spezialisierte Vögel wie Kleiber, Baumläufer und Spechte nach Nahrung.

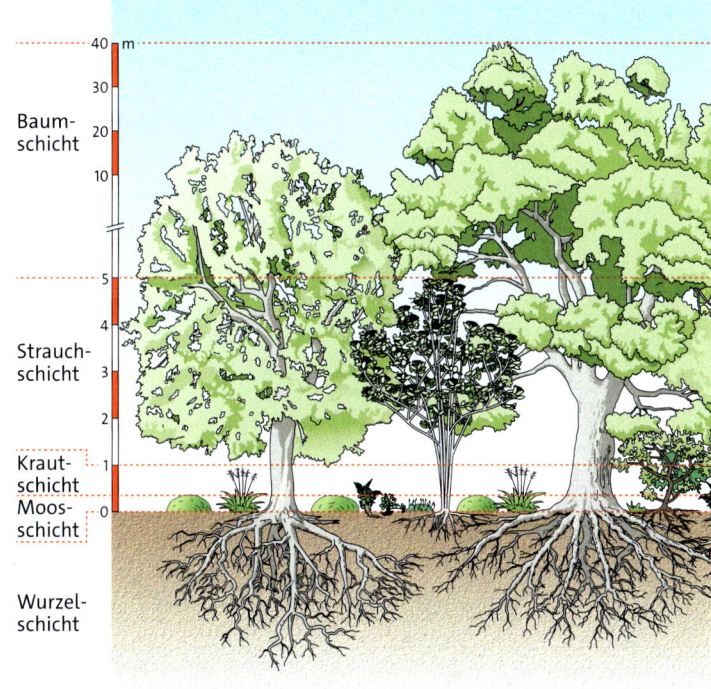

4 Stockwerke des Waldes

Der Wald ist in Wurzelschicht, Moosschicht, Krautschicht, Strauchschicht und Baumschicht gegliedert. In jeder Schicht findet man typische Pflanzen und bestimmte Umweltbedingungen.

Aufgaben

1 ○ Nenne die Stockwerke des Waldes und ordne jeder Schicht je zwei Pflanzen und zwei Tiere zu.

Stockwerke	Pflanzen	Tiere
Wurzelschicht	...	...

2 ◗ Begründe, warum man den Wald in Stockwerke einteilen kann. → 4

Stockwerke des Waldes

Pflanzen des Waldes

1 ◯ Ordne die abgebildeten Pflanzen den Stockwerken des Waldes zu. Begründe deine Zuordnung.

40 m — Stieleiche

34 m — Bergahorn

30 m — Hainbuche

42 m — Rotbuche

32 cm — Bärlauch

3,5 m — Hasel

2 m — Esche als junger Baum

5 m — Schwarzer Holunder

17 cm — Maiglöckchen (giftig!)

12 cm — Buche als Keimling

90 cm — Tollkirsche (giftig!)

20 cm — Waldmeister

1 Verschiedene Pflanzenarten

Tiere des Waldes

1 ◯ Ordne die abgebildeten Tiere den Stockwerken des Waldes zu. Begründe jeweils deine Zuordnung.

2

3

4

5

6

Entwicklung des Waldes

Das Holz alter Bäume ist oft weich und morsch. Ein Windstoß genügt, um sie umzuwerfen. So entstehen Lichtungen im Wald, auf denen das Sonnenlicht bis zum Boden vordringt. Dort keimen die Samen von Kräutern aus. Auf Lichtungen findet man deshalb Huflattich, Roten Fingerhut und Walderdbeeren. Die Kräuter bieten z. B. Rehen und Wildschweinen Nahrung. Im Fell der Tiere können Samen und Früchte aus dem Wald haften, die sie auf der Lichtung verlie-ren. Auch im Kot der Tiere kön-nen Pflanzensamen sein, die auf der Lichtung auskeimen. Nach ein paar Jahren brei-ten sich Brombeeren und Holunder aus und überdecken die Kräuter. Sträucher und junge Bäume werden größer und schließlich ist die Lichtung im Wald zugewachsen.

geschlossener Wald

Lichtung im ersten Jahr

nach wenigen Jahren

nach vielen Jahren

nach Jahrzehnten

1 ○ Beschreibe die Entstehung einer Waldlichtung.

2 ◑ Erkläre, wie Pflanzensamen auf die Lichtung kommen.

3 ● Erkläre, warum auf Waldlichtungen Pflanzen wachsen, die im Wald nicht vorkommen.

7 Eine Lichtung entsteht und „verschwindet" wieder.

Einheimische Laub- und Nadelbäume

1 Kastanienzweig und Tannenzweig

**In unseren Wäldern findet man
Laubbäume und Nadelbäume.
Worin unterscheiden sich diese
Baumtypen voneinander?**

5 **Laubbäume** • Die Rosskastanie ist ein
häufiger Laubbaum in Parks oder an
Straßen. Ihre stachligen Früchte, die
leuchtend weißen Blüten und die
auffallend großen Blätter sind unver-
10 kennbare Merkmale. → 1 2

2 Kastanienblüten

Breite, dünne und weiche Laubblätter
sind ein Kennzeichen aller einheimi-
schen Laubbäume.

Laubfall • Laubbäume geben über ihre
15 Blätter viel Wasser ab. Bei Temperaturen unter 0 Grad Celsius gefriert
Wasser und kann nicht mehr aufgenommen und transportiert werden.
Laubbäume werfen deshalb im Herbst
20 ihre Blätter ab. Das von den Blättern
abgegebene Wasser kann im Winter
nicht mehr nachgeliefert werden, der
Baum würde austrocknen.

Knospen • Neue Blüten oder Blätter
25 entstehen in winzigen Knospen, die
von den Laubbäumen noch vor dem
Laubfall gebildet werden. Mehrere
übereinanderliegende Schuppen,
die häufig noch von einem klebrigen

der **Laubbaum**
der **Nadelbaum**
der **Laubfall**
die **Knospe**
der **Zapfen**

30 Harz überzogen sind, schützen das
Innere der Knospe vor dem Austrocknen und dem Erfrieren. Im Frühjahr
sprengen die wachsenden Blätter
und Blüten die Knospen und treiben
35 aus. ➡ 3

Nadelbäume • Mit Ausnahme von Lärche und Eibe haben alle heimischen
Nadelbäume harte, nadelförmige
Blätter, die Nadeln. Sie geben der
40 Gruppe ihren Namen. Eine Wachsschicht auf den Nadelblättern verringert die Verdunstung von Wasser. Aus
diesem Grund werfen Nadelbäume
ihre Nadeln im Herbst nicht ab. Sie
45 bleiben oft viele Jahre am Baum.
Nadelbäume werden durch den Wind
bestäubt. Zur Blütezeit genügt schon
ein leichter Luftzug, um den in großen
Mengen gebildeten Blütenstaub als
50 gelbe Wolke mitzunehmen.
Die Samen der Nadelbäume liegen in
holzigen Zapfen. Form und Größe der
Zapfen sind ein wichtiges Unterscheidungsmerkmal. ➡ 4

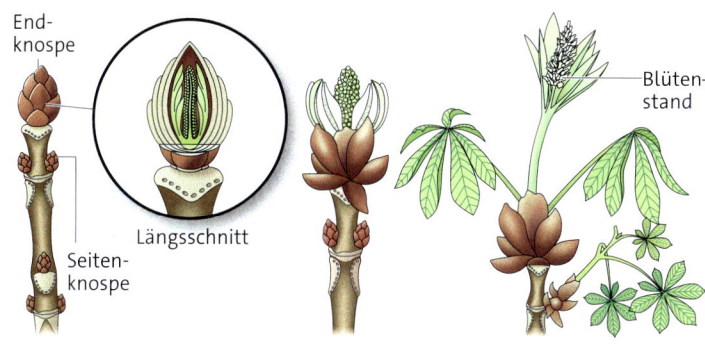

3 Knospen der Rosskastanie

Im Winter · beim Austrieb · bei der Entfaltung

End-knospe · Längsschnitt · Seiten-knospe · Blüten-stand

Laubbäume werfen ihre Laubblätter im Herbst ab. Die Nadelblätter der Nadelbäume bleiben
meist mehrere Jahre am Baum.

Aufgaben

1 ○ Nenne Unterschiede von Laubbäumen und Nadelbäumen.

2 ◖ Beschreibe, wie die Knospen
eines Laubbaums vor dem Erfrieren
geschützt sind.

weiblicher Blütenstand · männlicher Blütenstand · Zapfen

weibliche Blüten · männliche Blüten · Eicheln

4 Die Waldkiefer

5 Die Stieleiche

Einheimische Laub- und Nadelbäume

Die Baumrinde als Erkennungsmerkmal

Laub- und Nadelbäume kann man an der Rinde erkennen.

1 ○ Ordne den Bildern 1–4 den jeweiligen Baum zu.

Die Rinde der **Kiefer** ist rötlich braun und löst sich in großen, länglichen Schuppen ab.

Die graubraune Rinde der **Fichte** blättert in unregelmäßigen kleinen Schuppen ab.

Die **Stieleiche** erkennst du an der dunkelgraubraunen, tiefrissigen, dicken Rinde.

Die **Rotbuche** hat eine auffällige grausilbrige, glatte, dünne Rinde.

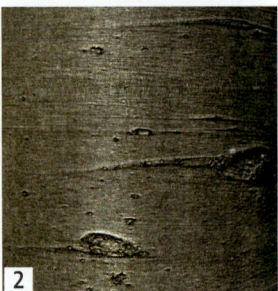

Zapfen und Nadeln als Erkennungsmerkmale

1 ○ Ordne die Beschreibungen der Nadelbäume den Bildern 5–8 zu.

Fichte: bis zu 15 cm lange, hängende, rotbraune Zapfen

Kiefer: Zapfen kurz, eiförmig, dunkelbraun, Nadeln paarweise an Seitentrieben

Lärche: Zapfen eiförmig, glatt, dunkelbraun, Nadeln kurz, in Büscheln stehend

Tanne: Zapfen bis 15 cm lang, rotbraun, aufrecht stehend

Bestimmung einheimischer Laubbäume

In vielen Fällen genügt schon ein Blatt, um den Namen eines Baums herauszufinden. Ein Bestimmungsschlüssel hilft dir dabei. → 9 Er ist so aufgebaut, dass immer zwei Möglichkeiten eines Merkmals verglichen werden müssen. Als Beispiel wird Blatt F bestimmt. → 10 Als Hilfe dienen uns die Blattformen. → 11
Wir beginnen bei 1: Ist Blatt F einfach (1) oder zusammengesetzt (1*)? Es ist zusammengesetzt. Es geht weiter bei 3. Ist das Blatt gefiedert (3) oder gefingert (3*)? Es ist gefiedert. Es handelt sich um ein Blatt der Esche.

1 ○ Bestimme anhand der abgebildeten Blätter die einzelnen Laubbaumarten. → 10

Ausschnitt aus einem Bestimmungsbuch für einheimische Laubbäume		
1	Blätter einfach (bestehen nur aus einer Fläche)	weiter bei 2
1*	Blätter zusammengesetzt (bestehen aus mehreren Teilblättchen)	weiter bei 3
2	Blattrand ganzrandig	Rotbuche
2*	Blattrand herzförmig, gebuchtet oder gelappt	weiter bei 4
3	Blätter gefiedert	Esche
3*	Blätter gefingert	Rosskastanie
4	Blattrand gebuchtet	Stieleiche
4*	Blattrand gelappt	Spitzahorn
4**	Blatt herzförmig	Linde

9 Bestimmungsschlüssel für einheimische Laubbäume

A   B   C

D   E   F

10 Blätter einheimischer Laubbaumarten

ganzrandig   gefiedert   gefingert   gelappt   gebuchtet   herzförmig

11 Die Blattformen

Nahrungsbeziehungen im Wald

[1] Rotfuchs mit Beute

Der Rotfuchs lebt vorwiegend im Wald. Er jagt aber auch am Waldrand und in menschlichen Siedlungen. Seine Hauptbeute sind Mäuse. Im
5 Wald leben auch noch andere Tiere. Wie ernähren sie sich?

Der Fuchs ist ein Jäger • In der Dämmerung und nachts durchstreifen Füchse ihr Revier. Sie jagen fast immer allein.
10 Ihre bevorzugten Beutetiere sind kleiner als sie selbst. Sie durchsuchen jedes Dickicht und warten vor Mauselöchern. Hat ein Fuchs eine Maus gesehen, springt er auf sie, drückt sie mit
15 den Vorderläufen zu Boden und tötet sie mit einem Biss. Füchse ernähren sich nicht nur von Mäusen. Auch Kaninchen, Vögel und Regenwürmer gehören zu ihrer Beute. Füchse sind
20 Allesfresser. Im Sommer und im Herbst fressen sie auch Beeren und Früchte. Füchse haben kaum natürliche Feinde. Jungfüchse fallen allerdings manchmal Uhus oder einem Luchs zum
25 Opfer.

Gelbe Mäuse • Der Name der Gelbhalsmaus leitet sich von der gelblichen Fellfärbung am Hals der Tiere ab. ➔ [2]

[2] Die Gelbhalsmaus

Sie leben im Wald in großen Gruppen
30 in unterirdischen Bauen. Gelbhalsmäuse fressen Gräser, Kräuter, Früchte
und Samen wie Bucheckern, Haselnüsse oder Eicheln. Sie sind Nagetiere
und gehören zu den Pflanzenfressern.
35 Außer von den Füchsen werden die
Gelbhalsmäuse im Wald noch von
Mardern, Luchsen und Eulen gejagt.

Nahrungsbeziehungen • Pflanzen
oder Bucheckern dienen der Gelbhals-
40 maus als Nahrung. Die Maus selbst
wird vom Fuchs gefressen. Die Nahrungsbeziehungen zwischen Bucheckern, der Gelbhalsmaus und dem
Fuchs lassen sich als Kette darstellen.
45 Eine solche Kette wird als Nahrungskette bezeichnet. ⇥ 3 Andere Lebewesen im Wald bilden weitere
Nahrungsketten.

Nahrungsnetz • Eine Gelbhalsmaus
50 frisst nicht nur Bucheckern, sondern
auch andere Pflanzen, die Bestandteil
anderer Nahrungsketten sind. Der
Fuchs frisst auch noch andere Tiere,
sodass die Nahrungsketten in einem
55 Wald miteinander verbunden sind.
Stellt man die verbundenen Nahrungsketten grafisch dar, ergibt sich
ein Netz. Die Nahrungsbeziehungen
in einem Wald bilden ein Nahrungs-
60 netz. ⇥ 4

> Pflanzen, Pflanzenfresser und
> Fleischfresser im Wald bilden
> Nahrungsketten. Die Nahrungs-
> ketten sind miteinander verbunden,
> sodass ein Nahrungsnetz entsteht.

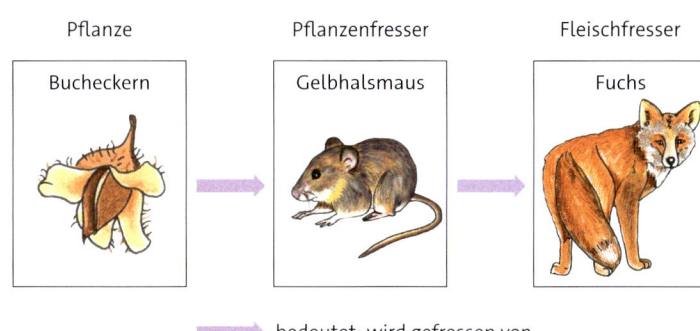

Pflanze	Pflanzenfresser	Fleischfresser
Bucheckern	Gelbhalsmaus	Fuchs

⟹ bedeutet: wird gefressen von

3 Nahrungskette im Wald

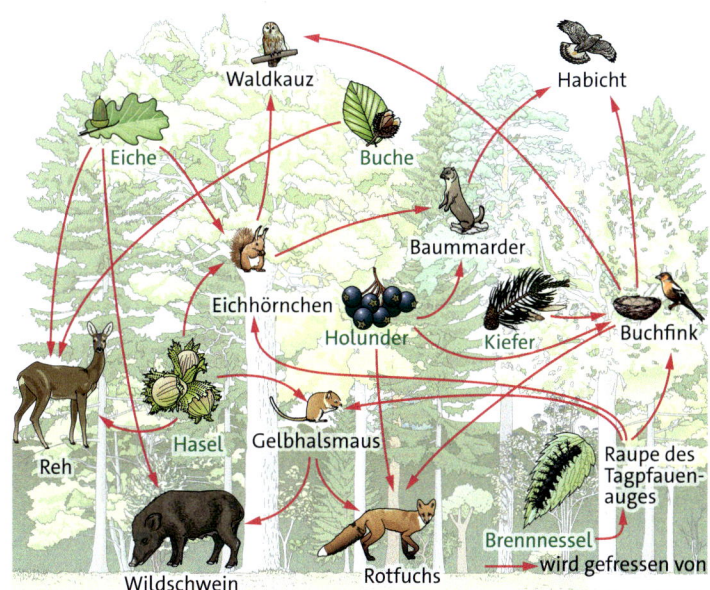

4 Nahrungsnetz im Wald

Aufgaben

1 🖉 Zeichne mithilfe der Lebewesen
aus Bild 4 drei Nahrungsketten.
Beschreibe anschließend diese
Nahrungsketten.

2 🖉 Erkläre den Unterschied
zwischen Nahrungskette und
Nahrungsnetz.

Nahrungsbeziehungen im Wald

Alles hängt zusammen

In einem Wald leben viele verschiedene Lebewesen zusammen. Sie stehen miteinander in Beziehung und sind teilweise auch voneinander abhängig.

1 ○ Ordne die Tiere aus Bild 1 in einer Tabelle in Fleischfresser, Pflanzenfresser und Allesfresser.

2 ○ Beschreibe, wovon sich die Pflanzen in Bild 1 ernähren.

3 ◑ Erstelle aus den Lebewesen in Bild 1 zwei verschiedene Nahrungsketten. Verwende Pfeile, um zu zeigen, wer oder was von wem gefressen wird.

4 ● Erstelle ein Nahrungsnetz, in dem alle Lebewesen aus Bild 1 vorkommen.

5 Im Lebensraum dieser Lebewesen werden alle Stieleichen gefällt.
◑ Erläutere die Auswirkungen dieser Veränderung für die Anzahl der Großen Puppenräuber und der Waldkäuze. Verwende dazu das von dir erstellte Nahrungsnetz.

Grüner Eichenwickler
Nahrung: junge Eichenblätter

Großer Puppenräuber
Nahrung: Raupen

Eichelhäher
Nahrung: Eicheln, Bucheckern, Früchte, Vogeleier, Jungvögel, Mäuse, Eidechsen

Buchfink
Nahrung: Samen, Beeren, Insekten, Spinnen

Waldkauz
Nahrung: Mäuse, kleine Vögel, Eichhörnchen

Eichhörnchen
Nahrung: Früchte, Samen, Insekten, Jungvögel, Vogeleier

Haselmaus
Nahrung: Eicheln, Bucheckern, Früchte

Wildschwein
Nahrung: Früchte, Wurzeln, Insekten, Pilze, Mäuse, Jungvögel, tote Tiere

Hainbuche

Stieleiche

Schwarzer Holunder

1

Wer hat an der Nuss gefressen?

Haelsträucher sind in der Natur regelmäßig an Waldrändern zu finden. Häufig werden sie in Hecken gepflanzt, oft auch an Schulhöfen. Ihre Früchte, die Haselnüsse, schmecken nicht nur dem Menschen. Auch vielen Tieren wie Mäusen, Vögeln oder Insekten dienen sie als Nahrung. Für das „Knacken" der Nüsse haben die Tiere unterschiedliche Techniken. Anhand der Fraßspuren kann man erkennen, welches Tier an der Nuss gefressen hat.

Materialliste: gesammelte Haselnüsse, Tierabbildungen aus Bestimmungsbüchern, Zeichenkarton, Stifte

1 Untersuche die Haselnüsse nach Fraßspuren. Sortiere die angefressenen Nüsse heraus.
◐ Bestimme, wer an den Nüssen gefressen hat.
→ 3 – 7

2 Klebe die Nüsse mit einem Bild des passenden Tiers auf Zeichenkarton.
◯ Beschrifte dein Ergebnis.

3 ◐ Stellt eure Ergebnisse in einer Ausstellung vor.

4 Die Haselmaus

5 Der Eichelhäher

2 Der Haelstrauch

6 Die Gelbhalsmaus

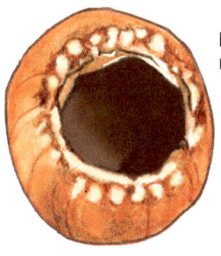

Haselmäuse nagen sehr runde Löcher mit Zahnspuren entlang der Kante.

Eichelhäher zerbrechen oder halbieren die Nüsse.

Gelbhalsmäuse nagen Löcher mit Zahnspuren senkrecht zum Öffnungsrand und deutlichen Spuren auf der Nussoberfläche.

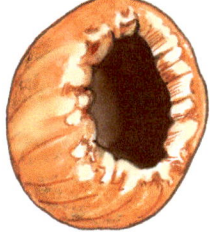

Haselnussbohrer bohren sehr kleine runde Löcher in die Nuss.

3 Fraßspuren an Haselnüssen

7 Der Haselnussbohrer

Nahrungsbeziehungen im Wald

Material C

Die Rote Waldameise

Arbeiterin

Puppen

Larven

Eier

Männchen

Königin

Arbeiterin:
Sie sind für Bauarbeiten, Reparatur und Reinigung des Nestes, die Nahrungsbeschaffung und die Aufzucht des Nachwuchses zuständig.

Ei, Larve, Puppe:
Entwicklungsstadien der Roten Waldameise

Männchen:
Sie begatten die Weibchen beim Hochzeitsflug.

Königin:
Sie legt von Frühjahr bis Herbst täglich bis zu 300 Eier.

1 Nest der Roten Waldameise

Am Waldrand oder auf Lichtungen von Misch- und Nadelwäldern kann man die bis zu zwei Meter hohen Hügelnester von Roten Waldameisen entdecken. Das Nest erstreckt sich auch noch weit in den Boden. → 1

Zur Hauptbeute gehören vor allem Raupen. → 2 Darunter sind viele von Schmetterlingsarten, die Bäume schädigen können, wie die des Eichenwicklers. An einem Tag können von einem großen Ameisenvolk bis zu 100 000 Beutetiere eingetragen werden. Auch sammeln sie die Samen vieler Kräuter. Manche gehen beim Transport verloren. So sorgen die Ameisen für die Verbreitung dieser Pflanzenarten.

2 Die Ameise transportiert eine Raupe.

1 ○ Nenne die Mitglieder des Ameisenvolkes und ihre Aufgaben.

2 ○ Beschreibe in welchem Bereich des Nestes die Mitglieder jeweils leben.

3 ◑ Erkläre die Bedeutung der Roten Waldameise für den Lebensraum Wald.

| 3 | Der Buntspecht
| 4 | Der Schwarzspecht
| 5 | Der Grünspecht

Spechte – Spezialisten des Waldes

Specht ist nicht gleich Specht • Spechte gehören zu den bekanntesten Waldvögeln. In Deutschland kommen sieben verschieden Arten vor: Bunt-, Mittel-, Klein-, Dreizehen-,
5 Weißrücken-, Schwarz-, Grau- und Grünspecht.
→ 3 – 5 Sie unterscheiden sich vor allem in Färbung, Größe und Stimme.

Buntspechte • Sie sind die bekanntesten und häufigsten Spechte. Wie alle Spechte kann er
10 sich mit seinen Kletterfüßen am Baumstamm festkrallen. Zwei Zehen sind nach vorn, zwei nach hinten gerichtet. Mit seinem Stützschwanz stützt er sich ab. Der Meißelschnabel hilft bei der Nahrungssuche. Mit ihm kann er
15 die Gänge von Insektenlarven freilegen. Mit der Spitze der langen Schleuderzunge werden dann die Beutetiere aufgespießt. → 6 Mit dem Meißelschnabel kann er auch Bruthöhlen zimmern und trommeln. Wenn im Winter we-
20 niger tierische Nahrung vorhanden ist, kann er mit ihm auch Nüsse oder Zapfen bearbeiten.

Meißelschnabel

Schleuderzunge

Kletterfuß   Stützschwanz

| 6 | Angepassheit des Buntspechtes

Mit Meißelschnabel, Kletterfuß, Stützschwanz und Schleuderzunge kann der Buntspecht sehr gut auf Bäumen leben.

Aufgabe

1 ◐ Beschreibe die Angepasstheit des Buntspechts an das Leben im Wald.

Naturschutz

1 In der Oberrheinischen Tiefebene brütet der gefährdete Kiebitz.

In Rheinland-Pfalz leben nur noch wenige Brutpaare des Kiebitzes. Naturschützer versuchen diesem Vogel zu helfen und untersuchen dazu seinen
5 **Lebensraum. Aber wieso stecken sie Stöcke ins Feld?**

Gefahr durch den Menschen • Der Kiebitz braucht ebene, offene Landschaften, wie feuchte Wiesen, naturnah
10 bewirtschaftete Äcker und Ödlandflächen. → 1 Nur hier kann der Kiebitz erfolgreich brüten. Seine Eier besitzen eine braune Färbung und sind dadurch auf erdigem Untergrund bestens ge-
15 tarnt. Zudem benötigt der Kiebitz die lockere Erde dieser Lebensräume, um im Boden nach Insekten zu suchen. Durch den Einsatz von Insektengiften in der Landwirtschaft und durch Tro-
20 ckenlegung und Verbauung offener Flächen ist der Kiebitz bedroht.

Naturschutz • Um bedrohten Tieren oder auch Pflanzen zu helfen, müssen die Ursachen ihrer Bedrohung besei-
25 tigt und ihr Lebensraum geschützt werden. Das ist Aufgabe des Naturschutzes. Als erstes wurde 1921 das Neandertal in Mettmann als Naturschutzgebiet ausgewiesen. → 2

2 Schild zur Kennzeichnung von Naturschutzgebieten

30 **Rote Liste** • Grundlage für den Naturschutz ist die Rote Liste der gefährdeten Tier- und Pflanzenarten. Hier wird
für alle Arten der Gefährdungsgrad
und die Ursachen dafür aufgelistet.

35 **Artenschutz** • Kümmert man sich besonders um den Schutz einzelner Tier-
oder Pflanzenarten, spricht man auch
vom Artenschutz. Durch bestimmte
Maßnahmen wie das Mähen sonniger
40 Hänge und das Anlegen von Hecken
zwischen Feldern kann der Smaragdeidechse und der Großen Hufeisennase geholfen werden. ➡ 3 Besonders wichtig für den Artenschutz ist es
45 zu wissen, wo die Tiere ihre Nester und
Bruthöhlen anlegen. Dafür werden
diese oft mit Stöcken markiert.

Biotopschutz • Der Biotopschutz bein-
haltet den Schutz ganzer Lebensräu-
50 me. Vom Schutz und der Pflege einer
Orchideenwiese profitieren auch andere dort wachsenden Pflanzenarten
und viele Insekten. ➡ 4

Naturschutzverbände • In Deutschland
55 setzen sich viele Menschen ehrenamt-
lich für den Naturschutz ein. Die größten Vereine sind der Naturschutzbund
(NABU) und der Bund für Umwelt und
Naturschutz (BUND).

> Durch den Menschen sind viele
> Tier- und Pflanzenarten sowie
> Lebensräume bedroht. Um ihnen
> zu helfen, müssen die Ursachen
> ihrer Bedrohung beseitigt und ihr
> Lebensraum geschützt werden.

3 Gefährdete Tiere: Smaragdeidechse und Große Hufeisennase

4 Gefährdeter Lebensraum: Orchideenwiese in der Eifel

Aufgaben

1 ○ Nenne Gründe für die Gefähr-
dung des Kiebitzes.

2 ◗ Erkläre, warum die Roten Listen
für den Artenschutz wichtig sind.

3 ● Erkläre, warum Naturschützer
Kiebitznester in Wiesen und Feldern
mit Stöcken markieren.

Naturschutz

Material A

Artenvielfalt im Wald

Forscher haben untersucht, ob sich die Anzahl der Tierarten verändert, wenn man abgestorbene Bäume nicht aus dem Wald entfernt. Dafür haben sie zwei Waldflächen untersucht und miteinander verglichen. Zunächst wurden die Anzahl der Käferarten und die Anzahl der Vogelarten beider Flächen bestimmt. Von Fläche A wurden in der darauffolgenden Zeit tote Bäume entfernt, auf Fläche B wurden sie belassen. → ☐1
Nach 15 Jahren wurden erneut die Anzahl der Käferarten und der Vogelarten ermittelt.

1 ○ Fasse die Ergebnisse der Untersuchung anhand der im Diagramm dargestellten Ergebnisse zusammen. → ☐2

2 ◐ Begründe, warum es wichtig ist, zwei Flächen zu untersuchen, um die Vermutung zu überprüfen.

3 ● Begründe, ob die Vermutung richtig war.

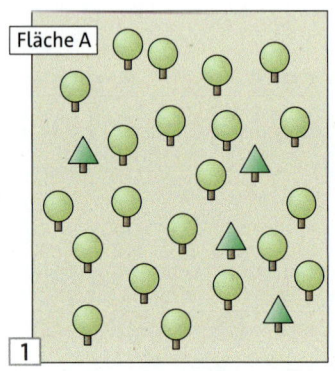

Fläche A

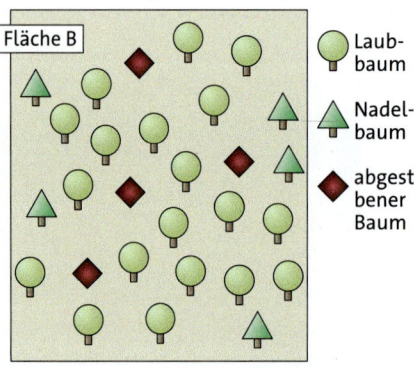

Fläche B

○ Laubbaum

▲ Nadelbaum

◆ abgestorbener Baum

☐1

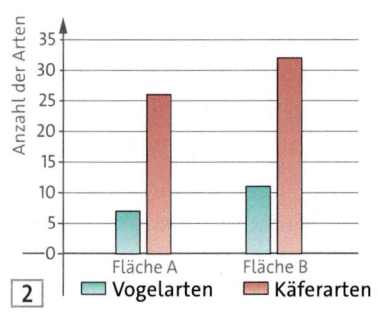

☐2 ■ Vogelarten ■ Käferarten

Material B

Raum für Insekten oder Fußbälle?

Ein Teil der Rasenfläche der Schule soll in eine Wildblumenwiese umgewandelt werden. Einige Schüler möchten aber lieber einen Fußballrasen.

1 ● Sammelt Argumente für und gegen die Anlage einer Wildblumenwiese. Ordnet die Argumente tabellarisch.

2 ◐ Tragt abwechselnd Argumente für und gegen die Umwandlung des Rasens vor. Begründet dabei sorgfältig.

3 ● Einigt euch am Ende der Diskussion auf eine Lösung, mit der beide Gruppen zufrieden sein können.

☐3 Einen Lebensraum schaffen ...

☐4 ... oder lieber Fußball spielen?

Gefährdete Lebensräume in Rheinland-Pfalz

5 Eine Flussaue bei Speyer

6 Ein Moor in der Eifel

Rheinauen in der Pfalz • Flussauen sind flache Landschaften an fließenden Gewässern, die immer wieder überflutet werden. Durch den stetigen Wechsel zwischen Überflutung und

5 Austrocknung entsteht ein ganz besonderer Lebensraum. Hier leben Biber, Frösche und Störche zwischen Weiden, Erlen und Schilf. Um den fruchtbaren Boden auf dem ebenen Gelände zu nutzen, siedelten sich in Fluss-

10 auen oft Menschen an. Sie bauten Deiche, um sich vor den Überflutungen zu schützen. Dadurch wurde der Lebensraum Flussaue zerstört und der Fluss außerdem seines natürlichen Überflutungsgebietes beraubt. Wenn

15 der Fluss mehr Wasser führt, steigt deshalb die Hochwassergefahr, da mehr Wasser gegen die Deiche drückt. Manchmal brechen die Deiche und es kommt zu erheblichen Überflutungsschäden im Hinterland. Flussauen in

20 ihrer in seiner ursprünglichen Form kann man heute noch an einigen Stellen in der Oberrheinischen Tiefebene zwischen Wörth am Rhein und Speyer finden.

Moore in Hunsrück und Eifel • Moore sind

25 feuchte Lebensräume, in denen immer Wasser vorhanden ist. Das Torfmoos wächst als dickes, dichtes Moospolster, durch das keine Luft mehr an darunter liegende Schichten gelangt. Abgestorbenes Pflanzenmaterial wird

30 dort nicht mehr vollständig abgebaut, es entsteht Torf, der früher als Brennmaterial verwendet wurde. Torfmoos holt sich wie alle Pflanzen Nährstoffe aus dem Boden. Dadurch wird das Moorwasser nährstoffarm und sauer.

35 In diesem besonderen Lebensraum können nur speziell angepasste Arten wie Sonnentau und Wollgras sowie Moorfrosch und Kreuzotter leben. Moore speichern außerdem Treibhausgase aus der Atmosphäre. Das Moor Dreiherrige Stein bei Weißenseifen ist das einzige unbeschädigte Moor in Rheinland-Pfalz.

Aufgabe

1 ◖ Begründe, warum Flussauen und Moore schützenswert sind.

Tiere – Pflanzen – Lebensräume

Zusammenfassung

1 Robbi – ein echter Hund?

Kennzeichen des Lebendigen • Lebewesen können sich bewegen, mit ihren Sinnesorganen Reize aufnehmen, Stoffe verarbeiten, ihre Gestalt durch Wachstum verändern und sich mit Artgenossen fortpflanzen.

Vom Wildtier zum Haustier • Der Mensch zähmte wilde Tiere und vermehrte durch Züchtung die Tiere über Generationen als Haustiere weiter, die die für ihn vorteilhaften Merkmale besaßen.

Heimtiere • Der Mensch lebt mit Tieren zusammen. Heimtiere sind Familienmitglieder. Sie geben Sicherheit und Geborgenheit. Unsere häufigsten Heimtiere sind Hunde, Katzen, Kaninchen, aber auch Fische und Vögel. Wer Heimtiere hält, trägt eine hohe Verantwortung für die Tiere.

2

Nutztiere • Nutztiere werden wirtschaftlich genutzt. Sie liefern uns vor allem Nahrung, wie Fleisch, Milch und Eier aber auch Kleidung oder ihre Arbeitskraft. Häufige Nutztiere sind Rinder, Schweine, Pferde und Hühner.

Haltung von Nutztieren • Artgerechte Tierhaltung orientiert sich am natürlichen Lebensraum und den angeborenen Verhaltensweisen der Tiere. Um den hohen Bedarf an Fleisch und Eiern zu decken, werden Tiere aber auch weiterhin in großer Anzahl in Ställen in der Intensivtierhaltung gehalten. Bei Hühnern spricht man dann auch von Kleingruppenhaltung oder Bodenhaltung.

3

Wirbeltiere • Wirbeltiere besitzen ein Innenskelett mit Wirbelsäule. Sie sind miteinander verwandt. Die Klassen Säugetiere, Vögel, Reptilien, Amphibien und Fische bilden zusammen den Stamm der Wirbeltiere.

Säugetiere • Säugetiere sind gleichwarm. Sie haben behaarte Haut und atmen mithilfe von Lungen. Säugetiere bringen lebende Jungtiere zur Welt und säugen sie mit Milch aus ihren Milchdrüsen.

Lebensräume • Tiere und Pflanzen haben Ansprüche an ihre Lebensräume und stehen mit ihnen in Wechselbeziehung. Die Umweltfaktoren in einem Lebensraum bestimmen, welche Lebewesen dort leben können. Tiere und Pflanzen sind an ihren Lebensraum angepasst. Eine Gemeinschaft aus Lebewesen und ihrer Umwelt nennt man Ökosystem.

Lebensräume untersuchen • Mithilfe von Bestimmungsbüchern kann man Tiere und Pflanzen bestimmen. Bei der Bestimmung kleiner Tiere ist eine Lupe hilfreich. Gepresste und getrocknete Pflanzen werden in einem Herbar aufbewahrt. Informationen zu Lebewesen und Lebensräumen kann man in einer Präsentation zusammenstellen.

Stockwerke des Waldes • Der Wald ist in verschiedene Schichten gegliedert: Wurzelschicht, Moosschicht, Krautschicht, Strauchschicht und Baumschicht. Jede Schicht besitzt bestimmte Umweltbedingungen, daher findet man dort verschiedene Lebewesen.

4 Ein Mischwald aus Fichten und Buchen

Einheimische Laub- und Nadelbäume • Laubbäume wie Kastanie und Eiche verlieren im Herbst ihre Laubblätter, um sich vor Wasserverlust zu schützen. Im Frühling bilden sie aus Knospen neue Blätter. Nadelbäume wie Tanne und Kiefer werfen ihre Nadelblätter nicht jedes Jahr ab. Die Nadeln sind durch eine Wachsschicht vor dem Austrocknen im Winter geschützt. Die Samen der Nadelbäume bilden sich in Zapfen.

5 Eine Haselmaus frisst an einer Haselnuss.

Nahrungsbeziehungen im Wald • Pflanzen sind die Nahrungsgrundlage für alle anderen Lebewesen. Pflanzenfresser ernähren sich von Pflanzen. Fleischfresser fressen Pflanzenfresser oder andere Fleischfresser. So ergibt sich eine Nahrungskette. Die meisten Tiere fressen verschiedene andere Pflanzen oder Tiere. Dadurch sind die Nahrungsketten miteinander verbunden. Sie bilden ein Nahrungsnetz.

Naturschutz • Viele Lebensräume, aber auch Tier- und Pflanzenarten sind durch den Menschen bedroht. Die Aufgabe des Naturschutzes ist es, die Ursachen der Bedrohung zu beseitigen und die Lebensräume zu schützen.

Teste dich! (Lösungen auf Seite 196)

Der Mensch hält Tiere

1 ○ Nenne die Kennzeichen des Lebendigen.

2 ○ Nenne die fünf Klassen der Wirbeltiere.

3 ◐ Nenne sechs Haustiere, die zu den Säugetieren gehören. Erkläre ihre Bedeutung für den Menschen.

4 ◐ Beschreibe die Entstehung der verschiedenen Hunderassen. Nenne vier Hunderassen und erkläre wofür sie eingesetzt werden.

5 ◐ Beschreibe, wie Katzen in der Dämmerung jagen.

6 ○ Nenne drei Merkmale der Säugtiere.

7 Man unterscheidet Allesfressergebiss, Pflanzenfressergebiss und Fleischfressergebiss.
a ◐ Ordne die Begriffe den Bildern 2–4 zu.
b ● Begründe deine Zuordnung.
c ◐ Beschreibe die Unterschiede der Gebisstypen.
d ○ Nenne jeweils zwei Tiere für die Gebisstypen.

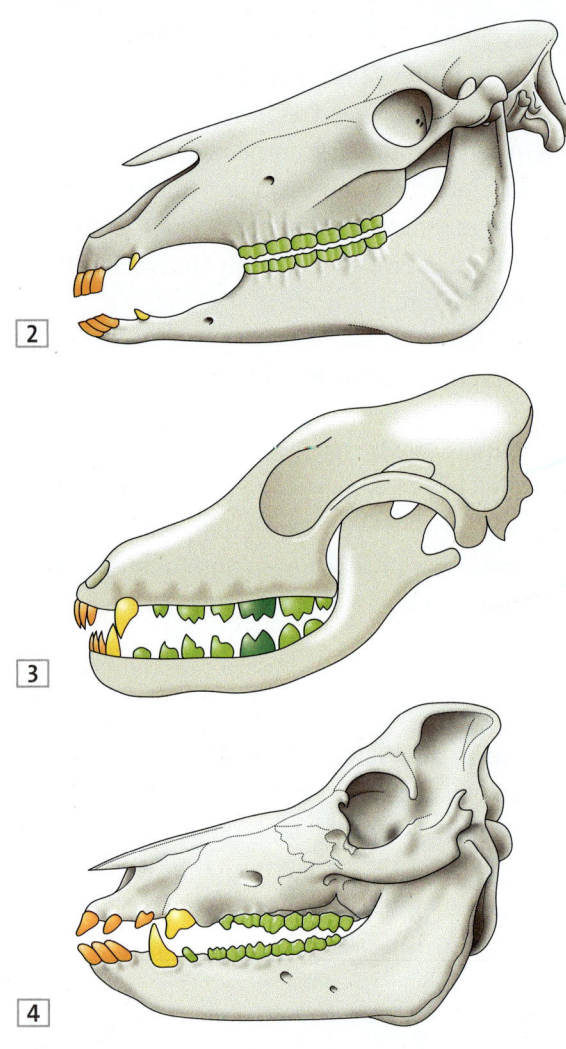

8 ◐ Begründe, warum Milchkühe regelmäßig Nachwuchs bekommen müssen.

9 ◐ Beschreibe die natürlichen Lebensräume von Schweinen sowie das angeborene Verhalten dieser Tiere.

10 ◐ Erkläre die Unterschiede zwischen Kleingruppenhaltung und Bodenhaltung.

Lebensräume

11 ○ Nenne verschiedene Umweltfaktoren.

12 ◐ Nenne drei verschiedene Lebensräume und beschreibe jeweils die dort herrschenden Lebensbedingungen.

13 ○ Erkläre den Satz: „Pflanzen und Tiere sind an ihren Lebensraum angepasst."

5

14 ◐ Erkläre die Begriffe Nahrungskette und Nahrungsnetz.

15 ◐ Notiere die Nahrungsbeziehungen der folgender Lebewesen zueinander: Haselnuss, Eule, Regenwurm, Fuchs, Kaninchen, Luchs, Maus, Gräser, Vogel, Beerenfrüchte.

Der Wald

16 ○ Nenne die Stockwerke des Waldes.

17 ◐ Begründe anhand der sichtbaren Merkmale des Baums, ob es sich um einen Laubbaum oder einen Nadelbaum handelt. ► 6

6

18 ◐ Erkläre, warum Nadelbäume im Herbst ihre Blätter nicht abwerfen.

Naturschutz

19 ○ Nenne zwei Naturschutzvereine.

20 ○ Nenne den Namen des Verzeichnisses, in dem du nachschauen kannst, ob und wie stark eine Tier- oder Pflanzenart gefährdet ist.

7

21 ◐ Erkläre, wieso der Schutz einer Orchideenwiese sinnvoll ist. ► 7

22 ○ Beschreibe Schutzmaßnahmen für zwei Tierarten.

Anhang

Operatoren

Keine Missverständnisse mehr bei Aufgaben

Die meisten Aufgaben in diesem Buch beginnen mit einem Verb:
- **Nenne** die fünf ...
- **Beschreibe** die Fortbewegung von ...
- **Erkläre**, warum unser Trinkwasser ...
- **Erläutere** die Begriffe ...
- ...

Diese Verben geben an, was du tun sollst.

Nenne

Notiere Namen oder Begriffe.

Aufgabe: Nenne die fünf Wirbeltierklassen.

Lösung: Fische, Amphibien, Reptilien, Vögel und Säugetiere

Beschreibe

Formuliere so genau (mit Fachwörtern), dass man sich alles vorstellen kann.

Aufgabe: Beschreibe die Fortbewegung von Schlangen.

Lösung: Beim Schlängeln ziehen Schlangen abwechselnd die Muskeln rechts und links der Wirbelsäule zusammen. Der Körper krümmt sich so zuerst in die eine und dann in die andere Richtung. Zusätzlich richten Schlangen ihre Bauchschuppen auf, stoßen sich mit diesen vom Boden ab und schieben sich dadurch vorwärts.

Erkläre – Begründe

Notiere eine oder mehrere Ursachen.

Aufgabe: Erkläre, warum Nadelbäume im Herbst ihre Blätter nicht abwerfen.

Lösung: Nadelblätter sind von einer Wachsschicht überzogen, diese verringert die Verdunstung von Wasser. Deshalb müssen Nadelbäume im Gegensatz zu Laubbäumen im Herbst ihre Blätter nicht abwerfen, um sich vor dem Austrocknen zu schützen.

Ordne

Teile in Gruppen ein. Lege z. B. Listen an.

Aufgabe: Ordne Stoffe aus dem Alltag nach „löslich in Wasser" und „nicht löslich in Wasser".

Lösung:
Löslich in Wasser: Zucker, Kochsalz, Essig, Luft
Nicht löslich in Wasser: Sand, Eisen, Öl, Glas

Erläutere

Erkläre ausführlich und liefere Beispiele.

Aufgabe: Erläutere die Begriffe „Schmusekatze"
und „Stubentiger" im Hinblick auf die natürliche Lebensweise und die Verhaltensweisen der
Katzen.

*Lösung: Katzen kuscheln und schmusen mit dem
Menschen. Sie haben sich aber neben ihrer Fried-
fertigkeit dem Menschen gegenüber auch ihre
Wildheit bewahrt. Beispielsweise jagen sie wie
eine Wildkatze. Sie schleichen sich in geduckter
Haltung an ihre Beute heran. Die scharfen, spitzen Krallen an den Pfoten können beim Beutefang ausgestreckt werden. Die Beute wird mit
den Krallen festgehalten und mit einem Biss in
den Nacken getötet.*

Vergleiche

Stelle Gemeinsamkeiten und Unterschiede dar.

Aufgabe: Vergleiche die Bestandteile von
Pflanzenzelle und Tierzelle.

Lösung:

	Pflanzenzelle	Tierzelle
Zellwand	vorhanden	nicht vorhanden
Zellmembran	vorhanden	vorhanden
Zellplasma	vorhanden	vorhanden
Zellkern	vorhanden	vorhanden
Vakuole	vorhanden	nicht vorhanden
Mitochondrien	vorhanden	vorhanden
Chloroplasten	vorhanden	nicht vorhanden

Stelle Vermutungen an

Überlege mögliche Gründe oder Auswirkungen.
Begründe deine Antwort.

Aufgabe: Stelle Vermutungen an, warum in
Deutschland ein Vitamin-C-Mangel so gut wie
nicht vorkommt.

*Lösung: Vitamin C ist in vielen Obst- und Ge-
müsesorten enthalten. Manchen Lebensmitteln wird es sogar noch extra zugesetzt.
In Deutschland gibt es keinen Mangel an
Nahrungsmitteln, deshalb ist es fast unmög-
lich, zu wenig Vitamin C aufzunehmen.
Ein Vitamin-C-Mangel ist daher sehr selten.*

Zeichne

Gib dir Mühe, ein genaues und
vollständiges Bild anzufertigen.

Aufgabe: Zeichne ein Blütendiagramm der
Tulpenblüte. Beschrifte die einzelnen Blüten-
teile.

Lösung:

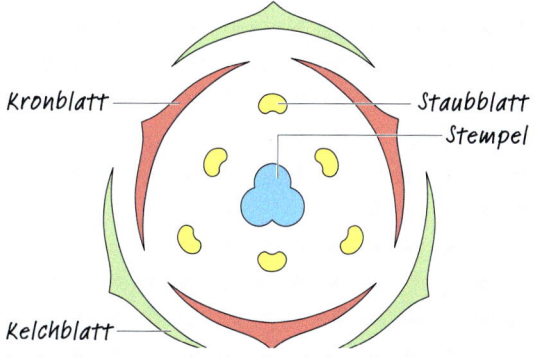

Von den Sinnen zum Messen – Seite 45

1 Seh-, Hör-, Geruchs-, Geschmacks-, Tast-, Temperatur- und Gleichgewichtssinn

2 Sinneszellen nehmen Reize wahr, wie z. B. Geräusche, Licht, Berührungen, Geschmack, Gerüche und Temperaturen. Diese Reize werden von den Sinneszellen über die Nerven an das Gehirn weitergeleitet.

3 Die Wahrnehmung kommt zustande, indem unsere Sinnesorgane Reize aufnehmen, Sinneszellen sie in elektrische Impulse umwandeln und sie zur weiteren Verarbeitung ins Gehirn transportieren.

4 1: Hornhaut, 2: Pupille, 3: Linse, 4: Sehnerv, 5: Netzhaut, 6: Glaskörper

5 Um sehen zu können, benötigen wir Lichtquellen, deren Licht unsere Augen empfangen. In der Dunkelheit gibt es nur wenige bis keine Lichtquellen, die Licht abgeben können bzw. reflektieren. Daher kann auch kaum Licht in unser Auge gelangen.

6 Manche Tiere haben stärker ausgeprägte Sinne als der Mensch und können z. B. Ultraschalllaute au senden oder Infrarotlicht wahrnehmen. Diese Eigenschaften helfen ihnen bei der Jagd in der Nacht.

7 Ticken einer Uhr, Musikinstrumente, Mitschüler, Flugzeuge, Handyklingeln …

8 Ohrmuschel – Gehörgang – Trommelfell – Gehörknöchelchen

9 Menschen können Schall nur hören, wenn die Schallquelle in einer Sekunde 20 bis 20 000 Schwingungen erzeugt. Der Mensch kann also nur Frequenzen zwischen 20 Hz und 20 kHz wahrnehmen.

10

Hautschicht	Aufgabe	Zellen
Oberhaut	Schutz Finger- und Fußnägel	Hornzellen
Lederhaut	Versorgung der Oberhaut | die Haarwurzeln sitzen hier	Sinneszellen
Unterhaut	Fettspeicher und Kälteschutz	Fettzellen

11 2,35 Kilogramm = 2350 Gramm

12 128 Milliliter = 128 Kubikzentimeter

13 Vor dem Ablesen muss erst festgestellt werden, welche Menge ein Skalenteil anzeigt. Messwerte werden immer in Augenhöhe abgelesen. Es wird immer an der tiefsten Stelle der Flüssigkeitssäule abgelesen.

14 80 mL

15 Um die Masse eines Steins mithilfe einer Balkenwaage zu bestimmen, legt man ihn auf eine der beiden Waagschalen. Auf die andere Waagschale legt man nacheinander kleine Gewichte, sogenannte Wägestücke, bis der Zeiger der Balkenwaage wieder in der Mitte steht. Die Masse der Wägestücke ist jetzt genauso groß wie die Masse des Steins. Addiert man die Massen der einzelnen Wägestücke, erhält man die Masse des Steins.

16 In den Messzylinder wird Wasser gefüllt und das Volumen abgelesen. Dann wird der Stein vollständig untergetaucht und das Volumen erneut abgelesen. Die Differenz der beiden Messwerte gibt an, um wie viele Milliliter das Wasser gestiegen ist. Diese Wassermenge entspricht dem Volumen des Körpers. Das Volumen kann auch in Kubikzentimeter umgerechnet werden, denn 1 Milliliter entspricht einem Kubikzentimeter.

Vom ganz Kleinen und ganz Großen – Seite 69

1 a Mikrometer (ein menschliches Haar ist etwa 50 Mikrometer dick)
b Kilometer (die Erde ist etwa 150 Millionen Kilometer von der Sonne entfernt)
c Lichtjahr (das Sonnensystem Alpha Centauri ist von unserer Milchstraße etwa 4,4 Lichtjahre entfernt)

2 Ein Lichtjahr ist die Strecke, die das Licht innerhalb eines Jahres zurücklegt (das sind 9 460 730 472 580,8 km)

3 a Anschauungsmodelle, Funktionsmodelle, Denkmodelle
b Anschauungsmodell zum Aufbau von Pflanzenblüten, Funktionsmodell der Niere, Denkmodell zum Aufbau des Universums
c Unterschiede: Größenverhältnisse, Material von Modell und Wirklichkeit, Vereinfachungen – es wird oft nur eine bestimmte Eigenschaft betrachtet

4 Der Polarstern steht immer im Norden, daran kann man sich orientieren. Auch an Sternen, die sich über den Himmel bewegen, kann man sich orientieren. Dazu sucht man sich einen feststehenden Vergleichspunkt in der Umgebung, z. B. einen Baum oder ein Gebäude. Steigt der Stern im Vergleich zum Fixpunkt aufwärts, steht er im Osten. Sinkt er abwärts, steht er im Westen. Bewegt sich der Stern nach rechts, steht er im Süden, bewegt er sich nach links, steht er im Norden.

5 Sammellinsen sind in der Mitte dicker als am Rand (konvex), sie sammeln das Licht in einem Brennpunkt. Zerstreuungslinsen sind in der Mitte dünner als am Rand (konvex), sie streuen die Lichtstrahlen auseinander.

6 1: Okular, 2: Stativ, 3: Objektiv, 4: Objekttisch, 5: Blende, 6: Grob- und Feintrieb

7 Zunächst drehst du mit dem Grobtrieb unter seitlicher Beobachtung den Objekttisch nach oben, bis sich das Deckglas des Präparats und das Objektiv gerade noch nicht berühren. Dann schaust du durch das Okular und drehst mit dem Feintrieb den Objekttisch langsam nach unten, bis das Bild scharf ist.

8 Mit der kleinsten Vergrößerung kannst du dir einen Überblick über das gesamte Präparat verschaffen. Besonders interessante Stellen kannst du dann mit einer größeren Vergrößerung genauer betrachten.

9 Damit das Objekt vom Licht des Mikroskops durchstrahlt wird, muss es dünn und durchsichtig sein.

10

Zell-bestandteil	Aufgabe	Pflanzen-zelle	Tier-zelle
Zellwand	feste Gestalt der Zelle	ja	nein
Zellplasma	füllt das gesamte Zellinnere aus	ja	ja
Zell-membran	trennt Zellplasma von der Zellwand	ja	ja
Zellkern	steuert alle Lebens-vorgänge in der Zelle	ja	ja
Vakuole	Speicherort für Stoffe, Erzeugung des Zell-innendrucks	ja	nein
Mito-chondrien	Zuckerabbau zur Ener-giegewinnung	ja	ja
Chloro-plasten	Fotosynthese zur Ener-giegewinnung aus Sonnenlicht	ja	nein

11 Der grüne Farbstoff (Chlorophyll) befindet sich in den Blattgrünkörnern (Chloroplasten) von Pflanzenzellen. Das Chlorophyll kann die Energie des Sonnenlichtes aufnehmen. Pflanzen nutzen diese Energie, um durch Fotosynthese aus Wasser und Kohlenstoffdioxid Zucker und Sauerstoff herzustellen.

Bewegung zu Wasser, zu Lande und in der Luft – Seite 122/123

1 a Kreuzgang: Linkes Vorderbein und rechtes Hinterbein werden gleichzeitig vom Boden gehoben und nach vorn gesetzt, anschließend folgen die beiden anderen Beine.
Passgang: Das rechte Vorderbein und das rechte Hinterbein werden nacheinander nach vorne gesetzt, dann folgen die beiden linken Beine.
b Da Menschen nur zwei Beine besitzen, können sie diese Gangarten nicht ausführen.

2 Je länger die Beine eines Tieres sind, desto schneller kann es gehen oder laufen. Pferde haben im Verhältnis zu ihrem Körper sehr lange Beine, Eidechsen dagegen haben eher kurze Beine. Zusätzlich stehen die Beine der Eidechse auch noch seitlich vom Körper ab, sodass sie sich durch schlängelndes Kriechen vorwärts bewegen.

3 a Flossen und Schwimmblase
b Fische bewegen sich mithilfe ihrer Flossen vorwärts sowie nach oben und unten. Mithilfe ihrer Schwimmblase können sie sich an die Druckverhältnisse in unterschiedlichen Wassertiefen anpassen und schweben.
c Fische schweben im Wasser, wenn ihre Dichte genauso groß ist wie die des sie umgebenden Wassers.

4 a Fische und Vögel haben spindelförmige Körper.
b An spindelförmigen Körpern strömen Wasser und Luft leicht vorbei, der Strömungswiderstand ist gering.

5 Federn, Flügel, Leichtbauweise durch hohle Knochen

6 Ein Vogelflügel ist nach oben gewölbt. Über die Flügeloberseite muss die Luft sehr schnell fließen, dadurch entsteht ein Unterdruck. An der Unterseite der Flügel fließt die Luft langsamer, hier entsteht ein Überdruck. Überdruck und Unterdruck ergeben zusammen den Auftrieb, der den Vogel in die Luft hebt.

7 gleichförmige Bewegung, Kreisbewegung, Schwingung

8 a Geschwindigkeit = Weg pro Zeit
b 42 km geteilt durch 3 Stunden ergibt eine Durchschnittsgeschwindigkeit von 14 km/h.

9 Erdanziehungskraft, Reibungskraft, Federspannkraft, Beschleunigungskraft

10 a A Höhenenergie, B Bewegungsenergie, C Spannenergie
b Energie geht niemals verloren, sondern wird in andere Energieformen umgewandelt. Die Bewegungsenergie des Steins wird beim Aufprall in Wärmeenergie umgewandelt.

11 Ist die Energieaufnahme aus der Nahrung höher als Grund- und Leistungsumsatz zusammen, nimmt man zu. Der Körper erhält mehr Energie als nötig. Er speichert die überflüssige Energie in Fettpolstern.

12 Plattenknochen: Schädel, Schulterblatt, Beckenknochen | Röhrenknochen: Oberarmknochen, Wadenbein, Schienbein

13 1: Schädel, 2: Elle, 3: Speiche, 4: Oberarmknochen, 5: Brustbein, 6: Rippe, 7: Wirbelsäule, 8: Beckenknochen, 9: Oberschenkelknochen, 10: Wadenbein, 11: Schienbein, 12: Kniescheibe

14 a Die Wirbelsäule besteht aus einzelnen Wirbelknochen, den Wirbeln. Es gibt sieben Hals-, zwölf Brust- und fünf Lendenwirbel, die Kreuzbeinwirbel und die Steißbeinwirbel sind fest miteinander verwachsen. Zwischen den Wirbeln liegen Bandscheiben aus Knorpel. Sie wirken als Stoßdämpfer, indem sie Erschütterungen abfedern, und verhindern außerdem, dass die Wirbelknochen aneinander reiben. Alle Wirbel zusammen bilden einen Kanal, in dem das Rückenmark verläuft. Es enthält viele Nerven, die das Gehirn mit allen Körperteilen verbinden.
b Durch die doppelte S-Form kann die Wirbelsäule Stöße gut abfedern. Diese besondere Form ermöglicht den aufrechten Gang.

15 a Die Knochen des Fußskeletts sind in einer nach oben gewölbten Form angeordnet. Diese besondere Form wird als Fußgewölbe bezeichnet.
b Ein gesundes Fußgewölbe kann beim Gehen, Laufen und Springen einen Teil der Erschütterungen abfedern.

16 a Ein Muskel besteht aus einzelnen dünnen Muskelfasern. Viele Muskelfasern bilden ein Muskelfaserbündel, das von einer Muskelhaut umgeben ist. Blutgefäße versorgen die Muskelfasern mit Sauerstoff und Nährstoffen. Nerven geben den Muskeln den Befehl zum Zusammenziehen.
b Muskeln können sich nur zusammenziehen. Dabei werden sie kürzer. Kein Muskel kann sich aus eigener Kraft strecken. Das muss ein anderer Muskel erledigen. Man spricht daher vom Gegenspielerprinzip. Zieht sich ein Muskel zusammen und wird dabei kürzer, wird gleichzeitig ein anderer Muskel gestreckt. Für eine Bewegung sind daher immer zwei Gegenspieler nötig: ein Beugemuskel und ein Streckmuskel.

17 Individuelle Antworten, z. B.
Körperliche Bewegung fördert die Bildung von Glücksstoffen im Körper, man ist glücklicher und zufriedener. Durch regelmäßige Bewegung werden die Muskeln kräftiger, der Körper kann leichter aufrecht gehalten werden und Knochen und Gelenke werden entlastet. Bei Bewegung atmet man tiefer und die Lungen nehmen mehr Sauerstoff auf. Das Herz pumpt mehr Blut durch den Körper zu den Organen und Muskeln. Der Körper wird daher durch Bewegung leistungsfähiger, d. h. fitter. Durch Bewegung wird das Abwehrsystem des Körpers gestärkt und besser auf den Angriff von Krankheitserregern vorbereitet, man bleibt eher gesund.

Tiere – Pflanzen – Lebensräume – Seite 190/191

1 Bewegung, Reizbarkeit, Stoffwechsel, Wachstum, Fortpflanzung

2 Fische, Amphibien, Reptilien, Vögel, Säugetiere

3 Individuelle Lösung
Beispiele: Kaninchen leben in ihren Ställen außerhalb des Hauses als Schlachttiere oder leben im Haus im Käfig als Streichel- und Schmusetiere. Pferde wurden früher in der Landwirtschaft als Arbeitstiere (Wagen und Pflug ziehen, Lasten tragen) gehalten. Heute stehen sie auf Höfen und in Reitställen als Sportkameraden (Reitpferde). Hunde wurden früher auf den Höfen meistens als Wachhunde eingesetzt. Heute halten wir die Hunde vorwiegend als Familienmitglieder zum Spielen, Toben, Kuscheln und als Tröster. (Weitere Beispiele: Katze, Rind, Schwein)

4 Der Mensch erkannte im engen Zusammenleben mit gezähmten Wölfen, dass Wolfswelpen unterschiedliche Fähigkeiten und Merkmale besaßen. Der Mensch wählte gezielt nur die Tiere für eine weitere Vermehrung aus, die für ihn nützliche Merkmale und Fähigkeiten aufwiesen.
Auf diese Weise wurden aus dem Wolf die heute existierenden Hunderassen gezüchtet. Beispiele für Hunderassen: Schäferhund – Wach- und Spürhund, Rottweiler – Wach- und Polizeihund, Border Collie – Hütehund, Münsterländer – Jagdhund

5 Die Augen der Katzen haben im hinteren Teil des Auges eine besondere Farbschicht, die wie ein Spiegel wirkt. Das Restlicht in der Dämmerung wird hier reflektiert. In der Dämmerung sind die Pupillen der Augen kreisrund geweitet, um möglichst viel Restlicht auf die Farbschicht treffen zu lassen.

6 Säugetiere besitzen Haare oder ein Fell. Die Jungtiere werden nach der Tragzeit lebend geboren und in den ersten Monaten gesäugt.

7 a Bild 2: Pflanzenfressergebiss, Bild 3: Fleischfressergebiss, Bild 4: Allesfressergebiss.
b Im Pflanzenfressergebiss befinden sich im Ober-und Unterkiefer Schneidezähne, die beim Abreißen der Gräser helfen. Eckzähne sind nur verkümmert vorhanden. Die breiten, kräftigen Backenzähne zermahlen die Gräser und Kräuter.
Im Fleischfressergebiss befinden sich im Ober- und Unterkiefer lange, spitze Eckzähne. Mit ihnen wird die Beute ergriffen, festgehalten und getötet. Die Reißzähne sind besonders groß und scharfkantig. Sie zerteilen die Beute und knacken Knochen auf. Die kleinen Schneidezähne eignen sich besonders zum Abnagen von Knochen.
Im Allesfressergebiss sind Schneide- und Eckzähne sowie vordere und hintere Backenzähne vorhanden. Tiere mit diesem Gebisstyp ernähren sich sowohl von pflanzlicher als auch tierischer Nahrung.
c Die Unterschiede liegen in der Anzahl und Beschaffenheit von Backenzähnen und Eckzähnen.
d Individuelle Lösung
Pflanzenfressergebiss: Pferd, Rind
Fleischfressergebiss: Wolf, Katze
Allesfressergebiss: Wildschwein, Mensch

8 Rinder sind Säugetiere. Kühe bringen Kälber zur Welt, die dann in den ersten Monaten gesäugt werden. Kühe müssen jährlich kalben, damit der Mensch die Milch der Kühe melken kann.

9 Der natürliche Lebensraum von Rindern sind ausgedehnte Graslandschaften, über die sie weidend ziehen. Der natürliche Lebensraum von Schweinen sind Dickichte, beschattete Grasflächen und Wälder, durch die sie nach Wurzeln, Insekten, Schnecken und Würmern grabend und wühlend ziehen. Rinder und Schweine bewegen sich in ihrem natürlichen Lebensraum und suchen ihre Fress-und Ruheplätze im Weideland.

10 Bei der Kleingruppenhaltung leben bis zu fünf Hühner in einem kleinen Käfig. Sie können sich kaum bewegen. Bei der Bodenhaltung können sich die Hühner frei im Stall bewegen, können scharren und picken.

11 Temperatur, Licht und Feuchtigkeit gehören zu den Umweltfaktoren.

12 Wiese: Der Wiesenboden ist kühl und feucht, weiter oben wird es wärmer und trockener. Das Sonnenlicht und der Wind erreichen den Erdboden nicht.
Wald: Durch den Schatten der Bäume ist es im Wald kühl. Der Boden des Waldes ist feuchter als der Wiesenboden, er ist jedoch nicht vollständig bewachsen, denn hier gelangt nur wenig Sonnenlicht hin.
See: Die Sonneneinstrahlung ist auf der Wasseroberfläche am größten, die Sonnenenergie durchdringt den See nicht bis zum Grund, die oberen Wasserschichten sind deshalb wärmer als die tieferen Schichten. Der Boden des Seeufers ist sehr feucht.
In jedem Lebensraum findet man andere Pflanzen und Tiere.

13 Jedes Lebewesen hat bestimmte Ansprüche an seine Umwelt. Nur wenn sie erfüllt sind, können Tiere und Pflanzen in einem Lebensraum leben.

14 Eine Nahrungskette gibt die Nahrungsbeziehungen zwischen Lebewesen wieder. Diese Nahrungsbeziehungen lassen sich als Kette mit Pfeilen zwischen den Lebewesen darstellen. Der Pfeil bedeutet „wird gefressen von". Die Verbindung verschiedener Nahrungsketten ergibt ein Nahrungsnetz. Es stellt die Nahrungsbeziehungen zwischen vielen verschiedenen Lebewesen dar.

15 Haselnuss → Maus, Maus → Eule,
Regenwurm → Vogel, Vogel → Fuchs,
Gräser → Kaninchen, Kaninchen → Luchs

16 Wurzelschicht, Moosschicht, Krautschicht, Strauchschicht, Baumschicht

17 Es handelt sich um einen Nadelbaum. Die Blätter sind nadelförmig und es sind Zapfen zu erkennen.

18 Die Wachsschicht der Nadeln verringert die Gefahr des Austrocknens. Aus diesem Grund müssen die Nadeln im Herbst nicht abgeworfen werden.

19 NABU und BUND

20 Rote Liste der gefährdeten Tier- und Pflanzenarten

21 Wenn man eine Wiese unter Schutz stellt, auf der eine seltene Orchideenart wächst, nützt das nicht nur dieser seltenen Pflanzenart. Alle anderen Pflanzen und Tiere, die auf dieser Wiese leben, werden dadurch auch geschützt.

22 Beispiele für individuelle Lösungen:
Markierung von Kiebitznestern auf Wiesen, Mähen sonniger Hänge und Anlegen von Hecken zwischen Feldern zum Schutz von Smaragdeidechse und Großer Hufeisennase

Stichwortverzeichnis

Hinweis: Fett gedruckte Begriffe sind Lernwörter.

Bildquellenverzeichnis

Titel: Shutterstock/Nataliia Melnychuk (junge Ziege, oben), Fotolia/akf (Milchkanne, unten) | action press/MAGICS: S. 19/3 | akg-images: S. 54/3, Erich Lessing: S. 51/4, S. 68/1 | blickwinkel/Hecker/Sauer: S. 63/4e, Gerd Guenther: S. 63/4d | Bridgeman Images: S. 37/5 | ClipDealer/Erik Lam: S. 135/3 | Cornelsen Verlag: S. 21/3a-3c, S. 74/2b, S. 74/3b, S. 74/4b, S. 123/6, S. 171/4 | Cornelsen/Detlef Seidensticker: S. 24/1, S. 25/3, S. 25/5, S. 52/1, S. 53/4, S. 55/5a+5b, S. 66/1, S. 89/3, S. 95/10, S. 95/11, S. 99/3, S. 160/3, S. 161/4, S. 161/6, S. 168/1 | Cornelsen/diGraph Medien-Service: S. 181/3 | Cornelsen/Mahler, Fotograf, Berlin: S. 85/8 | Cornelsen/Markus Gaa: S. 38/1, S. 39/6, S. 93/3, S. 93/5 | Cornelsen/Maryse Forget & Robert Fontner-Forget: S. 26/3, S. 78/2, S. 78/3, S. 80/2, S. 84/1-3, S. 85/9, S. 137/11+12, S. 142/2, S. 154/3, S. 157/3, S. 179/3 | Cornelsen/Matthias Pflügner: S. 11/2, S. 16/2+3, S. 17/6, S. 22/2, S. 25/r., S. 30/1, S. 34/1, S. 85/5, S. 96/2-4, S. 97/5, S. 98/1, S. 99/4, S. 100/1, S. 103/4, S. 106/1-3, S. 109/3-6, S. 114/1-3, S. 115/5, S. 118/1-5, S. 119/8e, S. 122/3a-3c, S. 132/1, S. 133/3, S. 148/1, S. 149/2, S. 188/1 | Cornelsen/Peter Wirtz: S. 30/2 | Cornelsen/Rainer Götze: S. 27/6, S. 32/2, S. 36/1, S. 37/6, S. 38/2-4, S. 39/5, S. 39/7, S. 40/1-5, S. 41/7, S. 42/2, S. 43/3-5, S. 48/1, S. 49/3, S. 51/5, S. 52/2, S. 52/3, S. 56/1-4, S. 57/6, S. 75/6-7, S. 80/1, S. 81/4, S. 85/6, S. 85/7, S. 100/2+3, S. 119/7, S. 122/2, S. 129/6, S. 144/2 | Cornelsen/Robert Fontner-Forget: S. 73/3, S. 79/5, S. 128/4, S. 139/3, S. 141/10+11, S. 147/3+4, S. 165/5, S. 176/8 | Cornelsen/Tom Menzel: S. 18/2, S. 21/4, S. 23/3, S. 24/2, S. 29/2, S. 31/3, S. 35/6, S. 37/3, S. 45/3, S. 57/5, S. 58/1a+b, S. 60/1+2, S. 61/4+5, S. 62/1a+b, S. 63/2+3, S. 64/2, S. 69/4, S. 73/4+5, S. 74/1d, S. 83/2, S. 101/4, S. 105/3, S. 106/4, S. 107/5-9, S. 108/2, S. 110/1, S. 111/3, S. 112/2, S. 113/3+4, S. 115/4, S. 117/2, S. 121/4, S. 123/4, S. 129/5, S. 143/3+4, S. 146/2, S. 150/2, S. 154/2, S. 155/4, S. 159/3, S. 164/2+3, S. 172/1, S. 173/7, S. 175/3-5, S. 176/5-7, S. 177/11, S. 179/4, S. 180/1, S. 182/1, S. 183/6, S. 186/1+2, S. 190/2-4 | Cornelsen/Ulrike Reinold: S. 164/1 | Cornelsen/Volker Döring: S. 34/2-5, S. 50/2+3, S. 140/1+2 | Cornelsen/Volker Minkus: S. 61/3, S. 111/2a-2d | culture-images/United Archives/ua: S. 41/6 | ddp images/Science Photo Library/Corbis Creative: S. 104/2, ddp images/Uwe Norkus: S. 55/7 | Deutsche Verkehrswacht: S. 141/8 | dpa Picture-Alliance/Arco Images GmbH: S. 174/1b, S. 191/6, blickwinkel: S. 140/5, blickwinkel/A. Hartl: S. 78/1, blickwinkel/F: S. 65/5, blickwinkel/S: S. 185/4, blickwinkel/S: S. 191/7, dpa Picture-Alliance/chromorange: S. 76/1, D.Harms/WILDLIFE: S. 176/2, S. 177/10b, dpaweb/ESA_&_NASA/ESA: S. 55/9, Dr.Klaus Heblich/OKAPIA: S. 185/3b, Hippocampus-Bildarchiv: S. 176/4, Minden Pictures: S. 76/3a, OKAPIA KG Germany: S. 181/7, onoky/photononstop: S. 28/1, picture-alliance/dpa: S. 125/l., R.Usher/WILDLIFE: S. 181/5, Roland Birke/Okapia/OKAPIA KG, Ge: S. 63/4c, S.Muller/WILDLIFE: S. 153/4, Sven Simon: S. 92/2, Senckenberg-Forschungsinstitu/Ingo Rechenberg: S. 77/5, S. 77/6, Ulrich Baumgarten: S. 103/6, Ulrich Perrey: S. 176/1, WILDLIFE: S. 138/2, S. 151/5, ZB/dpa-Zentralbild/Andreas Lander: S. 14/1, ZB/dpa-Zentralbild/Patrick Pleul: S. 176/3 | F1online: S. 54/4, S. 104/1, S. 145/3, S. 161/5, S. 165/4, Imagebroker RF/Wilfried Martin: S. 158/1, Marko König Imagebroker: S. 181/6, Robert Preston/AGE: S. 134/2, Westend61/Fotofeeling: S. 142/1 | Fotolia/akf (Milchkanne): Cover/unten, Alexander von Düren: S. 172/2, Ana Blazic Pavlovic: S. 119/8d, Andreas P: S. 94/3, andriigorulko: S. 16/1, annaav: S. 122/1a, arkna: S. 20/2e, ARochau: S. 92/1, arolina66: S. 122/1b, BillionPhotos.com: S. 90/4, by-studio: S. 20/2b, Christian Schwier: S. 6/oben, S. 70, S. 166/1, Composer: S. 50/1, creativenature.nl: S. 127/3, doble.d: S. 20/2i, eevl: S. 20/2c, ehrenberg-bilder: S. 15/2, endostock: S. 90/3, Eric Isselée: S. 154/1, S. 188/2, fotoeliane: S. 93/4, fotomaximum: S. 13/l., gradt: S. 94/7, HappyAlex: S. 188/3, hfox: S. 183/3, S. 185/3a, Hunta: S. 72/2, hydebrink: S. 74/2, iamseiji: S. 91/11, Irina Schmidt: S. 90/7, jfergusonphotos: S. 97/6, jokapix: S. 167/4, JPC-PROD: S. 20/2f, Jürgen Fälchle: S. 71/r., K.-U. Häßler: S. 186/3, Karina LS: S. 136/6, kentauros: S. 54/1, kitzcorner: S. 91/9, Kokhanchikov: S. 119/8c, Kurt Nägele: S. 167/3, Kzenon: S. 112/1, S. 130/1, leekris: S. 159/4, LianeM: S. 158/2b, Luminis: S. 117/3, M. Schuppich: S. 170/3, madoopixels: S. 138/1, S. 190/1, majorosl66: S. 186/4, Martina Berg: S. 169/3, mbolina: S. 120/1, michaeljung: S. 22/1, Minerva Studio: S. 123/5, mjaud: S. 67/4, Monika Wisniewska: S. 33/4, Monkey Business: S. 5/oben, S. 12, S. 116/1, moussa81: S. 90/5, Natalya Antoshchenko: S. 126/1, nwf: S. 150/1, Oleksii Sergieiev: S. 31/5, otshots: S. 128/2, panther3: S. 45/4, Pavel Morozov: S. 18/1, Piotr Marcinski: S. 119/8a, pixstock: S. 20/2h, Ramona Heim: S. 44/1, rdrgraphe: S. 94/9, sanneberg: S. 25/4, santia3: S. 77/4, Sasajo: S. 36/2, sonya etchison: S. 90/2, Soru Epotok: S. 75/5, Stasique: S. 119/8b, stefanholm: S. 170/2, suzbah: S. 184/1, Syda Productions: S. 121/5, tibanna79: S. 32/1, tinadefortunata: S. 169/2, toa555: S. 146/1, twentysixpix: S. 90/1, Valeriy Velikov: S. 94/6, Wabner-Andrea: S. 140/3, weberwindeck: S. 90/6, Wieselpixx: S. 99/2b, Wollwerth Imagery: S. 79/4, yvda-vid: S. 59/4 | George Musil/Visuals Unlimited, Inc.: S. 65/3 | Glow Images/Juice Images: S. 121/3, GlowImages/imagebroker.com/ERHARD NERGER: S. 82/1 | Huber-Images/Giel: S. 152/1 | Image Source/Art Wolfe: S. 26/1, Claire Keeley: S. 55/6, Jonathan Gibson: S. 20/2d, Philip Waller: S. 88/1, Rick Wintersberger: S. 55/8 | imago: S. 63/4a, S. 108/1, imago stock&people/blickwinkel/imago/blickwinkel: S. 125/r., S. 184/2, imagebroker: S. 184/1b | interfoto e.k./ARDEA/Stefan Meyers: S. 151/3, FLPA/Wayne Hutchinson: S. 130/2, Ingo Barth: S. 145/4 | JAGO-Team/GEOMAR Kiel: S. 81/3 | Juniors/Avalon: S. 86/2, S. 86/3, Photoshot: S. 87/5, Visage: S. 127/4, juniors@wildlife/van der Spek,M.: S. 136/4 | Karl Kaiser: S. 59/7 | laif/Dirk Eisermann: S. 153/3 | Lange, B., Hannover: S. 59/2+3 | LOOK/Brigitte Merz: S. 187/6 | mauritius images: S. 74/1c, age: S. 91/12, Alamy: S. 59/5, S. 177/10c, alamy stock photo/Ashley Cooper pics: S. 13/r., alamy stock photo/We Shoot: S. 21/7, alamy stock photo/Zoonar GmbH: S. 128/1a, alamy/Andrew Darrington: S. 182/2, alamy/Arterra Picture Library: S. 136/7, alamy/Bobbo's Pix: S. 79/7, alamy/Colin Varndell: S. 178/2, alamy/Dave Watts : S. 156/2, alamy/Ernie Janes: S. 158/2a, alamy/Martin Fowler: S. 166/2, alamy/mediacolor's: S. 187/5, alamy/Naomi Stolow: S. 140/4, alamy/Naturfoto-Online: S. 71/l., alamy/tbkmedia.de: S. 181/4, S. 189/5, Christine Steimer: S. 26/2, GAP: S. 177/10d, Hans Reinhard: S. 174/2, ib: S. 134/1, S. 137/9, S. 137/10, ib/Konrad Wothe: S. 189/4, Ikon Images: S. 21/5, Image Source: S. 87/4, imageBroker/Ingo Schulz: S. 153/5, imageBroker/Michael Krabs: S. 157/4, imageBroker/Michael Weber: S. 89/2, imageBroker/Ralph Kerpa: S. 44/2b, John Warburton-Lee: S. 72/1, Phototake: S. 47/r., S. 68/3, Radius Images: S. 163/3, S. 170/1, Ronald Wittek: S. 91/10, Science Source: S. 59/6, S. 76/3b, Seymour: S. 139/4, S. 141/7, Wolfgang Weinhäupl: S. 177/10f | OKAPIA KG/Christine Steimer: S. 136/5, David Cayless/OSF: S. 74/3, Greulich: S. 152/2, Harry Walker/Alaska Stock: S. 74/1a, Herbert Schwind: S. 160/2, imagebroker/Andreas Mechmann: S. 103/5, imagebroker/Marcus Siebert: S. 178/1, NAS/Edward Kinsman: S. 27/5, Okapia/BIOS/Klein&Hubert: S. 136/2, Christine Steimer: S. 136/3, ISM/J.C. Révy: S. 69/5, J-L Klein & M-L Hubert: S. 136/1, Manfred Ruckszio: S. 177/10e, Martin B Withers/FLPA RM: S. 74/4 | Panthermedia/Werner Derichs: S. 177/10a | Photoshot: S. 47/l. | Science Photo Library/PROF. P. MOTTA/DEPT. OF ANATOMY/UNIVERSITY, LA SAPIENZA, ROME: S. 23/4, Science Photo Library/CORDELIA MOLLOY: S. 27/4, Science Photo Library/PROF. P. MOTTA/DEPT. OF ANATOMY/UNIVERSITY, LA SAPIENZA, ROME: S. 65/4 | shutterstock/Aleksandr Makarenko: S. 67/2, AlekseyKarpenko: S. 172/5, antpkz: S. 76/2, Asier Romero: S. 68/2, Beata Becla: S. 15/3, Benson HE: S. 44/2a, BIGANDT.COM: S. 136/8, bikeriderlondon: S. 94/4, BUCHAKA ALEXANDER: S. 20/1, Chiffanna: S. 169/4, Crdjan: S. 102/3, D. Kucharski K. Kucharska: S. 172/3, David W. Leindecker: S. 17/5, Denis Tabler: S. 99/2c, Denniro: S. 140/6, Dudaeva: S. 99/2a, Elsa Hoffmann: S. 33/3, Gallinago_media: S. 128/1b, helza: S. 160/1b, In Green: S. 6/unten, S. 124, James Kingman: S. 172/6, James Steidl: S. 99/2d, Janne Tuominen: S. 67/3, kai keisuke: S. 99/2g, Kostyuk Alexander: S. 183/4, kritskaya: S. 162/1, Kzenon: S. 17/4, Leigh Prather: S. 99/2e, Loskutnikov: S. 160/1a, Marina Jay: S. 131/4, Matthew Cole: S. 94/2, mkrberlin: S. 120/2, Monika Wisniewska: S. 135/4, Monkey Business Images: S. 90/8, Nataliia Melnychuk (junge Ziege): Cover/oben, Phil McDonald: S. 128/3, Photo smile: S. 99/2f, Piotr Krzeslak: S. 20/2a, Platoo Fotography: S. 94/1, Robin Monchâtre/Biosphoto/Fotofinder: S. 162/2, smeola: S. 96/1, Sokolov Alexey: S. 183/5, stockfour: S. 5/unten, S. 46, Szasz-Fabian Jozsef: S. 126/2, Tadeas Skuhra: S. 131/3, Tony Campbell: S. 86/1, VectoriX: S. 21/6, Vuk Vukmirovic: S. 94/5, vvvita: S. 87/6, Whiteaster: S. 174/1a | Theuerkauf, Horst, Gotha: S. 64/1 | Topic Media/ib: S. 151/6 | www.coulorbox.de: S. 94/8, S. 172/4 | yourphototoday/A1PIX/Felix Büscher: S. 79/6, A1PIX/Paul Fleet/PM: S. 53/5, A1PIX/PM: S. 54/2, Karl_Thomas/www.allover.cc/SUPERBILD/HAJ: S. 10/1, Klaus Moll/A1PIX: S. 63/4b, VWPics/Sharpshooters/Sharpshooters/VWPics: S. 74/1b, www.a1pix.com: S. 163/4, www.a1pix.com/A1PIX/PM: S. 20/2e, S. 191/5